Hempel
(Hrsg.)

Betriebswirtschaftliche Module

Bilanzierung

nach Handelsrecht, Steuerrecht und IFRS

Hempel
(Hrsg.)

Betriebswirtschaftliche Module

Bilanzierung

nach Handelsrecht, Steuerrecht und IFRS

Merkur
Verlag Rinteln

Wirtschaftswissenschaftliche Bücherei für Schule und Praxis
Begründet von Handelsschul-Direktor Dipl.-Hdl. Friedrich Hutkap †

Herausgeber:

Günter Hempel, Dipl.-Hdl., Wangen im Allgäu

Verfasser:

Dr. Hermann Speth, Dipl.-Hdl., Wangen im Allgäu

Dietmar Schuster, Dipl.-Hdl., Gießen

Alfons Kaier, Dipl.-Hdl., Überlingen

* * * * *

3. Auflage 2012

Gesamtherstellung:
MERKUR VERLAG RINTELN Hutkap GmbH & Co. KG, 31735 Rinteln

E-Mail: info@merkur-verlag.de
lehrer-service@merkur-verlag.de
Internet: www.merkur-verlag.de

ISBN 978-3-8120-**0655-2**

Inhaltsverzeichnis

1 Jahresabschluss bei Kapitalgesellschaften nach Handelsrecht

1.1 Aufstellungs-, Prüfungs- und Offenlegungspflicht

Der Jahresabschluss einer Kapitalgesellschaft soll einen möglichst sicheren Einblick in die Vermögens-, Ertrags- und Finanzlage des Unternehmens gewährleisten. Deshalb stellt der Gesetzgeber hohe Anforderungen an den Inhalt und die Form des Jahresabschlusses.

Der Jahresabschluss eines Kaufmanns mit Ausnahme bestimmter Einzelkaufleute besteht aus der **Bilanz** und der **Gewinn- und Verlustrechnung** [§ 242 III HGB]. Im **Anhang** sind Erläuterungen der Bilanz und der Gewinn- und Verlustrechnung vorzunehmen sowie sonstige Pflichtangaben anzugeben [§§ 284, 285 HGB]. Im **Lagebericht** hat eine Kapitalgesellschaft über den Geschäftsverlauf zu berichten und die Lage so darzustellen, dass sich Dritte ein Bild über die tatsächlichen Verhältnisse machen können.

Merke:

Der **Jahresabschluss** ist ein **Dokument** (Beweisstück) und eine **Rechnungslegung** für eine bestimmte Rechnungsperiode.

(1) Abhängigkeit der Rechnungslegungsvorschriften von der Größe der Kapitalgesellschaft

Maßgebend für den Zeitpunkt der Aufstellungspflicht, den Umfang der Prüfungspflicht und die Art der Offenlegungspflicht ist die Größe der Kapitalgesellschaft. Es wird zwischen kleinen, mittelgroßen und großen Kapitalgesellschaften unterschieden.

Merkmale	Große Kapitalgesellschaften [§ 267 III HGB]	Mittelgroße Kapitalgesellschaften [§ 267 II HGB]	Kleine Kapitalgesellschaften [§ 267 I HGB]
Bilanzsumme	über 19,25 Mio. EUR	Liegen nach ihrer Größenordnung zwischen der kleinen und der großen Kapitalgesellschaft	bis 4,84 Mio. EUR
Jahresumsatz	über 38,5 Mio. EUR		bis 9,68 Mio. EUR
durchschnittliche Anzahl von Arbeitnehmern	über 250 Arbeitnehmer		bis 50 Arbeitnehmer

Für die Einordnung in eine der drei Größenklassen müssen zwei der drei angegebenen Merkmale an zwei aufeinanderfolgenden Bilanzstichtagen erfüllt sein [§ 267 IV HGB]. Außerdem gelten Kapitalgesellschaften auch dann als groß, wenn sie einen organisierten Markt[1] durch von ihnen ausgegebene Wertpapiere[2] in Anspruch nehmen oder die Zulassung derartiger Wertpapiere zum Handel an einem organisierten Markt beantragt haben [§ 267 III HGB].[3]

1 **Organisierte Märkte** im Sinne des Wertpapierhandelsgesetzes sind Märkte, die von staatlich anerkannten Stellen (vor allem durch die „Bundesanstalt für Finanzdienstleistungsaufsicht") geregelt und überwacht werden, regelmäßig stattfinden und für das Publikum (z.B. Käufer und Verkäufer der Effekten) unmittelbar oder mittelbar zugänglich sind.

2 Hierzu gehören z.B. Aktien, Zertifikate, die Aktien vertreten, Schuldverschreibungen und Investmentzertifikate der Kapitalanlagegesellschaften.

3 Eine solche kapitalmarktorientierte Kapitalgesellschaft gilt stets als große Kapitalgesellschaft [§ 267 III, S. 2 HGB].

(2) Aufstellungspflicht

Große und mittelgroße Kapitalgesellschaften sowie **kapitalmarktorientierte Kapitalgesellschaften** haben den Jahresabschluss (und den Lagebericht) in den ersten drei Monaten des Geschäftsjahres für das vergangene Geschäftsjahr aufzustellen [§ 264 I, S. 3 HGB].

Kleine Kapitalgesellschaften können ihren Jahresabschluss innerhalb der ersten sechs Monate des Geschäftsjahres aufstellen [§ 264 I, S. 4 HGB].

(3) Prüfungspflicht

Für die **Prüfung** [§§ 316 – 324 a HGB] gilt Folgendes: Große und mittelgroße Kapitalgesellschaften müssen ihren Jahresabschluss mit Lagebericht durch einen **Abschlussprüfer** prüfen lassen [§ 316 I, S. 1 HGB]. Der Jahresabschluss ist unter Einbeziehung der Buchführung zu prüfen [§ 317 I, S. 1 HGB]. Kleine Kapitalgesellschaften sind von der Abschlussprüfung befreit [§ 316 I, S. 1 HGB].

(4) Offenlegungspflicht

Überblick

Für die Speicherung und Veröffentlichung des Jahresabschlusses eines Unternehmens ist der **Betreiber des elektronischen Bundesanzeigers** zuständig [§ 325 I, S. 1 HGB].[1] Veröffentlichungspflichtig sind:

- **Kapitalgesellschaften** (z.B. AG, GmbH) und
- **Personengesellschaften,** bei denen nicht wenigstens ein persönlich haftender Gesellschafter eine natürliche Person ist (z.B. GmbH & Co. KG). Sobald eine **natürliche Person unbeschränkt** für die Verbindlichkeiten der Personengesellschaft haftet, zählt die Personengesellschaft **nicht** zu den veröffentlichungspflichtigen Unternehmen.

Welche Unterlagen beim Betreiber des elektronischen Bundesanzeigers einzureichen sind, hängt von der **Einstufung** der Gesellschaft als **klein, mittelgroß** oder **groß** ab [§ 267 HGB]. Dies gilt grundsätzlich auch für die nach § 264 a HGB **publizierungspflichtigen Personengesellschaften.**

Veröffentlichungspflichtige Unterlagen

Bezüglich der **Offenlegung** schreibt das Gesetz [§§ 325 – 329 HGB] Folgendes vor:[2]

Große Kapitalgesellschaften	Sie müssen die Bilanz, die GuV-Rechnung, den Anhang, den Lagebericht, den Bestätigungsvermerk des Abschlussprüfers, den Bericht des Aufsichtsrats sowie einen Vorschlag über die Verwendung des Ergebnisses spätestens **vor Ablauf des 12. Monats** des neuen Geschäftsjahres beim Betreiber des elektronischen Bundesanzeigers einreichen. Dieser veröffentlicht die Unterlagen anschließend im elektronischen Bundesanzeiger [§ 325 HGB].
Kapitalmarktorientierte Kapitalgesellschaften	Sie müssen den Jahresabschluss innerhalb von **vier Monaten** offenlegen.

1 Siehe auch „Gesetz über elektronische Handelsregister und Genossenschaftsregister sowie das Unternehmensregister [EHUG]".
Einzelheiten zum elektronischen Bundesanzeiger gibt es unter **www.ebundesanzeiger.de.**

2 Man spricht auch von der sogenannten Publizitätspflicht der Unternehmen (Publizität: Öffentlichkeit, Veröffentlichung).

Kleine Kapitalgesellschaften	Sie müssen spätestens **vor Ablauf des 12. Monats** des neuen Geschäftsjahres die Bilanz[1] und den Anhang einreichen [§§ 325 I, 326 HGB].
Mittelgroße Kapitalgesellschaften	Sie haben spätestens **vor Ablauf des 12. Monats** des neuen Geschäftsjahres den Jahresabschluss (Bilanz, Gewinn- und Verlustrechnung und Anhang jeweils in verkürzter Form), den Lagebericht, den Bestätigungsvermerk des Abschlussprüfers, den Bericht des Aufsichtsrats sowie einen Vorschlag über die Verwendung des Ergebnisses einzureichen [§§ 325 I, 327 HGB].

- **Durchsetzung der Offenlegungspflicht (Publizitätspflicht)**

Der Betreiber des elektronischen Bundesanzeigers hat das Recht, die eingereichten Unterlagen darauf zu überprüfen, dass sie fristgerecht und vollständig eingereicht wurden. Ergibt die Prüfung, dass die **Unterlagen unvollständig** und/oder **zu spät** eingereicht wurden, ist dies im **elektronischen Bundesanzeiger** anzuzeigen.

Außerdem ist die für die Verfolgung/Ahndung der Ordnungswidrigkeiten **zuständige Verwaltungsbehörde** darüber **zu unterrichten.** Ein Verstoß gegen die Offenlegungspflicht gilt als Ordnungswidrigkeit und kann mit einem Bußgeld geahndet werden.

1.2 Bestandteile des Jahresabschlusses

1.2.1 Überblick

Der Jahresabschluss ist im 3. Buch des HGB für Einzelkaufleute/Personengesellschaften, Kapitalgesellschaften und kapitalmarktorientierten Kapitalgesellschaften unterschiedlich geregelt.

- **Einzelkaufleute und Personengesellschaften** haben nach § 242 III HGB nur eine **Bilanz** und eine **Gewinn- und Verlustrechnung** zu erstellen.[2]

  Einzelkaufleute, die in zwei aufeinanderfolgenden Geschäftsjahren je Geschäftsjahr einen geringeren Umsatz als 500 000,00 EUR und einen geringeren Jahresüberschuss als 50 000,00 EUR aufweisen, haben keine Buchführungs-, Inventarerstellungs- und Jahresabschlussaufstellungspflicht [§ 241 a HGB].

- **Kapitalgesellschaften** und diesen **nach § 264 a HGB gleichgestellten Personengesellschaften**[3] haben den Jahresabschluss zudem um einen **Anhang** zu erweitern sowie ergänzend zum Jahresabschluss einen **Lagebericht** nach § 289 HGB zu erstellen [§ 264 I, S.1 HGB]. Der Lagebericht gilt **nicht** als **Bestandteil des Jahresabschlusses.**

1 Da kleine Kapitalgesellschaften nach § 266 I, S. 3 HGB nur verpflichtet sind, eine verkürzte Bilanz aufzustellen, brauchen sie auch nur diese Bilanz zur Veröffentlichung einzureichen. Nicht vermeiden lässt es sich, dass das Jahresergebnis (Jahresüberschuss, -fehlbetrag) veröffentlicht wird. Denn in § 266 II ist diese Angabe unter der römischen Ziffer „V Jahresüberschuss, Jahresfehlbetrag" auch von als klein eingestuften Gesellschaften zu bilanzieren und damit zu veröffentlichen.

2 Handelt es sich bei dem Einzelkaufmann oder der Personengesellschaft um ein **Großunternehmen** (Bilanzsumme > 65 Mio. EUR, Umsatz > 130 Mio. EUR, Arbeitnehmer > 5000), so ist der Jahresabschluss nach den Vorgaben der Kapitalgesellschaften zu erstellen. Die Kriterien des Großunternehmens sind erfüllt, wenn für den Tag des Ablaufs eines Geschäftsjahres und für zwei darauf folgende Geschäftsjahre jeweils mindestens zwei der drei Merkmale zutreffen [§ 1 I, II PublG].

3 Es handelt sich um Personengesellschaften, die keinen persönlich haftenden Gesellschafter haben (z.B. GmbH & Co. KG).

2 Hempel - ISBN 978-3-8120-0655-2

- **Kapitalmarktorientierte Kapitalgesellschaften**[1] sind verpflichtet, ihren Jahresabschluss um eine **Kapitalflussrechnung** und einen **Eigenkapitalspiegel** zu erweitern, die mit der Bilanz, Gewinn- und Verlustrechnung und dem Anhang eine Einheit bilden. Der Jahresabschluss kann – auf freiwilliger Basis – um eine **Segmentberichterstattung** ergänzt werden.

	Jahresabschluss von Kapitalgesellschaften		
	Kapitalmarktorientierte Kapitalgesellschaften (nicht konzernrechnungspflichtig) [§§ 242 III, 264 I, S. 2 HGB]	**Große und mittelgroße Kapitalgesellschaften** [§§ 242 III, 264 I, S. 1 HGB]	**Kleine Kapitalgesellschaften** [§§ 242 III, 264 I, S. 1 HGB]
Bestandteile	■ Bilanz ■ GuV-Rechnung ■ Anhang ■ Kapitalflussrechnung ■ Eigenkapitalspiegel ■ Segmentberichterstattung (freiwillig) Ergänzend: Lagebericht	■ Bilanz ■ GuV-Rechnung ■ Anhang Ergänzend: Lagebericht	■ Bilanz ■ GuV-Rechnung ■ Anhang Ergänzend: Lagebericht
Aufstellung	innerhalb von **drei Monaten** des neuen Geschäftsjahres	innerhalb von **drei Monaten** des neuen Geschäftsjahres	innerhalb von **sechs Monaten** des neuen Geschäftsjahres
Offenlegung	spätestens vor Ablauf des **vierten Monats** des neuen Geschäftsjahres	spätestens vor Ablauf des **zwölften Monats** des neuen Geschäftsjahres	spätestens vor Ablauf des **zwölften Monats** des neuen Geschäftsjahres

1.2.2 Bilanz

(1) Gliederung der Bilanz nach § 266 II, III HGB

Die Bilanz ist grundsätzlich in Kontoform aufzustellen. Das gilt unabhängig von der Rechtsform für alle Unternehmen. Für große und mittelgroße Kapitalgesellschaften gelten uneingeschränkt die durch § 266 HGB vorgegebenen Gliederungsgesichtspunkte: Grobgliederung (nach großen Buchstaben A bis C), Untergliederung (in römischen Ziffern) und weitere Untergliederung (mit arabischen Ziffern) sowie die Bezeichnungen und die Reihenfolge der einzelnen Bilanzposten.

1 **Kapitalmarktorientiert** sind alle Unternehmen, deren Wertpapiere – gleich welcher Art – auf einem organisierten Kapitalmarkt (z. B. Börse) zugelassen sind bzw. deren Zulassung zum Handel beantragt wurde [§ 264 d HGB].

Gliederung der Bilanz [§ 266 II, III HGB]

Aktiva — Bilanz — Passiva

Aktiva

A. Anlagevermögen:

- I. Immaterielle Vermögensgegenstände:
  1. Selbst geschaffene gewerbliche Schutzrechte und ähnliche Rechte und Werte;
  2. entgeltlich erworbene Konzessionen, gewerbliche Schutzrechte und ähnliche Rechte sowie Lizenzen an solchen Rechten und Werten;
  3. Geschäfts- oder Firmenwert;
  4. geleistete Anzahlungen;
- II. Sachanlagen:
  1. Grundstücke, grundstücksgleiche Rechte u. Bauten einschl. der Bauten a. fr. Grundstücken;
  2. technische Anlagen und Maschinen;
  3. and. Anlagen, Betr.- u. Geschäftsausstattung;
  4. geleistete Anzahlungen u. Anlagen im Bau;
- III. Finanzanlagen:
  1. Anteile an verbundenen Unternehmen;
  2. Ausleihungen an verbundene Unternehmen;
  3. Beteiligungen;
  4. Ausleihungen an Unternehmen, mit denen ein Beteiligungsverhältnis besteht;
  5. Wertpapiere des Anlagevermögens;
  6. sonstige Ausleihungen.

B. Umlaufvermögen:

- I. Vorräte:
  1. Roh-, Hilfs- und Betriebsstoffe;
  2. unfertige Erzeugnisse, unfertige Leistungen;
  3. fertige Erzeugnisse und Waren;
  4. geleistete Anzahlungen;
- II. Forderungen und sonstige Vermögensgegenstände:
  1. Ford. a. Lieferungen u. Leistungen;
  2. Ford. gegen verbundene Unternehmen;
  3. Forderungen gegen Unternehmen, mit denen ein Beteiligungsverhältnis besteht;
  4. sonstige Vermögensgegenstände;
- III. Wertpapiere:
  1. Anteile an verbundenen Unternehmen;
  2. sonstige Wertpapiere;
- IV. Kassenbestand, Bundesbankguthaben, Guthaben bei Kreditinstituten und Schecks.

C. Rechnungsabgrenzungsposten.

D. Aktive latente Steuern.

E. Aktiver Unterschiedsbetrag aus der Vermögensverrechnung

Passiva

A. Eigenkapital:

- I. Gezeichnetes Kapital;
- II. Kapitalrücklage;
- III. Gewinnrücklagen:
  1. gesetzliche Rücklage;
  2. Rücklage für Anteile an einem herrschenden oder mehrheitlich beteiligten Unternehmen;
  3. satzungsmäßige Rücklagen;
  4. andere Gewinnrücklagen;
- IV. Gewinnvortrag/Verlustvortrag;
- V. Jahresüberschuss/Jahresfehlbetrag.

B. Rückstellungen:

1. Rückstellungen für Pensionen und ähnliche Verpflichtungen;
2. Steuerrückstellungen;
3. sonstige Rückstellungen.

C. Verbindlichkeiten:

1. Anleihen, davon konvertibel;
2. Verbindlichkeiten gegenüber Kreditinstituten;
3. erhaltene Anzahlungen auf Bestellungen;
4. Verbindlichkeiten aus Lieferungen und Leistungen;
5. Verbindlichkeiten aus der Annahme gezogener Wechsel und der Ausstellung eigener Wechsel;
6. Verbindlichkeiten gegenüber verbundenen Unternehmen;
7. Verbindlichkeiten gegenüber Unternehmen, mit denen ein Beteiligungsverhältnis besteht;
8. sonstige Verbindlichkeiten, davon aus Steuern, davon im Rahmen der sozialen Sicherheit.

D. Rechnungsabgrenzungsposten.

E. Passive latente Steuern.

Verschiedene **Posten der Bilanz** sind im **Anhang** zum Jahresabschluss zu erläutern.[1]

1 Siehe S. 16ff.

(2) Bilanzschema kleiner Kapitalgesellschaften

Kleine Kapitalgesellschaften müssen nur eine verkürzte Bilanz veröffentlichen. In dieser Bilanz sind nur die mit Buchstaben und römischen Zahlen bezeichneten Posten des vollständigen Gliederungsschemas aufzuführen [§ 266 I, S. 3 HGB].[1]

Aktiva	Bilanzschema kleiner Kapitalgesellschaften Passiva
A. Anlagevermögen	**A. Eigenkapital**
I. Immaterielle Vermögensgegenstände	I. Gezeichnetes Kapital
II. Sachanlagen	II. Kapitalrücklage
III. Finanzanlagen	III Gewinnrücklagen
B. Umlaufvermögen	IV. Gewinn-/Verlustvortrag
I. Vorräte	V. Jahresüberschuss/Jahresfehlbetrag
II. Forderungen und sonstige Vermögensgegenstände	**B. Rückstellungen**
III. Wertpapiere	**C. Verbindlichkeiten**
IV. Flüssige Mittel	**D. Rechnungsabgrenzungsposten**
C. Rechnungsabgrenzungsposten	**E Passive latente Steuern**
D. Aktive latente Steuern	
E Aktiver Unterschiedsbetrag aus der Vermögensrechnung	

1.2.3 Gliederung der Gewinn- und Verlustrechnung

Nach § 275 HGB müssen Kapitalgesellschaften ihre Gewinn- und Verlustrechnung in der **Staffelform** gliedern. Eine Darstellung in der Kontoform ist ihnen nicht gestattet. Sofern in der Buchführung eine GuV-Rechnung in der Kontoform aufgestellt wird, ist diese für den zu veröffentlichenden Jahresabschluss in die Staffelform zu übertragen. Wie bei der Bilanz ist auch hier zu jedem Posten der Vorjahresbetrag anzugeben.

Die Gewinn- und Verlustrechnung darf wahlweise nach dem **Gesamtkostenverfahren** oder nach dem **Umsatzkostenverfahren** gegliedert werden.

- Zur Berechnung des **Betriebsergebnisses** werden beim **Gesamtkostenverfahren** der Gesamtleistung der Periode (Umsatzerlöse ± Bestandsveränderungen bei fertigen und unfertigen Erzeugnissen + aktivierte Eigenleistungen) alle Aufwendungen der gleichen Periode gegenübergestellt. Das Gesamtkostenverfahren ist produktionsorientiert. Der Aufwand wird nach dem Verbrauch der Produktionsfaktoren in Materialaufwand, Personalaufwand, Abschreibungen und sonstige betriebliche Aufwendungen gegliedert (siehe Gliederung der GuV-Rechnung S. 14).

1 **Mittelgroße Kapitalgesellschaften** müssen ihre Bilanz zwar nach dem vollständigen Gliederungsschema des § 266 II, III HGB erstellen, sie brauchen aber ihre Bilanz nur nach dem Bilanzschema für kleine Kapitalgesellschaften zu veröffentlichen.

- Zur Berechnung des **Betriebsergebnisses** werden beim **Umsatzkostenverfahren**[1] den Umsatzerlösen der Periode nur die Herstellungskosten der verkauften Produkte/Dienstleistungen und keine bewerteten Bestandsveränderungen gegenübergestellt. Die Daten des Umsatzkostenverfahrens müssen aus der Kosten- und Leistungsrechnung entnommen werden, d.h., das Umsatzkostenverfahren bedingt eine Kosten- und Leistungsrechnung.

  Um die Aussagefähigkeit des Umsatzkostenverfahrens zu erhöhen, können sowohl die Umsatzerlöse als auch die Kosten nach bestimmten Kriterien aufgeteilt werden, z.B. nach Kostenarten, Kostenstellen oder Kostenträgern. Die weitere Gliederung des Umsatzkostenverfahrens entspricht der des Gesamtkostenverfahrens.

1.		Umsatzerlöse
2.	–	Herstellungskosten der zur Erzielung der Umsatzerlöse erbrachten Leistungen
3.	=	Bruttoergebnis vom Umsatz
4.	–	Vertriebskosten
5.	–	allgemeine Verwaltungskosten
6.	+	sonstige betriebliche Erträge
7.	–	sonstige betriebliche Aufwendungen
	=	Betriebsergebnis

Das **ermittelte Betriebsergebnis** ist bei beiden Verfahren **identisch.**

Beispiel zum Gesamtkostenverfahren:

Die Überlinger Bootsbau AG bereitet den handelsrechtlichen Jahresabschluss vor. Aus der Buchführung liegt folgende zusammengefasste GuV-Rechnung vor:

Aufwendungen — 8020 GuV-Konto zum 31. Dez. 20 . . (TEUR) — Erträge

Aufwendungen		Erträge	
6000 Aufwendungen für Rohstoffe	2450	5000 Umsatzerlöse f. eigene Erz.	9400
6030 Aufwendungen für Betriebsstoffe	240	5202 Bestandsveränderungen FE	75
6140 Frachten und Fremdlager	270	5401 Nebenerlöse a. Verm. u. Verp.	380
6200 Löhne	2010	5500 Erträge aus Beteiligungen	150
6300 Gehälter	1300	5710 Zinserträge	85
6400/6410 Arbeitgeberant. z. Soz.-Vers.	595	5800 Außerordentliche Erträge	20
6520 Abschreibungen a. Sachanlagen	520		
6700 Mieten, Pachten	190		
6800 Büromaterial	87		
7090 Sonstige betriebliche Steuern	10		
7510 Zinsaufwendungen	143		
7710 Körperschaftsteuer	712		
3400 Jahresüberschuss	1583		
	10110		10110

Aufgabe:

Erstellen Sie eine GuV-Rechnung in Staffelform nach § 275 II HGB!

1 Auf die Darstellung des Umsatzkostenverfahrens wird verzichtet, da es in der Praxis geringe Bedeutung hat.

Gliederung der GuV-Rechnung in Staffelform nach dem Gesamtkostenverfahren [§ 275 II HGB]

1. Umsatzerlöse 2. Erhöhung oder Verminderung des Bestands an fertigen u. unfert. Erzeugnissen 3. andere aktivierte Eigenleistungen 4. sonstige betriebliche Erträge	betriebliche Erträge (+)	betriebliches Ergebnis
5. Materialaufwand: a) Aufwendungen für Roh-, Hilfs- und Betriebsstoffe und für bezogene Waren b) Aufwendungen für bezogene Leistungen 6. Personalaufwand: a) Löhne und Gehälter b) soziale Abgaben und Aufwendungen für Altersversorgung und für Unterstützung, davon für Altersversorgung 7. Abschreibungen: a) auf immaterielle Vermögensgegenstände des Anlagevermögens und Sachanlagen b) auf Vermögensgegenstände des Umlaufvermögens, soweit diese die in der Kapitalgesellschaft üblichen Abschreibungen überschreiten 8. sonstige betriebliche Aufwendungen	betriebliche Aufwendungen (–)	
9. Erträge aus Beteiligungen, davon aus verbundenen Unternehmen 10. Erträge aus anderen Wertpapieren und Ausleihungen des Finanzanlagevermögens, davon aus verbundenen Unternehmen 11. sonstige Zinsen und ähnliche Erträge, davon aus verbundenen Unternehmen	Finanzerträge (+)	+ Finanzergebnis
12. Abschreibungen auf Finanzanlagen und auf Wertpapiere des Umlaufvermögens 13. Zinsen und ähnliche Aufwendungen, davon an verbundene Unternehmen	Finanzaufwendungen (–)	
14. Ergebnis der gewöhnlichen Geschäftstätigkeit		
15. außerordentliche Erträge 16. außerordentliche Aufwendungen	außerord. Erträge (+) außerord. Aufw. (–)	+ außerordentliches Ergebnis
17. außerordentliches Ergebnis		
18. Steuern vom Einkommen und vom Ertrag 19. sonstige Steuern*		
20. Jahresüberschuss/Jahresfehlbetrag		= Gesamtergebnis

* Der Kontenrahmen führt die betrieblichen (sonstigen) Steuern in der Position 8 „sonstige betriebliche Aufwendungen".

Anmerkung: Während für große Kapitalgesellschaften das vollständige Gliederungsschema gilt, gewährt § 276 HGB den kleinen und mittelgroßen Kapitalgesellschaften Erleichterungen für die Aufstellung der GuV-Rechnung, und zwar insofern, als sie die Gliederungspositionen 1. – 5. zu dem Posten **Rohergebnis** zusammenfassen dürfen.

Lösung:

Nr. lt. HGB[1]	Bezeichnung		Betrag in TEUR	
1.	Umsatzerlöse	+	9400	
2.	Erhöhung des Bestands an fertigen Erzeugnissen	+	75	
4.	sonstige betriebliche Erträge	+	380	
5.	Materialaufwand:			
	a) Aufwendungen für Roh-, Hilfs- und Betriebsstoffe	–	2690	
	b) Aufwendungen für bezogene Leistungen	–	270	
6.	Personalaufwand			
	a) Löhne und Gehälter	–	3310	
	b) soziale Abgaben	–	595	
7.	Abschreibungen:			
	a) auf Sachanlagen	–	520	
8.	sonstige betriebliche Aufwendungen	–	277	
9.	Erträge aus Beteiligungen	+	150	
11.	sonstige Zinsen und ähnliche Erträge	+	85	
13.	Zinsen und ähnliche Aufwendungen	–	143	
14.	**Ergebnis der gewöhnlichen Geschäftstätigkeit**			**2285**
15.	außerordentliche Erträge	+	20	
16.	außerordentliche Aufwendungen	–	0	
17.	**außerordentliches Ergebnis**			**20**
18.	Steuern vom Einkommen und vom Ertrag	–		712
19.	sonstige Steuern	–		10
20.	**Jahresüberschuss**			**1583**

Merke:

- Kapitalgesellschaften müssen ihre GuV-Rechnung in der **Staffelform** erstellen.
- Am häufigsten wird das **Gesamtkostenverfahren** angewandt. Man geht dabei von den angefallenen Gesamtkosten aus und passt diese durch Berücksichtigung der Bestandsveränderungen an unfertigen und fertigen Erzeugnissen an die erzielten Umsatzerlöse an.

Verschiedene Posten der Bilanz und der GuV-Rechnung sind **im Anhang** zum Jahresabschluss zu erläutern.

1.2.4 Anhang

1.2.4.1 Funktionen des Anhangs

Bei Kapitalgesellschaften und Personengesellschaften nach § 264 a HGB gehört zum Inhalt des Jahresabschlusses neben der Bilanz und der Gewinn- und Verlustrechnung außerdem noch der Anhang.

1 Es werden nur die benötigten Positionen aus dem HGB übernommen. In der Praxis wird fortlaufend nummeriert.

Merke:

Der **Anhang** soll zusätzlich zur Bilanz und Gewinn- und Verlustrechnung dazu beitragen, das Bild über die tatsächlichen Verhältnisse der Vermögens-, Finanz- und Ertragslage einer Kapitalgesellschaft zu verdeutlichen **(Informationsfunktion).**

Neben der Informationsfunktion hat der Anhang insbesondere noch folgende weitere Funktionen:

Interpretationsfunktion	Durch Ergänzungen und Erläuterungen wird die Aussagefähigkeit von Bilanz und GuV-Rechnung erhöht und das Risiko von Fehlinterpretationen vermindert. **Beispiele:** Angaben zu Geschäften mit nahestehenden Unternehmen und Personen, Angaben zu Forschungs- und Entwicklungskosten, Haftungsverhältnisse, Vergütung des Abschlussprüfers.
Entlastungsfunktion	Um das Zahlenwerk von Bilanz und GuV-Rechnung zu entlasten, werden bestimmte Informationen in den Anhang verlagert. **Beispiele:** Angabe eines Anlage- und Eigenkapitalspiegels, Aufgliederung der Restlaufzeiten von Forderungen und Verbindlichkeiten, Kapitalflussrechnung.
Ergänzungsfunktion	Es handelt sich um Informationen, die nicht in der Bilanz und GuV-Rechnung enthalten sind. **Beispiele:** Angaben zu außerbilanziellen Geschäften, Haftungsverhältnisse außerhalb der Bilanz, Angaben zur Berechnung der Pensionsrückstellungen, Umrechnungsgrundsätze bei Fremdwährungen.

1.2.4.2 Ausgewählte Inhalte des Anhangs

(1) Angaben zu den angewandten Bilanzierungs-, Bewertungs- und Umrechnungsmethoden

Es sind z.B. die auf die Posten der Bilanz und der Gewinn- und Verlustrechnung angewandten Bilanzierungs- und Bewertungsmethoden anzugeben [§ 284 II, Nr. 1 HGB], die Umrechnungsgrundsätze und Kurse bei Fremdwährungen [§ 284 II, Nr. 2 HGB], die Einbeziehung von Zinsen für Fremdkapital in die Herstellungskosten [§ 284 II, Nr. 5 HGB].

(2) Angaben zur Erläuterung von Bilanz- und GuV-Posten

- Für jeden einzelnen **Bilanzposten des Anlagevermögens** muss dessen Entwicklung in der Bilanz oder im Anhang dargestellt werden [§ 268 II HGB]. Eine mögliche Darstellungsform ist der Anlagespiegel (siehe S. 18f.).

- Die **Restlaufzeiten** von **Verbindlichkeiten** sind aufzugliedern [§ 285 I, Nr. 2 HGB] (siehe Verbindlichkeitenspiegel S. 20).
- Kapitalmarktorientierte Kapitalgesellschaften müssen die Veränderungen des Eigenkapitals in einem **Eigenkapitalspiegel** [§ 264 I, S. 2 HGB] und in einer **Kapitalflussrechnung** [§ 297 I HGB] aufzeigen (siehe S. 20f. und S. 22f.).
- **Eventualverbindlichkeiten** (z.B. aus der Weitergabe von Wechseln, aus Bürgschaften oder aus Gewährleistungsverträgen) müssen unter der Bilanz [§ 251 HGB] oder im Anhang [§ 268 VII HGB] gesondert ausgewiesen werden.

(3) Angaben zu sonstigen Sachverhalten (Auswahl)

Angaben zu außerbilanziellen Geschäften	Nach § 285 I, Nr. 3 HGB sind im Anhang Art, Zweck sowie Risiken und Vorteile von nicht in der Bilanz enthaltenen Geschäften anzugeben. Über Risiken und Vorteile ist getrennt zu berichten. Kleine Kapitalgesellschaften brauchen diese Angaben nicht zu machen [§ 288 II HGB]. Mittelgroße Kapitalgesellschaften haben die Risiken und Vorteile der Geschäfte nicht darzustellen. **Beispiele:** Errichtung und Nutzung von Zweckgesellschaften, Factoring, Leasingverträge, Verpfändung von Aktiva, Auslagerung von Tätigkeiten, Pensionsgeschäfte.
Aufgliederung der Umsatzerlöse	Bei den Umsatzerlösen ist eine Aufgliederung nach Tätigkeitsbereichen und Regionen vorzunehmen [§ 285 I, Nr. 4 HGB].
Erläuterungen zu den Steuern	Im Anhang ist zu erläutern, in welchem Umfang die Steuern vom Einkommen und vom Ertrag das Ergebnis der gewöhnlichen Geschäftstätigkeit und das außergewöhnliche Ergebnis belasten [§ 285 I, Nr. 6 HGB].
Vergütung der Organe	Es sind die Bezüge für die Mitglieder des Vorstands, Aufsichtsrats, Beirats oder einer ähnlichen Einrichtung jeweils für jede Personengruppe anzugeben. Hierzu zählen z.B. Gehälter, Gewinnbeteiligungen, Aktienoptionen, Aufwandsentschädigungen, Abfindungen, Ruhegehälter [§ 285 I, Nr. 9 HGB].
Geschäfte mit nahestehenden Unternehmen und Personen	Angaben sind zu machen, wenn Geschäfte mit nahestehenden Unternehmen und Personen zu nicht marktüblichen Bedingungen abgeschlossen werden. Es sind Angaben zu machen zur Art der Beziehung, zum Wert der Geschäfte sowie weitere Angaben, die für die Beurteilung des Geschäftes notwendig sind [§ 285 I, Nr. 21 HGB]. **Beispiele:** Käufe oder Verkäufe von Grundstücken, Gebäuden, fertigen oder unfertigen Erzeugnissen; Erbringung von Dienstleistungen; Gewährung von Bürgschaften oder anderen Sicherheiten, Übernahme der Erfüllung von Verbindlichkeiten, Finanzierungen.

3 Hempel - ISBN 978-3-8120-0655-2

	Kleine Kapitalgesellschaften brauchen keine Angaben zu machen [§ 288 I HGB]. Mittelgroße Kapitalgesellschaften müssen Angaben nur machen, soweit sie eine Aktiengesellschaft sind.
Angaben zu Pensions-rückstellungen	Zu den Pensionsrückstellungen sind folgende Angaben zu machen: das angewandte versicherungsmathematische Berechnungsverfahren sowie die grundlegenden Annahmen der Berechnung wie Zinssatz, erwartete Lohn- und Gehaltssteigerungen und die zugrunde gelegten Sterbetafeln.

1.2.4.3 Entwicklung des Anlagevermögens im Anlagespiegel

Kapitalgesellschaften haben nach § 268 II HGB die Entwicklung der einzelnen Posten des Anlagevermögens mit genau festgelegten Angaben darzustellen. Diese Darstellung, die allgemein als Anlagespiegel (gelegentlich auch als Anlagegitter) bezeichnet wird, kann entweder in der Bilanz oder im Anhang vorgenommen werden.

Der **Anlagespiegel** muss die folgenden Angaben enthalten:

- Anschaffungs- und Herstellungskosten
- Zugänge
- Abgänge
- Umbuchungen
- Zuschreibungen
- gesamte Abschreibungen
- Buchwert am Schluss des Geschäftsjahres

Da zu jedem Posten des Anlagevermögens auch die Abschreibungen des laufenden Geschäftsjahres [§ 268 II, S. 3 HGB] sowie die Buchwerte des Vorjahres [§ 265 II HGB] anzugeben sind, wird der Anlagespiegel in der Praxis im Allgemeinen um diese beiden Angaben ergänzt. Um die Bilanz von Kapitalgesellschaften nicht mit zu vielen Angaben überfrachten zu müssen, wird der Anlagespiegel in der Praxis üblicherweise im Anhang dargestellt. Zur Gewinnung der erforderlichen Angaben für den Anlagespiegel kann auf ein Anlageverzeichnis, eine Anlagenkartei oder eine gesonderte Anlagenbuchführung nicht verzichtet werden.

Beispiel:

Der Bilanzposten „Technische Anlagen und Maschinen" der neu gegründeten Karlsruher Werkzeug AG wird durch folgende Vorgänge beeinflusst:

Jahr 09: Anfangsbestand: 0,00 EUR. Kauf einer Maschine am 20. Januar: 100000,00 EUR; Abschreibung 10 % linear.

Jahr 10: Kauf einer Maschine am 10. Januar: 200000,00 EUR; Abschreibung jeweils 10 % von den Anschaffungskosten.

Jahr 12: Verkauf der in 09 angeschafften Maschine zum Buchwert am 30. Juni.

Aufgabe:

Erstellen Sie für den Bilanzposten „Technische Anlagen und Maschinen" den Anlagespiegel!

Lösung:

Die Angabe der Beträge im **Anlagespiegel** erfolgt jeweils in Tausend EUR.

Jahr	Bilanzposten	Anschaffungs-/Herstellungskosten	Zugänge +	Abgänge –	Umbuchungen +/–	kumulierte Abschreibungen –	Zuschreibungen +	Buchwert am 31. Dez.	Buchwert des Vorjahres	Abschreibungen des Abschlussjahres
09	Tech. Anl. u. Maschinen	0	100			10		90	0	10
10		100	200			40		260	90	30
11		300				70		230	260	30
12		300		100		60		140	230	25

Nach § 268 II, S. 3 HGB in der Bilanz oder im Anhang — Nach § 265 II HGB in der Bilanz — Nach § 268 II, S. 3 HGB in der Bilanz o. im Anhang

Erläuterungen zu den einzelnen Spalten:

Anschaffungs-/Herstellungskosten: Anschaffungs- und Herstellungskosten aller zu Beginn des Jahres vorhandenen Maschinen.

Zugänge: Mit Anschaffungs- oder Herstellungskosten bewertete Zunahme von Maschinen.

Abgänge: Mit Anschaffungs- oder Herstellungskosten bewertete Abgänge von Maschinen.

Umbuchungen: Umschreibungen von einem Bilanzposten auf einen anderen, z.B. „Anlagen im Bau" nach Fertigstellung auf „Bebaute Grundstücke".

Kumulierte[1] Abschreibungen:[2] (Beispiel Jahr 12)

	Aufgelaufene Abschreibungen lt. Bilanz 11	70 TEUR
+	Abschreibungen Jahr 12 (10 % von 200; 5 % von 100)	25 TEUR
–	auf die Abgänge des Geschäftsjahres entfallende kumulierte Abschreibungen (**09**: 10 %; **10**: 10 %; **11**: 10 %; **12**: 5 %)	35 TEUR
=	kumulierte Abschreibung des Jahres 12	60 TEUR

Zuschreibungen:[3] Wertaufholungen nach § 280 HGB

Buchwert am Ende des Geschäftsjahres: (Beispiel Jahr 10)

	Anschaffungs- und Herstellungskosten	100 TEUR
+	Zugänge	200 TEUR
–	Abgänge	0 TEUR
+/–	Umbuchungen	0 TEUR
–	kumulierte Abschreibungen	40 TEUR
(+	Zuschreibungen	– –)
=	Buchwert am 31. Dezember 10	260 TEUR

Hinweis: Die Abschreibungen von 10 sind schon in den kumulierten Abschreibungen enthalten.

Buchwert des Vorjahres: Vergleichbarer Wert aus der Vorjahresbilanz

Abschreibungen des Abschlussjahres: Erfassung aller planmäßigen und außerplanmäßigen Abschreibungen; **Beispiel Jahr 12:** 10 % von 200 TEUR; 5 % von 100 TEUR

1 Kumulieren: anhäufen, zusammenfassen (z.B. der jährlich erfolgten Abschreibungen).

2 Entspricht 6 Monaten. Das Anlagevermögen ist bis zum Ausscheiden aus dem Betriebsvermögen abzuschreiben, wobei der Monat des Ausscheidens berücksichtigt wird.

3 Diese Spalte bleibt im Folgenden jeweils leer, weil die Behandlung von Wertaufholungen aus Vereinfachungsgründen nicht dargestellt wird.

Der alternative Ausweis des Anlagevermögens z. B. des Jahres 10 in der Bilanz stellt sich wie folgt dar:

Aktiva — Bilanz — Passiva

	Anschaffungs-/Herstellungskosten	Zugang	Abgang	Umbuchungen +/–	kumulierte Abschreibungen	Zuschreibungen	Buchwert 31. Dez.	Buchwert des Vorjahres	
A. Anlagevermögen									
I. Immaterielle Vermögensgegenstände									
II. Sachanlagen									
1. Grundstücke und Bauten									
2. Techn. Anlagen und Maschinen	100	200	–		40	–	260	90	

1.2.4.4 Verbindlichkeitenspiegel

Große Kapitalgesellschaften müssen neben dem in § 268 V HGB geforderten gesonderten Ausweis von Verbindlichkeiten mit einer Restlaufzeit bis zu einem Jahr zusätzlich für jeden Verbindlichkeitsposten den Gesamtbetrag der Verbindlichkeiten mit einer Restlaufzeit von mehr als fünf Jahren ausweisen sowie den Gesamtbetrag der Verbindlichkeiten, die durch Pfandrechte oder ähnliche Rechte gesichert sind, unter Angabe von Art und Form der Sicherheiten [§ 285 Nr. 1 HGB].

In der Regel wird deshalb ein sogenannter **Verbindlichkeitenspiegel** mit nachfolgendem Aufbau in den Anhang aufgenommen:[1]

Art der Verbindlichkeit	Restlaufzeit bis 1 Jahr	Restlaufzeit über 1 bis 5 Jahre	Restlaufzeit über 5 Jahre	Gesamtbetrag	davon gesichert	Art der Sicherheit
1. Anleihen	—	1,2 Mio. EUR	2,5 Mio. EUR	3,7 Mio. EUR	3,7 Mio. EUR	Grundschuld
davon konvertibel				1,0 Mio. EUR		
...						
...						
8. Sonstige Verbindl.,	37,8 Mio. EUR	24,6 Mio. EUR	—	62,4 Mio. EUR	—	—
davon aus Steuern,				15,5 Mio. EUR		
davon im Rahmen der soz. Sicherh.				34,1 Mio. EUR		

1.2.4.5 Eigenkapitalspiegel

Nach § 264 I, S. 2 HGB müssen kapitalmarktorientierte Kapitalunternehmen einen Eigenkapitalspiegel erstellen. Ziel des Eigenkapitalspiegels ist es, den Eigentümern und Gläubigern die **Veränderungen des Eigenkapitals** eines Geschäftsjahres offenzulegen. Damit wird gleichzeitig auch die **Verwendung des Jahresüberschusses** sichtbar, also die Einstellung in die Rücklagen bzw. die Ausschüttung.

1 Auf die Angabe der jeweiligen Art und Form der Sicherheit für die einzelnen Verbindlichkeiten wird aus Gründen der Vereinfachung verzichtet.

Beispiel:

Die Baustoffe Hannover AG hat ein Grundkapital in Höhe von 6 000 000,00 EUR. Der Jahresüberschuss des laufenden Geschäftsjahres beträgt 2 500 000,00 EUR. Aus dem Vorjahr wurde ein Verlust in Höhe von 100 000,00 EUR vorgetragen. Am Ende des laufenden Geschäftsjahres ergaben sich folgende Rücklagen:

Kapitalrücklage	100 000,00 EUR
Gesetzliche Rücklage	400 000,00 EUR
Andere Gewinnrücklagen	2 400 000,00 EUR

Die Baustoffe Hannover AG hat 120 000 Stückaktien ausgegeben.

Die Hauptversammlung beschließt, dass eine Dividende in Höhe von 18 % ausgeschüttet werden soll und der Restbetrag als Gewinnvortrag verbleibt.

Aufgaben:

1. Welche Beträge sind in die gesetzliche Rücklage einzustellen?
2. Wie viel EUR können in die anderen Gewinnrücklagen eingestellt werden, wenn der Vorstand und der Aufsichtsrat den Jahresabschluss nach § 58 II AktG feststellen?
3. Berechnen Sie den EUR-Betrag der Dividendenausschüttung und den Gewinnvortrag!
4. Stellen Sie die Eigenkapitalentwicklung in einem Eigenkapitalspiegel dar!

Lösungen:

Zu 1.: Berechnung der gesetzlichen Rücklage

Erforderliche Rücklagenbildung:

10 % von 6 000 000,00 EUR =	600 000,00 EUR
bisher gebildet	500 000,00 EUR
noch zu bilden	100 000,00 EUR

Rücklagenbildung im laufenden Geschäftsjahr:

Jahresüberschuss	2 500 000,00 EUR		
– Verlustvortrag	100 000,00 EUR		
Bereinigter Jahresüberschuss	2 400 000,00 EUR	: 20 =	120 000,00 EUR

Ergebnis: Es sind 100 000,00 EUR in die gesetzliche Rücklage einzustellen.

Zu 2.: Berechnung der anderen Gewinnrücklagen

Jahresüberschuss	2 500 000,00 EUR
– Verlustvortrag aus dem Vorjahr	100 000,00 EUR
Bereinigter Jahresüberschuss	2 400 000,00 EUR
– Einstellung in gesetzliche Rücklagen	100 000,00 EUR
Zwischensumme	2 300 000,00 EUR

Einstellung in die anderen Gewinnrücklagen 50 % = 1 150 000,00 EUR

Zu 3.: Berechnung der Dividende und des Gewinnvortrags

6 000 000,00 EUR Grundkapital: 120 000 Aktien = 50,00 EUR Grundkapital/Aktie

18 % von 50,00 EUR = 9,00 EUR Dividende/Aktie

120 000 Aktien · 9,00 EUR = 1 080 000,00 EUR Gesamtdividende

Bilanzgewinn	1 150 000,00 EUR
– Dividendenausschüttung	1 080 000,00 EUR
Gewinnvortrag aus dem Berichtsjahr	70 000,00 EUR

Zu 4.: Eigenkapitalspiegel

Bilanzposten	Stand zu Beginn des Geschäftsjahres	Entnahmen aus Rücklagen	Einstellung in Rücklagen	Dividendenauszahlung	Stand zum Ende des Geschäftsjahres
Gezeichnetes Kapital	6000000,00 EUR				6000000,00 EUR
Kapitalrücklage	100000,00 EUR				100000,00 EUR
Andere Gewinnrücklagen	2400000,00 EUR		1150000,00 EUR		3550000,00 EUR
Gesetzliche Rücklage	400000,00 EUR		100000,00 EUR		500000,00 EUR
Gewinn-/Verlustvortrag	– 100000,00 EUR				70000,00 EUR
Jahresüberschuss/ Jahresfehlbetrag	2500000,00 EUR – 100000,00 EUR 2400000,00 EUR			1080000,00 EUR	

1.2.4.6 Kapitalflussrechnung

(1) Inhalt der Kapitalflussrechnung

Die Kapitalflussrechnung zeigt die **Quellen (liquide Mittelzugänge)** und die **Verwendung (liquide Mittelabgänge) der Finanzmittel** während einer Berichtsperiode auf. Die Mittelzu- und -abgänge aus der Geschäftstätigkeit eines Unternehmens werden dabei drei verschiedenen Tätigkeitsbereichen zugeordnet: der **laufenden (operativen) Geschäftstätigkeit,** der **Investitionstätigkeit** und der **Finanzierungstätigkeit.**

Die Veränderung des Finanzmittelflusses (Zahlungsmittelflusses) wird von der Kapitalflussrechnung anhand des **Cashflows**[1] der betrachteten Periode aufgezeigt. Unter Cashflow versteht man dabei die **Differenz zwischen den Zahlungseingängen und den Zahlungsausgängen.**

Nach der **indirekten Methode** berechnet sich der **Cashflow aus der laufenden Geschäftstätigkeit** ausgehend vom **Jahresüberschuss** durch **Addition** der in der Periode berücksichtigten **auszahlungslosen Aufwendungen** und **Subtraktion einzahlungsloser Erträge.**

(2) Aufbau einer Kapitalflussrechnung (cashflow statement)

Die nachfolgende Darstellung zeigt den schematischen Aufbau einer Kapitalflussrechnung.

	Jahresüberschuss/Jahresfehlbetrag
±	Abschreibungen (+)/Zuschreibungen (–) auf immaterielle Gegenstände des Anlagevermögens und Sachanlagen
±	Zunahme (+)/Abnahme (–) der Rückstellungen
±	Sonstige zahlungsunwirksame Aufwendungen (+)/Erträge (–)
±	Verlust (+)/Gewinn (–) aus dem Abgang von Gegenständen des Anlagevermögens
±	Abnahme (+)/Zunahme (–) der Vorräte, der Forderungen aus Lieferungen
±	Zunahme (+)/Abnahme (–) der Verbindlichkeiten aus Lieferungen und Leistungen sowie anderer Passiva
	Cashflow aus laufender Geschäftstätigkeit

1 Es wird davon ausgegangen, dass Fachkenntnisse zum Cashflow vorliegen.

	Einzahlungen aus Abgängen (z.B. Verkaufserlöse, Tilgung eines von Dritten gewährten Darlehens) von Gegenständen des Anlagevermögens (Restbuchwerte der Abgänge erhöht um Gewinne und vermindert um Verluste aus dem Anlagenabgang)
–	Auszahlungen für Investitionen in das Anlagevermögen
	Cashflow aus der Investitionstätigkeit
	Einzahlungen aus Kapitalerhöhungen und Zuschüssen der Gesellschafter
–	Auszahlungen an Gesellschafter (Dividende, Kapitalrückzahlungen, andere Ausschüttungen)
+	Einzahlungen aus der Begebung von Anleihen und aus der Aufnahme von (Finanz-)Krediten
–	Auszahlungen für die Tilgung von Anleihen und (Finanz-)Krediten
	Cashflow aus der Finanzierungstätigkeit
=	**Zahlungswirksame Veränderung des Finanzmittelbestands insgesamt**

Beispiel:

Für die Erstellung einer Kapitalflussrechnung (cashflow statement) der TOP Pharma AG, Berlin, liegen der Jahresabschluss des Geschäftsjahres 2011 und die Bilanz des Geschäftsjahres 2010 vor:

Bilanz der TOP Pharma AG, Berlin, zum 31. Dez. 2011 (Mio. EUR)

Aktiva		Passiva	
A. Anlagevermögen		**A. Eigenkapital**	
I. Immaterielle Vermögensgegenstände	40,3	I. Gezeichnetes Kapital	32,5
II. Sachanlagen	278,2	II. Kapitalrücklage	1,3
B. Umlaufvermögen		III. Gewinnrücklage	15,6
I. Vorräte	13,0	V. Jahresüberschuss	57,2
II. Forderungen u. sonstige Vermögensgegenstände	79,3	**B. Rückstellungen**	
IV. Kassenbestand, Bundesbankguthaben, Guthaben bei Kreditinstituten, Schecks	2,6	1. Rückstellungen für Pensionen	11,7
		C. Verbindlichkeiten	
		2. Verbindlichkeiten gegenüber Kreditinstituten	130,0
		3. erhaltene Anzahlungen auf Best.	3,9
		4. Verbindlichkeiten a. L. u. L.	161,2
	413,4		413,4

Gewinn- und Verlustrechnung der TOP Pharma AG, Berlin, für das Geschäftsjahr 2011 (Mio. EUR).

1. Umsätze	832,0
5. Materialaufwand	
(a) Aufwendungen für Roh-, Hilfs- und Betriebsstoffe und für bezogene Waren	404,3
(b) Aufwendungen für bezogene Leistungen	4,6
6. Personalaufwand	
(a) Löhne und Gehälter	221,0
(b) soziale Abgaben und Aufwendungen für Altersversorgung und für Unterstützung	36,4

7. Abschreibungen	
(a) auf immaterielle Vermögensgegenstände des Anlagevermögens und Sachanlagen	49,4
8. sonstige betriebliche Aufwendungen	2,0
13. Zinsen und ähnliche Aufwendungen	23,3
14. Ergebnis der gewöhnlichen Geschäftstätigkeit	91,0
18. Steuern vom Einkommen und vom Ertrag	33,8
20. Jahresüberschuss	57,2

Aktiva — Bilanz der TOP Pharma AG, Berlin, zum 31. Dez. 2010 (Mio. EUR) — Passiva

Aktiva		Passiva	
A. Anlagevermögen		**A. Eigenkapital**	
I. Immaterielle Vermögensgegenstände	52,0	I. Gezeichnetes Kapital	32,5
II. Sachanlagen	130,0	II. Kapitalrücklage	1,3
B. Umlaufvermögen		III. Gewinnrücklage	3,0
I. Vorräte	12,2	V. Jahresüberschuss	35,7
II. Forderungen u. sonstige Vermögensgegenstände	81,4	**B. Rückstellungen**	
IV. Kassenbestand, Bundesbankguthaben, Guthaben bei Kreditinstituten und Schecks	2,3	1. Rückstellungen für Pensionen	11,1
		C. Verbindlichkeiten	
		2. Verbindlichkeiten gegenüber Kreditinstituten	65,0
		3. erhaltene Anzahlungen auf Best.	1,9
		4. Verbindlichkeiten a. L. u. L.	127,4
	277,9		277,9

Aus dem **Anlagespiegel** und den **Daten über immaterielles Anlagevermögen** erhalten Sie die folgenden Informationen (Mio. EUR):

	Anschaffungsjahr	histor. AK/HK	Zugänge	Abgänge	Abschreibungen 2012	Abschreibungen (kumuliert)	Buchwert 2012
Immat. AV	2010	63,7			11,7	23,4	40,3
Fertigungsanlage I	2010	141,7		118,3	11,7	23,4	0,0
Fertigungsanlage II	2011		195,0		7,8	7,8	187,2
Gesch.-Ausst.	2011		93,6		15,6	15,6	78,0
Lagergebäude	2011		15,6		2,6	2,6	13,0

Aufgabe:

Erstellen Sie das cashflow statement der TOP Pharma AG, Berlin, für das Jahr 2011 unter Einbezug von GuV und Anlagespiegel! Bestimmen Sie als Zwischenergebnisse den Cashflow aus gewöhnlicher Geschäftstätigkeit, aus Investitionstätigkeit und aus Finanzierungstätigkeit!

Lösung:

		Mio. EUR
	Jahresüberschuss	57,2
+	Abschreibungen auf immaterielle Gegenstände des Anlagevermögens und Sachanlagen	49,4
+	Zunahme der Rückstellungen	0,6
+	Abnahme der Vorräte und der Forderungen aus Lieferungen	1,3
+	Zunahme der Verbindlichkeiten aus Lieferungen und Leistungen sowie anderer Passiva	35,8
=	**Cashflow aus laufender Geschäftstätigkeit**	**+ 144,3**
	Einzahlungen aus Abgängen (z. B. Verkaufserlöse, Tilgung eines von Dritten gewährten Darlehens) von Gegenständen des Anlagevermögens (Restbuchwerte der Abgänge erhöht um Gewinne und vermindert um Verluste aus dem Anlagenabgang)	118,3
–	Auszahlungen für Investitionen in das Anlagevermögen (195,00 Mio. EUR + 93,6 Mio. EUR + 15,6 Mio. EUR)	304,2
=	**Cashflow aus der Investitionstätigkeit**	**– 185,9**
	Einzahlungen aus Kapitalerhöhungen und Zuschüssen der Gesellschafter	0,0
–	Auszahlungen an Gesellschafter (Dividende für 2010)[1] (Jahresüberschuss – [Gewinnrücklage 2011 15,5 Mio. EUR[2] – Gewinnrücklage 2010 3,0 Mio. EUR])	23,1
+	Einzahlungen aus der Aufnahme von (Finanz-)Krediten	65,0
=	**Cashflow aus der Finanzierungstätigkeit**	**+ 41,9**
=	**Zahlungswirksame Veränderung des Finanzmittelbestands insgesamt**	**+ 0,3**

1.2.4.7 Segmentberichterstattung

Kapitalmarktorientierte Kapitalgesellschaften, die keinen Konzernabschluss aufstellen müssen, **können** den Jahresabschluss um eine **Segmentberichterstattung** erweitern. Die darin enthaltenen Informationen sollen es den Adressaten des Jahresabschlusses ermöglichen, die **Art** und die **finanziellen Auswirkungen** der von dem Unternehmen ausgeübten Geschäftstätigkeiten sowie das **wirtschaftliche Umfeld,** in dem das Unternehmen tätig ist, zu beurteilen.

Ein **Geschäftssegment** ist ein Unternehmensbereich, der folgende **drei Anforderungen** erfüllen muss:

- Es müssen Geschäftstätigkeiten betrieben werden, mit denen Erträge erwirtschaftet werden und bei denen Aufwendungen anfallen.
- Die Betriebsergebnisse des Segments müssen regelmäßig vom Hauptentscheidungsträger des Unternehmens, z. B. Vorsitzender des Geschäftsführungsorgans, geschäftsführende Direktoren, im Hinblick auf Entscheidungen über die Allokation[3] von Ressourcen zu diesem Segment und die Bewertung seiner Ertragskraft überprüft werden.
- Es müssen einschlägige Finanzinformationen über das Segment vorliegen.

1 Dividende für 2010 = Jahresüberschuss für 2010 – neue Gewinnrücklagen (35,7 Mio. EUR – 12,6 Mio. EUR = 23,1 Mio. EUR).
2 Es handelt sich hier um eine Rundungsdifferenz.
3 Allokation: Zuweisung von finanziellen Mitteln, Produktivkräften und Material.

4 Hempel - ISBN 978-3-8120-0655-2

Bei der Bildung der Segmente ist darauf zu achten, dass **wirtschaftlich vergleichbare Merkmale** zusammengefasst werden. Folgende Gliederungsmöglichkeiten bieten sich an:

Betriebliche Segmentierung	Geografische Segmentierung	Kombinierte Segmentierung
■ Art der Produkte und Dienstleistungen ■ Art der Produktionsprozesse ■ Art oder Gruppen der Kunden ■ Methoden des Vertriebs oder der Leistungserbringung	■ Länder ■ Ländergruppen ■ Regionen	Betriebliche und geografische Kriterien können kombiniert ausgewiesen werden.

Beispiel

Die Frankfurter Chemie AG veröffentlichte für das Geschäftsjahr 2011 die folgenden Segmentdaten:

Segmentdaten nach Bereichen								
Mio. EUR	Siltronic	Silicones	Polymers	Polysilicon	Fine Chemicals	Sonstiges	Konsolidierung[1]	**Gesamt**
Umsatz mit Dritten	1 356,2	1 363,5	860,4	567,0	92,0	59,0	–	**4 298,1**
Innenumsätze	4,6	45,1	7,5	261,1	5,7	260,4	– 530,4	**–**
Gesamtumsatz	1 360,8	1 408,6	867,9	828,1	97,7	265,4	– 530,4	**4 298,1**
Betriebsergebnis	193,8	86,3	64,9	349,8	6,0	– 51,7	– 1,2	**647,9**
Abschreibungen und Wertminderungen/ Zuschreibungen	163,5	81,6	44,0	72,2	3,2	42,8	–	**407,3**
Gewinn vor Steuern und Abschreibungen	357,3	167,9	108,9	422,0	9,2	– 8,9	– 1,2	**1 055,2**
Sachanlagenzugänge	139,2	80,8	74,4	410,3	16,5	105,2	–	**826,4**
Finanzanlagenzugänge	60,4	26,2	–	–	–	3,3	–	**89,9**
Anlagenzugänge	199,6	107,0	74,4	410,3	16,5	108,5	–	**916,3**
Vermögen (31.12.)	1 371,4	1 007,4	456,0	1 126,4	66,3	873,3	– 275,7	**4 625,1**
Schulden (31.12.)	394,7	413,6	151,6	1 175,9	22,5	637,4	– 253,4	**2 542,3**
Netto-Vermögen (31.12.)	976,7	593,8	304,4	– 49,5	43,8	235,9	– 22,3	**2 082,8**
Forschungskosten	– 67,7	– 31,5	– 15,0	– 5,4	– 2,3	– 41,3	–	**– 163,2**
Mitarbeiter (31.12.)	5 469	3 927	1 579	1 289	259	3 399	–	**15 922**

Segmentdaten nach Regionen							
Mio. EUR	Deutschland	Übriges Europa	Amerika	Asien	Sonstige Regionen	Konsolidierung[1]	**Gesamt**
Außenumsatz nach Sitz des Kunden	948,6	1 008,2	852,9	1 362,8	125,6	–	**4 298,1**
Außenumsatz nach Sitz der Gesellschaft[2]	3 746,8	29,4	736,4	546,3	2,2	– 763,0	**4 298,1**
Sachanlagenzugänge	736,5	0,8	23,0	65,7	0,4	–	**826,4**
Finanzanlagenzugänge	29,5	60,3	–	0,1	–	–	**89,9**
Anlagenzugänge[2]	766,0	61,1	23,0	65,8	0,4	–	**916,3**
Vermögen (31. 12.)	4 370,8	743,1	451,1	609,1	1,2	– 1 550,2	**4 625,1**
Schulden (31.12.)	2 544,2	71,1	164,1	366,7	0,9	– 604,7	**2 542,3**
Netto-Vermögen (31.12.)[2]	1 826,6	672,0	287,0	242,4	0,3	– 945,5	**2 082,8**
Forschungskosten	– 142,8	–	– 14,1	– 10,6	–	4,3	**– 163,2**
Mitarbeiter (31. 12.)							

1 Hierbei handelt es sich um Verrechnungen zwischen den jeweiligen Segmenten.

2 Die Zuordnung erfolgt nach dem Sitzland der jeweiligen Konzerngesellschaft.

1.2.5 Lagebericht

Kapitalgesellschaften haben neben der Bilanz, Gewinn- und Verlustrechnung und dem Anhang zusätzlich einen Lagebericht zu erstellen [§ 264 I, S. 1 HGB]. Von der Aufstellung eines Lageberichts sind kleine Kapitalgesellschaften befreit [§ 264 I, S. 3 HGB].

Im Lagebericht ist nach § 289 II HGB auf folgende Punkte einzugehen:

- auf besondere Vorgänge nach Schluss des Geschäftsjahres (**Nachtragsbericht** [§ 289 II, Nr. 1 HGB]),
- auf die voraussichtliche Entwicklung der Kapitalgesellschaft (**Risikomanagementbericht** [§ 289 II, Nr. 2 HGB]),
- auf den Bereich Forschung und Entwicklung (**Forschungs- u. Entwicklungsbericht** [§ 289 II, Nr. 3 HGB]),
- auf bestehende Zweigniederlassungen der Gesellschaft (**Zweigniederlassungsbericht** [§ 289 II, Nr. 4 HGB]),

Börsennotierte Aktiengesellschaften haben zudem noch Informationen zum **Vergütungssystem des Managements** [§ 289 II, Nr. 5 HGB] sowie eine **Erklärung zur Unternehmensführung** („corporate-governance-Erklärung") [§ 289 a I, S. 2 HGB] in ihren Lagebericht aufzunehmen.

Im Gegensatz zum Anhang enthält der Lagebericht auch zukunftsorientierte Angaben.

Der **Lagebericht** gehört **nicht zu den Bestandteilen des Jahresabschlusses** einer Kapitalgesellschaft.

2 Bewertung von Vermögen und Schulden nach Handels- und Steuerrecht

2.1 Problematik der Bewertung der Bilanzposten

Merke:

- **Bewerten** ist eine **Tätigkeit,** die das Ziel hat, den **Wert einer Sache** festzustellen.
- Feststellen bedeutet, dass der **Bewertende** entweder eine Entscheidung treffen kann, indem er **selbst den Wert zumisst,** oder dass er den **vorgefundenen Wert festhält und überträgt.**

Die im Zusammenhang mit der Bewertung zu treffenden Entscheidungen beeinflussen sowohl die Bilanz als auch die Gewinn- und Verlustrechnung.

Beispiel:

An der Entscheidung über die Bewertung der noch nicht verkauften Fertigerzeugnisse der Geschäftsperiode wollen wir die Auswirkungen der Bewertung aufzeigen. Der Einfachheit halber gehen wir von folgenden zusammengefassten Werten aus:

Material- und Fertigungseinzelkosten	22500,00 EUR
Material- und Fertigungsgemeinkosten	33500,00 EUR
Abschreibungen aufgrund der Fertigung	7500,00 EUR
Allgemeine Verwaltungskosten	1400,00 EUR
Soziale Aufwendungen	2100,00 EUR
Aufwendungen betrieblicher Altersversorgung	1000,00 EUR
Übrige Vermögensposten am Ende der Geschäftsperiode	615000,00 EUR
Schulden (Fremdkapital) am Ende der Geschäftsperiode	400000,00 EUR
Eigenkapital am Anfang der Geschäftsperiode	230000,00 EUR

Die Fertigerzeugnisse sind nach dem Handelsrecht [§ 255 II, IIa, III HGB] mit den **Herstellungskosten** zu bewerten. Zu den Herstellungskosten, die **aktivierungspflichtig** sind, zählen die Material- und Fertigungseinzelkosten, die Material- und Fertigungsgemeinkosten sowie die Abschreibungen aufgrund der Fertigung. Für die allgemeinen Verwaltungskosten, die sozialen Aufwendungen und die Aufwendungen für die betriebliche Altersversorgung besteht ein **Aktivierungswahlrecht.**[1]

Aufgabe:

Stellen Sie dar, wie sich die unterschiedliche Bewertung der Fertigerzeugnisse auf das Vermögen und den Erfolg auswirken!

Lösung:

Entscheidung I:

Der Bestand an Fertigerzeugnissen wird mit den aktivierungspflichtigen Kosten in Höhe von 63500,00 EUR bewertet (Wertuntergrenze).

Entscheidung II:

Der Bestand an Fertigerzeugnissen wird mit den verursachten Gesamtkosten in Höhe von 68000,00 EUR bewertet (Wertobergrenze).

1 Eine Darstellung der Bewertung von Fertigerzeugnissen erfolgt auf S. 61f.

Aufstellung der Schlussbilanz auf der Grundlage der Entscheidung I:

Aktiva	Schlussbilanz		Passiva
Fert.-erzeugn.	63500,00	Eigenkapital	278500,00
Übr. Verm.-P.	615000,00	Schulden	400000,00
	678500,00		678500,00

Aufstellung der Schlussbilanz auf der Grundlage der Entscheidung II:

Aktiva	Schlussbilanz		Passiva
Fert.-erzeugn.	68000,00	Eigenkapital	283000,00
Übr. Verm.-P.	615000,00	Schulden	400000,00
	683000,00		683000,00

Erkenntnisse:

Die wichtigste Erkenntnis aus den beiden Entscheidungen besteht darin, dass bei der Bilanz auf der Grundlage der Entscheidung II das Eigenkapital um 4500,00 EUR höher ist als bei der Entscheidung I. Das bedeutet gleichzeitig, dass auch der Gewinn auf der Grundlage der Entscheidung II um 4500,00 EUR höher ausfällt als bei der Entscheidung I, was durch nachfolgende Rechnung bewiesen wird.

Ergebnisermittlung auf der Grundlage der Entscheidung I:

Eigenkapital am Ende	278500,00 EUR
– Eigenkapital am Anfang	230000,00 EUR
Ergebnis (Gewinn)	48500,00 EUR

Ergebnisermittlung auf der Grundlage der Entscheidung II:

Eigenkapital am Ende	283000,00 EUR
– Eigenkapital am Anfang	230000,00 EUR
Ergebnis (Gewinn)	53000,00 EUR

Der Unterschied bei der Ergebnisermittlung in Höhe von 4500,00 EUR ist ausschließlich auf die unterschiedliche Bewertung der Fertigerzeugnisse zurückzuführen.

Merke:

- Eine **niedrige Bewertung** führt zu **niedrigeren Vermögenswerten** und damit auch zu einem **niedrigeren Eigenkapital.**
- Das bedeutet gleichzeitig eine **Verringerung des Gewinnes** bzw. eine **Erhöhung des Verlusts.**
- Bei einer vergleichsweise **höheren Bewertung** tritt die **entgegengesetzte Wirkung** ein.

Um willkürliche Wertansätze zu verhindern, hat der Gesetzgeber **Bewertungs- und Bilanzierungsvorschriften** erlassen.

- Die **handelsrechtlichen** Bewertungs- und Bilanzierungsvorschriften sollen dazu beitragen, die Gesellschafter, Eigentümer, Gläubiger und die Öffentlichkeit über die Vermögens-, Finanz- und Ertragslage des Unternehmens zu informieren. Vor allem soll eine zu hohe Bewertung des Vermögens und zu niedrige Bewertung der Verbindlichkeiten zum **Schutz der Gesellschafter (Teilhaberschutz)** und **Gläubiger (Gläubigerschutz)** verhindert werden.
- Die **steuerrechtlichen** Bewertungs- und Bilanzierungsvorschriften ermöglichen der Finanzverwaltung die Festlegung der Besteuerungsgrundlagen. Sie sollen damit die Gleichbehandlung aller Steuerpflichtigen gewährleisten **(Gedanke der Steuergerechtigkeit)** und insbesondere einen zu geringen Gewinnausweis verhindern.

2.2 Allgemeine Bilanzierungs- und Bewertungsgrundsätze für die Handelsbilanz

(1) Überblick

Neben den **Grundsätzen ordnungsmäßiger Buchführung,** wonach einem sachverständigen Dritten innerhalb einer angemessenen Zeit ein Überblick über die Geschäftsvorfälle und über die Lage des Unternehmens möglich sein muss, hat der Gesetzgeber **Grundsätze (Vorschriften) für die Bilanzierung** erlassen. Bei diesen werden Ansatz- und Bewertungsgrundsätze unterschieden.

Grundsätze der Bilanzierung	**Ansatzgrundsätze**	**Was** ist zu bilanzieren?
	Bewertungsgrundsätze	Mit welchem **Wert** sind die zu bilanzierenden Posten anzusetzen?

(2) Ansatzgrundsätze

Die Ansatzgrundsätze begründen, was im Jahresabschluss zu bilanzieren ist. Wesentliche Ansatzgrundsätze (Bilanzierungsvorschriften) sind:

Grundsatz der Vollständigkeit [§ 246 I, S. 1 HGB]	Der Jahresabschluss hat **sämtliche** Vermögensgegenstände, Schulden, Rechnungsabgrenzungsposten sowie Aufwendungen und Erträge zu enthalten, soweit gesetzlich nichts anderes bestimmt ist.
Grundsatz des rechtlichen Eigentums [§ 246 I, S. 2 HGB]	Vermögensgegenstände sind in der **Bilanz des Eigentümers** aufzunehmen. **Ausnahme:** Ist ein Vermögensgegenstand einem anderen **wirtschaftlich zuzuordnen,** hat dieser diesen zu bilanzieren. **Beispiel:** Leasinggut, das als Spezialanfertigung ausschließlich vom Leasingnehmer genutzt werden kann.
Aktivierungsgebot [§ 246 I, S. 4 HGB]	Der **entgeltlich erworbene Geschäfts- oder Firmenwert,** der sogenannte Goodwill, gilt handelsrechtlich als aktivierungspflichtiger, zeitlich begrenzter Vermögensgegenstand. **Beispiel: Kauf eines Unternehmens** Kaufpreis 10 Mio. EUR – Reinvermögen (Vermögen – Schulden) 9 Mio. EUR = Geschäfts- oder Firmenwert (Goodwill) 1 Mio. EUR
Verrechnungsverbot/ Verrechnungspflicht [§ 246 II HGB]	■ Posten der Aktivseite **dürfen nicht** mit Posten der Passivseite, Aufwendungen nicht mit Erträgen, Grundstücksrechte nicht mit Grundstückslasten verrechnet werden [§ 246 I, S. 1 HGB].

	■ Eine **Verrechnung** von Vermögensgegenständen und Schulden **ist vorgeschrieben,** soweit die Vermögensgegenstände ausschließlich zur Erfüllung bestimmter Schulden dienen [§ 246 II, S. 2 HGB]. **Beispiel:** Die Vermögensgegenstände sind ausschließlich für die Erfüllung von Altersvorsorgeverpflichtungen vorgesehen. Diese Vermögensgegenstände, sogenanntes Planvermögen, müssen dem Zugriff der übrigen Gläubiger entzogen sein.
Grundsatz der Ansatzstetigkeit [§ 246 III HGB]	Die auf den vorhergehenden Jahresabschluss angewandten Ansatzmethoden sind beizubehalten. Daraus folgt, dass ein einmal in Anspruch genommenes Ansatzwahlrecht in den Folgejahren für diesen Fall nicht geändert werden darf.
Inhalt der Bilanz [§ 247 HGB]	■ In der **Bilanz** sind das Anlage- und das Umlaufvermögen, das Eigenkapital, die Schulden sowie die Rechnungsabgrenzungsposten **gesondert auszuweisen** und hinreichend **aufzugliedern**. ■ Beim **Anlagevermögen** sind nur die Gegenstände auszuweisen, die bestimmt sind, **dauernd** dem Geschäftsbetrieb zu dienen.
Bilanzierungsverbote und -wahlrechte [§ 248 HGB]	■ In die Bilanz dürfen **nicht als Aktivposten aufgenommen** werden: – Aufwendungen für die Gründung eines Unternehmens, – Aufwendungen für die Beschaffung des Eigenkapitals, – Aufwendungen für den Abschluss von Versicherungsverträgen. ■ Selbst geschaffene immaterielle Vermögensgegenstände des Anlagevermögens (z.B. selbst erstellte Software) **können** als Aktivposten in die Bilanz aufgenommen werden. ■ Ein **Bilanzierungsverbot** besteht dagegen für selbst geschaffene Marken, Drucktitel, Verlagsrechte, Kundenlisten oder vergleichbare immaterielle Vermögensgegenstände des Anlagevermögens. **Begründung**: In diesen Fällen lassen sich die Aufwendungen nicht zweifelsfrei einem selbst geschaffenen immateriellen Vermögensgegenstand des Anlagevermögens zuordnen. Sie sind Teil des selbst geschaffenen Geschäfts- oder Firmenwerts.

(3) Bewertungsgrundsätze

Die Bewertungsgrundsätze setzen verbindliche Vorgaben (Standards) für die Bewertung der Vermögensgegenstände und Schulden in der Bilanz. Wesentliche Bewertungsgrundsätze (Bewertungsvorschriften) sind:

Grundsatz der Bilanzkontinuität
[§ 252 I, Nr. 1 HGB]

Die Wertansätze in der Eröffnungsbilanz müssen mit denen der Schlussbilanz des vorhergehenden Geschäftsjahres übereinstimmen.

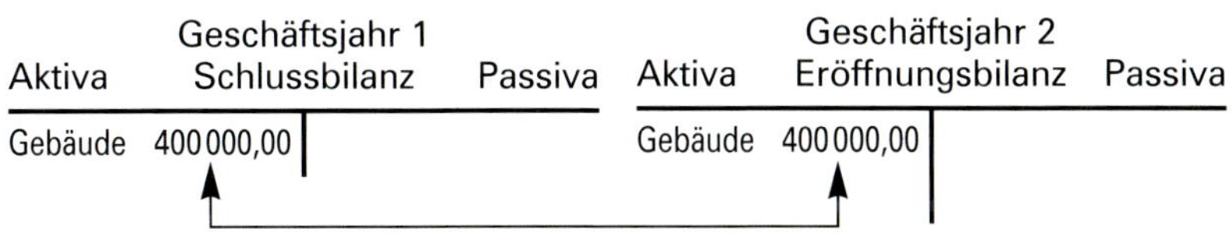

Auch die Bezeichnungen für die einzelnen Bilanzposten müssen beibehalten werden.

Grundsatz der Unternehmens-fortführung [§ 252 I, Nr. 2 HGB]	Bei der Bewertung ist grundsätzlich davon auszugehen, dass die Unternehmenstätigkeit fortgeführt wird **(Going-concern-Prinzip).**
Grundsatz der Einzelbewertung und das Stichtags-prinzip [§ 252 I, Nr. 3 HGB]	Die Vermögensgegenstände und Schulden sind **einzeln** zu bewerten. Die Bewertung ist auf den **Bilanzstichtag** zu beziehen.
Grundsatz der Vorsicht [§ 252 I, Nr. 4 HGB]	Er fordert, dass vorsichtig zu bewerten ist. Es sind alle **vorhersehbaren** Risiken und Verluste, die bis zum Abschlussstichtag entstanden sind, zu berücksichtigen. Der Grundsatz der Vorsicht ist das wichtigste Prinzip in der Handelsbilanz. Aus dem Grundsatz der Vorsicht sind noch folgende Prinzipien abgeleitet:
■ **Anschaffungs-kostenprinzip**	■ Vermögensgegenstände sind höchstens mit den Anschaffungs- oder Herstellungskosten anzusetzen.
■ **Höchstwert-prinzip**	■ Die Verbindlichkeiten sind zu ihrem Erfüllungsbetrag anzusetzen.
■ **Niederstwert-prinzip**	■ Bei einer dauernden Wertminderung muss beim Anlagevermögen der niedrigere Wert angesetzt werden.
■ **Realisations-prinzip**	■ Gewinne dürfen erst dann ausgewiesen werden, wenn sie über den Markt, d. h. durch einen Verkauf, realisiert sind. Gewinne, die bis zum Abschlusstag noch nicht realisiert sind, dürfen nach dem Grundsatz der Vorsicht nicht berücksichtigt werden.
■ **Imparitäts-prinzip**[1]	■ Da noch nicht realisierte Verluste berücksichtigt werden, kommt es somit zu einer ungleichen Behandlung von nicht realisierten Verlusten einerseits und nicht realisierten Gewinnen andererseits.
■ **Wertaufhel-lungsprinzip**	■ Noch nicht realisierte Verluste sind auch dann zu berücksichtigen, wenn sie erst zwischen dem Bilanzstichtag und dem Aufstellungstag der Bilanz bekannt geworden sind.
Grundsatz der Periodenabgrenzung [§ 252 I, Nr. 5 HGB]	Danach sind Aufwendungen und Erträge dem Geschäftsjahr zuzuordnen, in dem sie entstanden sind. Der Zeitpunkt der Zahlung ist nicht zu berücksichtigen.
Grundsatz der Bewertungs-stetigkeit [§ 252 I, Nr. 6 HGB]	Die auf den vorhergehenden Jahresabschluss angewandten Bewertungsmethoden sind beizubehalten.

2.3 Verhältnis der Handelsbilanz zur Steuerbilanz

(1) Maßgeblichkeit der Handelsbilanz für die Steuerbilanz

Das **Maßgeblichkeitsprinzip** [§ 5 I, S. 1, HS 1 EStG] besagt, dass das Betriebsvermögen in der Steuerbilanz – soweit **keine steuerrechtlichen Sonderregelungen** bestehen – nach den **Grundsätzen ordnungsmäßiger Buchführung [GoB]** auszuweisen ist. Daraus folgt:

- **Handelsrechtliche Bilanzierungsgebote** und **-verbote** sind grundsätzlich auch **steuerrechtlich zu beachten** (sofern keine zwingenden steuerrechtlichen Vorschriften dem entgegenstehen).

1 Imparität: Ungleichheit.

- Im Falle **handelsrechtlicher Bilanzierungswahlrechte** gilt aufgrund der Rechtssprechung des Bundesgerichtshofs (BGH) – sofern keine eigenständige steuerrechtliche Regelung vorliegt – Folgendes: **Handelsrechtliche Aktivierungswahlrechte** führen zu **steuerrechtlichen Aktivierungsgeboten** und **handelsrechtliche Passivierungswahlrechte** zu **steuerrechtlichen Passivierungsverboten.**

  Dies führt dazu, dass bei handelsrechtlichen Bewertungswahlrechten – ohne steuerrechtliche Vorschriften – auf der **Aktivseite** der Steuerbilanz der **höchstmögliche,** auf der **Passivseite** der **niedrigstmögliche Ansatz** gewählt werden muss.

(2) Aufhebung der umgekehrten Maßgeblichkeit

Besteht ein **steuerrechtliches Wahlrecht,** so kann in der **Steuerbilanz** ein **anderer Wert als in der Handelsbilanz** ausgewiesen werden [§ 5 I, S. 1, HS 2 EStG].

Merke:

Steuerrechtliche Wahlrechte können **unabhängig** von dem handelsrechtlichen Wertansatz ausgeübt werden. Es besteht **keine** Maßgeblichkeit der Steuerbilanz für die Handelsbilanz **(keine umgekehrte Maßgeblichkeit)** [§ 5 I, S. 1 EStG].

Beispiel:

Bei der Berechnung der Herstellungskosten für ein selbst erstelltes Vermögensgut wird in der Handelsbilanz das Aktivierungswahlrecht ausgeübt, in der Steuerbilanz nicht. Die handels- und steuerrechtlichen Herstellungskosten weichen in diesem Fall bei der Wertobergrenze voneinander ab.[1]

Die Ausübung steuerrechtlicher Wahlrechte, die von der handelsrechtlichen Regelung abweicht, ist an bestimmte Dokumentationspflichten gekoppelt [§ 5 I, S. 2 und S. 3 EStG].

(3) Handelsbilanz, Steuerbilanz und Einheitsbilanz

Handelsbilanz

Die in den Wirtschaftsteilen einiger Zeitungen gelegentlich veröffentlichten Bilanzen von Kapitalgesellschaften oder die anderweitig in Umlauf gebrachten Bilanzen[2] dieser veröffentlichungspflichtigen Gesellschaften sind **Handelsbilanzen.** Rechtliche Grundlage der Handelsbilanz ist das HGB. Ziel der Handelsbilanz ist es, den Kreisen, die ein berechtigtes Interesse an der Entwicklung des Unternehmens haben, **Informationen** zu liefern. Dazu zählen insbesondere die

- **Banken,** da sie bei Kreditgewährungen ihr Risiko besser abschätzen können.
- **Kapitalgeber** (z.B. Mitinhaber, Gläubiger), die ein Recht auf Information besitzen.
- **Mitarbeiter,** die ein Recht auf Unterrichtung über die wirtschaftliche und soziale Lage ihres Unternehmens haben [§ 43 I, II BetrVG].
- **Gerichte,** die bei Vermögensstreitigkeiten im Zweifel von der Richtigkeit der Zahlen der Buchführung und der Handelsbilanz ausgehen.

1 Zu Einzelheiten siehe S. 37ff.

2 Kapitalgesellschaften sind verpflichtet, ihre Bilanz beim Betreiber des elektronischen Bundesanzeigers einzureichen. Dieser veröffentlicht die Unterlagen anschließend im elektronischen Bundesanzeiger.
Wiederholen Sie hierzu die Ausführungen auf S. 8f.

5 Hempel - ISBN 978-3-8120-0655-2

Steuerbilanz

Die Steuerbilanz verfolgt einzig und allein das Ziel, eine **vollständige** und **gleichheitsgerechte** Abbildung der **finanziellen Leistungsfähigkeit** eines Unternehmens zu ermitteln, um eine **„gerechte" Besteuerung** zu ermöglichen. In diesem Zusammenhang sind die Regeln zur **Periodenabgrenzung** sowie die **Objektivierung,** die **Nachprüfbarkeit** und die **Verlässlichkeit der Daten** entscheidende Beurteilungsmaßstäbe. Die **Informationsfunktion** der Handelsbilanz hat für steuerliche Zwecke nur eine **nachgeordnete Bedeutung.** Rechtliche Grundlagen der Steuerbilanz sind das Einkommensteuergesetz [EStG], die Einkommensteuerdurchführungsverordnung [EStR] und die Abgabenordnung [AO].

Einheitsbilanz

Die Einheitsbilanz ist eine Bilanz, die sowohl **handelsrechtlichen** als auch **steuerrechtlichen Vorschriften** entspricht. Das „Gesetz zur Modernisierung des Bilanzrechts" [BilMoG] hält an dem **Grundsatz der Einheitsbilanz** ausdrücklich fest. Danach soll der **handelsrechtliche Jahresabschluss** die Grundlage sowohl für die **Gewinnausschüttung** als auch für die **steuerliche Gewinnermittlung** sein.

Beleg hierfür ist, dass das **Maßgeblichkeitsprinzip** (siehe S. 32f.) **beibehalten** wurde. Andererseits **hebt das BilMoG die umgekehrte Maßgeblichkeit** (siehe S. 33) auf. Damit kann der Steuerpflichtige steuerliche Ansatz- und Bewertungswahlrechte ohne Einschränkung in der Steuerbilanz ausüben. Dadurch kommt es teilweise zu einem **Auseinanderfallen** von Handels- und Steuerbilanz.

2.4 Grundbegriffe der Bewertung nach Handels- und Steuerrecht

2.4.1 Vermögensgegenstände, Wirtschaftsgüter und Schulden

(1) Vermögensgegenstände und Wirtschaftsgüter

Das **Handelsrecht** verwendet den Begriff **Vermögensgegenstand.**

Er liegt vor, wenn

- ein **wirtschaftlicher Wert** oder ein **wirtschaftlicher Vorteil** gegeben,
- dieser **selbstständig bewertbar** und
- **einzeln veräußerbar** ist.

Das **Steuerrecht** verwendet anstelle des Begriffs Vermögensgegenstand den Begriff **Wirtschaftsgut.**

Es liegt vor, wenn

- **Aufwendungen entstanden** sind,
- ein **Nutzen gegeben** ist, der über ein Wirtschaftsjahr hinausgeht,
- das Wirtschaftsgut **selbstständig bewertbar** ist und
- ein Erwerber, der einen gesamten Betrieb übernimmt, für ein einzelnes Wirtschaftsgut ein **besonderes Entgelt** ansetzt.[1]

---

1 **Beispiel:** Eine Verpackungsmaschine hat einen Einzelwert von 10000,00 EUR. Erwirbt ein Unternehmer den gesamten Betrieb, könnte der Fall eintreten, dass er für diese Verpackungsmaschine, die speziell auf den Produktionsvorgang abgestimmt ist, mehr als 10000,00 EUR bezahlt (Problem des Teilwertes, siehe S. 41f.).

Der Begriff Wirtschaftsgut geht über den des Vermögensgegenstandes hinaus, da er auch Güter umfasst, die nicht einzeln veräußerbar sind, jedoch den Kaufpreis bei einer Unternehmensübernahme erhöhen.

(2) Schulden

Der Begriff Schulden wird als Oberbegriff für Verbindlichkeiten und Rückstellungen verwendet.

Schulden liegen vor, wenn

- eine **Vermögensbelastung besteht** (z. B. Darlehen) oder mit **hinreichender Sicherheit** zu erwarten ist (z. B. Gewerbesteuerzahlung, wobei nur die Höhe noch nicht bekannt ist),
- diese auf einer **Leistungsverpflichtung** des Unternehmens beruht und
- **selbstständig bewertbar** ist.

Diese Begriffsbestimmung gilt sowohl für das Handelsrecht als auch für das Steuerrecht.

2.4.2 Wirtschaftliche Zurechnung im Handels- und Steuerrecht

Handelsrecht

Nach § 246 I, S. 2, HS 1 HGB sind **Vermögensgegenstände** grundsätzlich in der **Bilanz des Eigentümers (zivilrechtlicher Eigentümer)** aufzunehmen. Zudem sind solche Vermögensgegenstände in die Bilanz aufzunehmen, die dem Bilanzierenden **wirtschaftlich** zuzurechnen sind [§ 246 I, S. 2, HS 2 HGB]. Wirtschaftlich ist ein Vermögensgegenstand demjenigen zuzurechnen, der für die gewöhnliche Nutzungsdauer die **tatsächliche Herrschaft** ausübt **(wirtschaftlicher Eigentümer).**[1]

Beispiel:

Die Lenk GmbH kauft Rohstoffe auf Ziel für 8400,00 EUR unter Eigentumsvorbehalt, d.h., Eigentümer der Ware bis zur vollständigen Bezahlung durch die Lenk GmbH bleibt der Lieferer. Trotzdem muss die Lenk GmbH die Verbindlichkeit bilanzieren, da sie über den Vermögensgegenstand verfügt.

Schulden sind in der **Bilanz des Schuldners** aufzunehmen [§ 246 I, S. 3 HGB]. Der Grundsatz der wirtschaftlichen Zurechnung gilt somit **nicht** für die Schulden. Für Schulden gilt generell der Grundsatz der **rechtlichen Zugehörigkeit.**

Steuerrecht

Die **steuerrechtliche Regelung** entspricht dem Handelsrecht [vgl. § 39 AO].

Merke:

Die Zurechnung von Vermögen und Schulden in der **Handels- und Steuerbilanz** kann nur **einheitlich** erfolgen.

1 Die **wirtschaftliche Zurechnung** ist in jedem Einzelfall anhand der Verteilung der **Chancen** und **Risiken** zu beurteilen, die aus dem zu bilanzierenden Vermögen erwachsen. Demjenigen, dem im Wege einer wertenden Betrachtung die wesentlichen Chancen und Risiken zukommen, ist ein Vermögensgegenstand wirtschaftlich zuzurechnen (vgl. Drucksache des Bundesrates 344/08, S. 101).

2.4.3 Bewertungsmaßstäbe

2.4.3.1 Anschaffungskosten

Die **Anschaffungskosten** bestimmen sich nach § 255 I HGB. Sie werden danach wie folgt berechnet: **Handelsrecht**

Anschaffungspreis:	Nettopreis ohne Umsatzsteuer[1]
– Anschaffungspreisminderungen:	z. B. Rabatte, Skonti, Boni, Gutschriften, Zuschüsse, Subventionen.
+ Anschaffungsnebenkosten:	Typische Beispiele sind: Transport-, Umbau-, Montagekosten, Aufwendungen für Provisionen, Notariats-, Gerichts-, Makler- und Registerkosten, Grunderwerbsteuer.
= Anschaffungskosten[2]	

Finanzierungskosten (z. B. Kreditzinsen, Diskont, Gebühren) gehören **nicht** zu den Anschaffungsnebenkosten.

Beispiel:

Die Hans Fricker KG kauft Lagerregale bei der Stelzer OHG gegen Rechnungsstellung. Nettopreis: 18 500,00 EUR zuzüglich 19 % USt. Der Montagebetrieb Robert Heer KG berechnet an Transportkosten: 410,00 EUR zuzüglich 19 % USt und an Montagekosten: 820,00 EUR zuzüglich 19 % USt.

Die Rechnung der Stelzer OHG wird durch Banküberweisung unter Abzug von 3 % Skonto beglichen, die Rechnung des Montagebetriebs Robert Heer KG wird ohne Abzug bar bezahlt.

Aufgabe:

Berechnen Sie die Anschaffungskosten!

Lösung:

Berechnung der Anschaffungskosten:

Anschaffungspreis			18 500,00 EUR
+ Anschaffungsnebenkosten:	Transportkosten	410,00 EUR	
	Montagekosten	820,00 EUR	1 230,00 EUR
vorläufige Anschaffungskosten			19 730,00 EUR
– 3 % Skonto aus 18 500,00 EUR			555,00 EUR
= Anschaffungskosten			19 175,00 EUR

Merke:

Die **Berechnung der Anschaffungskosten** ist im **Handelsrecht** [§ 255 I HGB] und im **Steuerrecht** [R 6.2 EStR] **gleich geregelt.** **Steuerrecht**

2.4.3.2 Herstellungskosten

(1) Begriff Herstellungskosten

Die Herstellungskosten sind bei **selbst erstellten** oder bei wesentlich **selbst erweiterten Vermögensgegenständen** anzusetzen [§ 255 II HGB] sowie bei **selbst geschaffenen im-**

1 Der Vorsteuerbetrag, soweit er bei der Umsatzsteuer abgezogen werden kann, gehört nach § 9 b EStG bzw. § 10 I UStG nicht zu den Anschaffungskosten (dem „aufgewendeten Entgelt des Leistungsempfängers").

2 Anschaffungskosten können zeitlich auch noch später anfallen [§ 255 I, S. 2 HGB].

materiellen Vermögensgegenständen des Anlagevermögens [§ 255 II a HGB]. Gegenstand der Bewertung mit Herstellungskosten können insbesondere sein:

- immaterielle Anlagen
- Sachanlagen
- unfertige Erzeugnisse/Leistungen
- fertige Erzeugnisse

Merke:

- Nach **Handelsrecht** sind **Herstellungskosten Aufwendungen,** die durch den **Verbrauch von Gütern** und die **Inanspruchnahme von Diensten** für die **Herstellung, Erweiterung** oder **wesentliche Verbesserung** eines Vermögensgegenstands entstehen [§ 255 II HGB]. **Handelsrecht**
- Die Bewertungsvorschriften für die Herstellungskosten sind im **Steuerrecht grundsätzlich identisch** mit dem **Handelsrecht** [vgl. EStR 6.3]. **Steuerrecht**

Bei der Berechnung der Herstellungskosten unterscheidet das HGB in Kosten,

- die pflichtgemäß zu den Herstellungskosten zählen **(Aktivierungspflicht),**
- die wahlweise zu den Herstellungskosten gerechnet werden können **(Aktivierungswahlrecht)** und
- die nicht einbezogen werden dürfen **(Aktivierungsverbot).**

(2) Ermittlung der Herstellungskosten

Kostenarten	Herstellungskosten nach Handels- und Steuerrecht
Materialeinzelkosten + Fertigungseinzelkosten + Sondereinzelkosten der Fertigung + Angemessene[1] Teile der Materialgemeinkosten + Angemessene Teile der Fertigungsgemeinkosten + Verwaltungsgemeinkosten des Material- u. Fertigungsbereichs[2] + Werteverzehr des (sonstigen) Anlagevermögens, soweit dieser durch die Fertigung veranlasst ist	**Aktivierungspflicht**
= Wertuntergrenze	
+ angemessene Teile der Kosten der allgemeinen Verwaltung[3] + Aufwendungen für freiwillige soziale Leistungen[3] + Aufwendungen für die betriebliche Altersversorgung[3] + angemessene Aufwendungen für soziale Einrichtungen des Betriebs[3] + Fremdkapitalzinsen (unter bestimmten Voraussetzungen [§ 255 III, S. 2 HGB])	**Aktivierungswahlrecht**
= Wertobergrenze	
Forschungskosten Vertriebskosten	**Aktivierungsverbot**

1 In die Herstellungskosten einzubeziehen sind nur Gemeinkosten, deren Zurechnung sich klar nachvollziehen lässt. **Nicht** zu aktivieren sind außerordentliche, betriebsfremde, periodenfremde und unangemessen hohe Aufwendungen.

2 Falls nicht in den Material- oder Fertigungskosten bereits enthalten.

3 Aktivierungspflicht bei steuerbilanziellen Herstellungskosten. Nach BMF-Schreiben zur Maßgeblichkeit (10.03.2010) liegt ein Bewertungsvorbehalt [§ 5 Abs. VI EStG] vor. Solange keine geänderte ESt-Richtlinienfassung vorliegt, muss der steuerbilanzielle Bewertungsvorbehalt jedoch nicht berücksichtigt werden (BMF-Schreiben vom 22.06.2010).

Erläuterungen:

Materialeinzelkosten	Sie umfassen den bewerteten **Verbrauch von Roh- und Hilfsstoffen** sowie die selbst erstellten und fremdbezogenen **Fertigteile.** Die Höhe der Kosten bemisst sich bei Fremdbezug nach den Anschaffungskosten und bei Eigenherstellung nach den ermittelten Herstellungskosten.
Fertigungseinzelkosten	Hierzu zählen im Wesentlichen die anfallenden Löhne und Lohnnebenkosten. Löhne und Gehälter können jedoch nur zu den Fertigungseinzelkosten gerechnet werden, wenn sie dem **jeweiligen Produkt einzeln zurechenbar** sind.
Sondereinzelkosten der Fertigung	Dies sind Kosten, die einem **einzelnen Kostenträger** oder einer **Gruppe von Kostenträgern direkt zugerechnet werden können.** Hierzu zählen z. B. Kosten für Modelle, Spezialwerkzeuge, Entwürfe.
Material- und Fertigungsgemeinkosten	Es dürfen nur **angemessene (notwendige) Teile** der Material- und Fertigungsgemeinkosten aktiviert werden. Das Angemessenheitsprinzip besagt, dass nur **tatsächlich angefallene Kosten** verrechnet werden dürfen, sodass die Istkosten die absolute Obergrenzen darstellen. Dabei ist von einer **Normalbeschäftigung** auszugehen. Grundsätzlich dürfen **fixe und variable Gemeinkosten** einbezogen werden. **Nicht einbezogen** werden dürfen die **neutralen Aufwendungen.**
Verwaltungsgemeinkosten des Material- und Fertigungsbereichs	Die Verwaltungsgemeinkosten sind aufzuschlüsseln und einer betrieblichen Funktion (z. B. Produktion, Materialbereich, Vertrieb, allgemeine Verwaltung) zuzuordnen. Für Verwaltungsgemeinkosten, die der Produktion bzw. dem Materialbereich zuzuordnen sind, besteht eine Aktivierungspflicht. Für Kosten, die der allgemeinen Verwaltung zuzurechnen sind, besteht ein Aktivierungswahlrecht (s. u.). Sind die Verwaltungsgemeinkosten bereits in die Material- und Fertigungsgemeinkosten eingerechnet, entfällt dieser gesonderte Ausweis der Verwaltungsgemeinkosten.
Werteverzehr des Anlagevermögens	Hierzu zählt die **planmäßige Abschreibung** [§ 253 III, S. 1 und 2 HGB], die durch die **Fertigung veranlasst** wurde, **nicht** jedoch eine außerplanmäßige Abschreibung (Angemessenheitsprinzip).
Allgemeine Verwaltungskosten	Zu den Kosten der allgemeinen Verwaltung zählen z. B. Aufwendungen für Geschäftsleitung, Einkauf und Wareneingang, Betriebsrat, Personalbüro, Rechnungswesen, Ausbildungswesen u. Ä. **(Aktivierungswahlrecht).** Handelt es sich um Kosten der **Material- oder Fertigungsverwaltung,** so **müssen** sie als Bestandteil der Material- und Fertigungsgemeinkosten **aktiviert** werden (s. o.). **Verwaltungskosten des Vertriebsbereichs** dürfen **nicht aktiviert** werden.
Aufwendungen für freiwillige soziale Leistungen	Hierzu zählen solche Kosten, die **nicht** arbeitsrechtlich oder tariflich vereinbart worden sind, z. B. Jubiläumsgeschenke, Weihnachtszuwendungen, Wohnungsbeihilfen, Beteiligung der Arbeitnehmer am Unternehmensergebnis.
Aufwendungen für die betriebliche Altersversorgung	Dazu gehören z. B. Beiträge zu Direktversicherungen, Zuwendungen an Pensions- und Unterstützungskassen, Zuführung zu Pensionsrückstellungen.
Aufwendungen für soziale Einrichtungen des Betriebs	Dazu gehören z. B. Aufwendungen für Kantine, Sportstätten, Ferienerholungsheime.
Fremdkapitalzinsen	Sie können nur einbezogen werden, soweit sie der Herstellungsfinanzierung dienen, direkt zurechenbar sind und auf den Herstellungszeitraum entfallen [§ 255 III, S. 2 HBG].

Forschungskosten[1]	**Forschungskosten** werden im HGB definiert als eigenständige und planmäßige Suche nach neuen wissenschaftlichen oder technischen Erkenntnissen oder Erfahrungen allgemeiner Art, über deren technische Verwertbarkeit und wirtschaftliche Erfolgsaussichten grundsätzlich keine Aussagen gemacht werden können [§ 255 IIa, S. 3 HGB]. Forschungskosten (Grundlagenforschung) dürfen **nicht aktiviert** werden [§ 255 II, S. 4 HGB]. Sie sind unmittelbar als Aufwand zu buchen.
Vertriebskosten	Vertriebskosten zählen nicht zu den Herstellungskosten.

(3) Beispiel für die Berechnung der Herstellungskosten nach Handels- und Steuerrecht

Handels- und Steuerrecht

Beispiel:

Aus der KLR einer Maschinenfabrik ergeben sich folgende Kosten für die Herstellung von 800 Stichsägen pro Jahr bei normaler Kapazitätsauslastung:

Verbrauch von Fertigungsmaterial 42500,00 EUR, Fertigungslöhne 44700,00 EUR, Sondereinzelkosten der Fertigung 10900,00 EUR, angemessene Teile der Materialgemeinkosten 20900,00 EUR, angemessene Teile der Fertigungsgemeinkosten 44620,00 EUR, Verwaltungsgemeinkosten des Material- und Fertigungsbereichs 2100,00 EUR, Abschreibungen, die durch die Fertigung veranlasst sind 14100,00 EUR, angemessene allgemeine Verwaltungskosten 4100,00 EUR, Aufwendungen für soziale Einrichtungen des Betriebs 550,00 EUR, Aufwendungen für freiwillige soziale Leistungen 50,00 EUR, Aufwendungen für betriebliche Altersversorgung 5100,00 EUR, Fremdkapitalzinsen nach § 255 III, S. 2 HGB 995,00 EUR, Vertriebskosten 8800,00 EUR. Die anteiligen Forschungskosten sind mit 9400,00 EUR anzusetzen.

Aufgaben:

1. Ermitteln Sie den Mindestwertansatz (Wertuntergrenze) für die Handels- und Steuerbilanz!
2. Ermitteln Sie den Höchstwertansatz (Wertobergrenze) für die Handels- und Steuerbilanz!
3. Mit welchem Wert ist ein Lagerbestand von 60 Stichsägen am Ende des Geschäftsjahres anzusetzen?
4. Welcher Ansatz ist in der Handelsbilanz bzw. in der Steuerbilanz zu wählen, um einen möglichst geringen Gewinnausweis zu erzielen?

Lösungen:

Zu 1.–3.:

Materialeinzelkosten	42500,00 EUR	
Fertigungseinzelkosten	44700,00 EUR	
Sondereinzelkosten der Fertigung	10900,00 EUR	
Materialgemeinkosten	20900,00 EUR	
Fertigungsgemeinkosten	44620,00 EUR	
Verwaltungsgemeinkosten des Material- u. Fertigungsbereichs	2100,00 EUR	
Werteverzehr des Anlagevermögens	14100,00 EUR	
Herstellungskosten Mindestwertansatz		179820,00 EUR
Angemessene allgemeine Verwaltungskosten	4100,00 EUR	
Aufwendungen für freiwillige soziale Leistungen	50,00 EUR	
Aufwendungen für betriebliche Altersversorgung	5100,00 EUR	
Aufwendungen für soziale Einrichtungen des Betriebs	550,00 EUR	
Fremdkapitalzinsen	995,00 EUR	10795,00 EUR
Herstellungskosten Höchstwertansatz / 800 Stück		190615,00 EUR
Herstellungskosten Höchstwertansatz / Stück		238,27 EUR
Herstellungskosten Höchstwertansatz / 60 Stück		14296,20 EUR

1 Zu den Entwicklungskosten siehe S. 55.

Zu 4.: In diesem Fall sollte jeweils nur der Mindestwert aktiviert werden. Dadurch wird in der Bilanz ein niedrigeres Eigenkapital ausgewiesen und damit auch ein niedrigerer Gewinn.

Erläuterungen:

Während die **Wertuntergrenze** der Herstellungskosten in der Handels- und Steuerbilanz in **gleicher Höhe** auszuweisen ist, können bei der **Wertobergrenze unterschiedliche Wertansätze** auftreten. Der Grund ist darin zu sehen, dass gemäß § 5 I, S. 1 EStG die Ausübung eines steuerrechtlichen Wahlrechts unabhängig von der handelsbilanziellen Rechnungslegung erfolgt **(Aufhebung der umgekehrten Maßgeblichkeit)**. Das heißt, dass die bestehenden **Bewertungswahlrechte** bei der Bestimmung der handels- und steuerbilanziellen Herstellungskosten **unterschiedlich** ausgeübt werden können und daher unterschiedliche Wertansätze bei der Wertobergrenze der Herstellungskosten anfallen können.

Beispiel:

Der Höchstwertansatz der Herstellungskosten für 800 Stichsägen liegt bei 190615,00 EUR. Wird für die Steuerbilanz entschieden, die allgemeinen Verwaltungskosten sowie die Aufwendungen für freiwillige soziale Leistungen nicht zu aktivieren, d.h. das Aktivierungswahlrecht nicht auszuüben, so lautet der Höchstwertansatz in der Handelsbilanz auf 190615,00 EUR und in der Steuerbilanz auf 186465,00 EUR.

(4) Fortgeführte Herstellungskosten

Fortgeführte Herstellungskosten bezeichnen den Sachverhalt, dass auf den Wert der ursprünglichen Herstellungskosten Abschreibungen oder Zuschreibungen vorgenommen worden sind.

	Herstellungskosten
–	Abschreibungen
+	Zuschreibungen
=	fortgeführte Herstellungskosten

2.4.3.3 Beizulegender Zeitwert (Zeitwertbewertung)

Die Ermittlung des beizulegenden Zeitwerts ist in § 255 IV HGB geregelt. Danach gilt:

- Der beizulegende Zeitwert entspricht dem **Marktpreis.** Ein Marktpreis kann jedoch nur gebildet werden, wenn ein **aktiver Markt** besteht (z. B. eine Börse). **Handelsrecht**

  Ein **aktiver Markt** erfüllt folgende **Bedingungen**:

  - Die dort gehandelten Produkte sind homogen,
  - abschlusswillige Käufer und Verkäufer können in der Regel jederzeit gefunden werden und
  - die Preise stehen der Öffentlichkeit zur Verfügung.

- Besteht **kein aktiver Markt**, ist der beizulegende Zeitwert mithilfe **allgemein anerkannter Bewertungsmethoden** zu bestimmen. Allerdings regelt das HGB nicht, was eine allgemein anerkannte Bewertungsmethode ist.
- Wenn sich der beizulegende Zeitwert weder durch das Vorliegen eines Marktpreises noch durch eine allgemein anerkannte Bewertungsmethode ermitteln lässt, sind die **Anschaffungs-/Herstellungskosten fortzuführen.**

Der beizulegende Zeitwert ist ein **handelsrechtlicher Begriff**. In der **Steuerbilanz** erfolgt **keine Bewertung** mit dem beizulegenden Zeitwert. **Steuerrecht**

2.4.3.4 Erfüllungsbetrag

Der Erfüllungsbetrag ist der Betrag, den ein Schuldner zur Erfüllung einer Verbindlichkeit oder Rückstellung unter Berücksichtigung vernünftiger kaufmännischer Beurteilung aufwenden muss [§ 253 I, S. 2 HGB]. Bei **Geldleistungen** ist der Erfüllungsbetrag mit dem **Rückzahlungsbetrag** gleichzusetzen. Bei **Sach- und Dienstleistungsverpflichtungen** entspricht der Erfüllungsbetrag dem voraussichtlichen **Geldwert der anfallenden Aufwendungen.** Die im Erfüllungszeitpunkt voraussichtlich bestehende Kostensituation ist zu berücksichtigen.

Zum Erfüllungsbetrag werden – **außer den Fremdwährungsverbindlichkeiten** und den **Rückstellungen mit einer Restlaufzeit von mehr als einem Jahr** – alle Verbindlichkeiten eines Unternehmens angesetzt.

2.4.3.5 Barwert

Der Barwert ist der **abgezinste (diskontierte) Wert** einer Zahlung zu einem **bestimmten Zeitpunkt** (z.B. am Bilanzstichtag). Eine **Abzinsung** erfolgt bei **Verpflichtungen** (z.B. erhaltene Darlehen, Rückstellungen). Von Bedeutung ist der Barwert im **Handelsrecht** bei der Bewertung von Rückstellungen mit einer Restlaufzeit von mehr als einem Jahr sowie bei Pensionsrückstellungen und im **Steuerrecht** bei unverzinslichen Verbindlichkeiten mit einer Laufzeit von wenigstens 12 Monaten und bei den Rückstellungen.

Beispiel:

Der Erfüllungsbetrag einer Rückstellung mit einer Restlaufzeit von 5 Jahren beträgt 100000,00 EUR und der Abzinsungszinssatz 4,5 %. Der Barwert[1] beträgt somit

$$\frac{100\,000{,}00 \text{ EUR}}{1{,}045^5} = 80\,245{,}10 \text{ EUR.}$$

2.4.3.6 Tageswert

Bei dem Tageswert handelt es sich um den Zeitwert (Markt- oder Börsenwert am Bilanzstichtag) oder um die Wiederbeschaffungskosten.

- Bei **Vermögensgegenständen** entspricht der Tageswert dem Betrag, der zum gegenwärtigen Zeitpunkt (Bilanzstichtag) zur Wiederbeschaffung eines identischen oder vergleichbaren Vermögenswertes aufgewendet werden müsste.
- Bei **Schulden** bestimmen sich die Wiederbeschaffungskosten durch den Betrag, der zum gegenwärtigen Zeitpunkt für die Begleichung der Schuld aufgewendet werden müsste.

Der Tageswert ist nur als **Vergleichswert** anzuwenden.

2.4.3.7 Teilwert

Der Teilwert ist ein **steuerrechtlicher Begriff.** Der Teilwert ist der Betrag, den ein Erwerber des ganzen Betriebs im Rahmen des **Gesamtkaufpreises** für das einzelne Wirtschaftsgut ansetzen würde. Dabei ist davon auszugehen, dass der **Erwerber den Betrieb fortführt** (Fortführungs- oder going-concern-Prinzip [§ 6 I, Nr. 1, S. 3 EStG]). Der Grundgedanke des Teilwertbegriffs ist, den Mehrwert zu erfassen, der sich oft gegenüber dem Wert als Einzelveräußerungspreis von Wirtschaftsgütern dadurch ergibt, dass durch deren Einsatz im laufenden Betriebsprozess ein höherer Mehrwert erzielt werden kann. **Steuerrecht**

1 Zur Berechnung des Abzinsungsfaktors siehe S. 78.

6 Hempel - ISBN 978-3-8120-0655-2

Beispiel:

Nach den üblichen Bodenpreisen ergibt sich für ein unbebautes Grundstück ein Wert von 300 000,00 EUR. Wegen der außergewöhnlich günstigen Lage zu den anderen Betriebsgrundstücken wäre ein Erwerber bereit, 350 000,00 EUR zu zahlen.

2.5 Bewertung von Vermögensgegenständen des Anlagevermögens

2.5.1 Begriff und Arten des Anlagevermögens

Zum Anlagevermögen gehören alle Vermögensgegenstände, die dazu bestimmt sind, dem Unternehmen langfristig zu dienen. Das Anlagevermögen lässt sich wie folgt aufgliedern [§ 266 HGB]:

Arten des Anlagevermögens	Beispiele:	abnutzbar	nicht abnutzbar
Immaterielle Vermögensgegenstände	■ Schutzrechte	x	
	■ Konzessionen (z. B. Lizenzen)	x	
	■ Geschäfts- oder Firmenwert	x	
Sachanlagen	■ Grundstücke		x
	■ Bauten	x	
	■ Technische Anlagen, Maschinen	x	
	■ Andere Anlagen, Betriebs- und Geschäftsausstattung	x	
Finanzanlagen	■ Beteiligungen		x
	■ Anteile an verbundenen Unternehmen		x
	■ Wertpapiere		x

2.5.2 Allgemeine Bewertungsregel zur Bewertung des Anlagevermögens

Den einzelnen Bewertungsvorschriften ist im § 253 I, S. 1 HGB eine **allgemeine Bewertungsregel,** die für alle Vermögensgegenstände gilt, vorangestellt. Sie besagt:

Merke:

- **Vermögensgegenstände** sind **höchstens** mit ihren **Anschaffungs- oder Herstellungskosten,** vermindert um **Abschreibungen,** anzusetzen.
- Die **Anschaffungs- oder Herstellungskosten** stellen eine **Höchstgrenze (Bewertungsobergrenze)** dar, die auch dann nicht überschritten werden darf, wenn die Wiederbeschaffungskosten über den Anschaffungskosten liegen **(Anschaffungskostenprinzip).**

Das **Anschaffungskostenprinzip verhindert,** dass ein **noch nicht realisierter (entstandener) Gewinn ausgewiesen** wird. Aus Gründen kaufmännischer Vorsicht dürfen **nicht realisierte Gewinne nicht ausgewiesen werden**.

Beispiel:

Ein Grundstück wurde beim Kauf mit 400000,00 EUR aktiviert. Fünf Jahre später ist der Wert des Grundstücks auf 500000,00 EUR angestiegen. Da das Grundstück weiterhin nur mit 400000,00 EUR ausgewiesen werden darf, entstehen stille Rücklagen in Höhe von 100000,00 EUR.

2.5.3 Bewertung des abnutzbaren Anlagevermögens

Beim **abnutzbaren Anlagevermögen** ist die **Nutzung zeitlich begrenzt** (z.B. Betriebsgebäude, Maschinen, Fuhrpark, Betriebs- und Geschäftsausstattung).

(1) Bilanzwerte auf der Grundlage planmäßiger Abschreibungen

Merke:

- Grundsätzlich sind die **abnutzbaren Anlagegegenstände planmäßig** nach ihrer betriebsgewöhnlichen Nutzungsdauer **abzuschreiben** [§ 253 III, S. 1 und S. 2 HGB, § 6 I, S. 1 EStG]. Der Plan muss die Anschaffungs- oder Herstellungskosten auf die Geschäftsjahre verteilen, in denen der Vermögensgegenstand voraussichtlich genutzt werden kann.
- Zum **Bilanzstichtag** sind die Anlagegüter grundsätzlich mit den **fortgeführten Anschaffungskosten** anzusetzen.

Handels- und Steuerrecht

Beispiel:

Kauf einer Büroeinrichtung am Anfang des Geschäftsjahres für 78000,00 EUR zuzüglich 19 % USt; betriebsgewöhnliche Nutzungsdauer: 13 Jahre; lineare Abschreibung.

Aufgabe:
Mit welchem Wert muss die Büroeinrichtung am Ende des 1. Nutzungsjahres (Nj.) bilanziert werden?

Lösung:

Anschaffungskosten	78000,00 EUR
– planmäßige Abschreibung	6000,00 EUR
fortgeführte Anschaffungskosten zum 31. Dezember des 1. Nj.	72000,00 EUR

Als Abschreibungsverfahren sind sowohl **zeitbezogene** (lineare Abschreibung, degressive Abschreibung) als auch **leistungsbezogene Abschreibungen** (Abschreibung nach Leistungseinheiten) zulässig. Steuerrechtlich ist die degressive Abschreibung nicht zulässig.

(2) Bilanzwerte auf der Grundlage außerplanmäßiger Abschreibung

Außerplanmäßige Abschreibung bei vorübergehender Wertminderung

Merke:

- Außerplanmäßige Abschreibungen **können** bei einer **vorübergehenden Wertminderung** nur bei **Finanzanlagen** vorgenommen werden [§ 253 III, S. 4 HGB] **(„eingeschränktes" Niederstwertprinzip).**[1] Es handelt sich um ein **Bewertungswahlrecht.** Handelsrecht
- Eine **steuerrechtliche Abschreibung (Teilwertabschreibung)** ist bei einer **vorübergehenden Wertminderung unzulässig** [§ 6 I, Nr. 1, S. 2 und Nr. 2, S. 2 EStG]. Steuerrecht

Damit können sich für Finanzanlagen unterschiedliche Wertansätze in der Handels- und Steuerbilanz ergeben.

Beispiel 1: Vorübergehende Wertminderung beim Anlagevermögen

Die Franz Buschmann OHG kauft zu Beginn der Geschäftsperiode einen Pkw für 48000,00 EUR zuzüglich 19% USt; betriebsgewöhnliche Nutzungsdauer: 6 Jahre; lineare Abschreibung.

Infolge einer kurzfristigen Wirtschaftsflaute sind die Marktpreise für Pkw allgemein gesunken. Der Marktpreis für den Pkw liegt am Ende des 2. Nutzungsjahres bei ca. 30000,00 EUR.

Aufgabe:

Mit welchem Wert kann der Pkw am Ende des 2. Nutzungsjahres bilanziert werden?

Lösung:

Eine außerplanmäßige Abschreibung darf nicht vorgenommen werden. Bilanziert wird mit den fortgeführten Anschaffungskosten in Höhe von 32000,00 EUR.

Anschaffungskosten	48000,00 EUR
– planmäßige Abschreibung zum 31. Dez. des 1. Nj.	8000,00 EUR
fortgeführte Anschaffungskosten zum 31. Dez. des 1. Nj.	40000,00 EUR
– planmäßige Abschreibung zum 31. Dez. des 2. Nj.	8000,00 EUR
fortgeführte Anschaffungskosten zum 31. Dez. des 2. Nj.	32000,00 EUR

Beispiel 2: Vorübergehende Wertminderung bei Finanzanlagen

Die Fritz Hulter GmbH kauft zur langfristigen Anlage Aktien im Nennwert von 80000,00 EUR zum Kurs von 14,20 EUR. Der Nennwert je Aktie beträgt einen Euro. Am Bilanzstichtag notiert die Aktie mit 12,50 EUR.

Aufgabe:

Mit welchem Wert können die Aktien am Bilanzstichtag in der Handels- und in der Steuerbilanz bilanziert werden?

1 Diese Regelung gilt für sämtliche Rechtsformen in gleicher Weise.

Lösung:

- **Handelsbilanz**

  In der Handelsbilanz können die Aktien weiterhin mit den **Anschaffungskosten** bilanziert werden: 80 000,00 EUR · 14,20 EUR = 1 136 000,00 EUR.

  Wird das **Bewertungswahlrecht genutzt** und eine außerplanmäßige Abschreibung vorgenommen, werden die Wertpapiere mit 80 000,00 EUR · 12,50 EUR = 1 000 000,00 EUR bilanziert.

- **Steuerbilanz**

  In der Steuerbilanz müssen die Aktien mit den Anschaffungskosten in Höhe von 1 136 000,00 EUR bilanziert werden.

Vorübergehende Wertminderung beim Anlagevermögen		
Handelsrecht	§ 253 III, S. 4 HGB	■ **Wahlrecht** für außerplanmäßige Abschreibung bei vorübergehender Wertminderung bei **Finanzanlagen.** ■ **Verbot** für außerplanmäßige Abschreibung bei vorübergehender Wertminderung beim **sonstigen Anlagevermögen.**
Steuerrecht	§ 6 I, Nr. 1, S. 2 und Nr. 2, S. 2 EStG	**Verbot für Teilwertabschreibungen** bei vorübergehender Wertminderung beim **Anlagevermögen.**

Außerplanmäßige Abschreibung bei voraussichtlich dauernder Wertminderung

Merke:

- Eine außerplanmäßige Abschreibung **muss** handelsrechtlich vorgenommen werden, wenn es sich um eine voraussichtlich **dauernde Wertminderung** handelt **(strenges Niederstwertprinzip)** [§ 253 III, S. 3 HGB]. Handelsrecht
- Steuerrechtlich **kann** bei einer voraussichtlich dauernden Wertminderung eine **Teilwertabschreibung** vorgenommen werden. Es handelt sich um ein **Bewertungswahlrecht** [§ 6 I, Nr. 1, S. 2 EStG]. Steuerrecht

Die Gesetzesregelung ermöglicht es, dass bei einer voraussichtlich dauernden Wertminderung aufgrund des Wahlrechts in der Steuerbilanz eine Teilwertabschreibung unterbleiben kann, während in der Handelsbilanz eine außerplanmäßige Abschreibung zwingend vorzunehmen ist.

Beispiel:

Die Hugo Prompt KG kauft zu Beginn der Geschäftsperiode einen Kombiwagen für 30 000,00 EUR zuzüglich 19 % USt; betriebsgewöhnliche Nutzungsdauer: 6 Jahre; lineare Abschreibung.

Da inzwischen ein neues Modell mit erheblichen technischen Verbesserungen auf den Markt gebracht wurde, ist der Marktwert des alten Modells nachweislich gesunken. Der Kombiwagen hat daher am Ende des 2. Nutzungsjahres einen Wert von ca. 9900,00 EUR.

Aufgaben:

1. Mit welchem Wert ist der Kombiwagen in der Handels- und in der Steuerbilanz am Ende des 2. Nutzungsjahres zu bilanzieren?
2. Welche Auswirkungen hat diese Bewertung auf das Unternehmensergebnis nach dem Handelsrecht?

Lösungen:

Zu 1.: Handelsbilanz:

Anschaffungskosten	30000,00 EUR
– planmäßige Abschreibung zum 31. Dez. des 1. Nj.	5000,00 EUR
fortgeführte Anschaffungskosten zum 31. Dez. des 1. Nj.	25000,00 EUR
– planmäßige Abschreibung zum 31. Dez. des 2. Nj.	5000,00 EUR
– außerplanmäßige Abschreibung zum 31. Dez. des 2. Nj.	10100,00 EUR
Wertansatz zum 31. Dez. des 2. Nj.	9900,00 EUR

Steuerbilanz:

Nach Steuerrecht kann der Kombiwagen – je nach Ausnutzung der Teilwertabschreibung – mit 20000,00 EUR oder mit 9900,00 EUR bilanziert werden.[1]

Zu 2.: Das Unternehmensergebnis verschlechtert sich zusätzlich um 10100,00 EUR.

Obwohl der Kombiwagen noch nicht zu dem niedrigen Wert verkauft ist, muss der Wert wegen der dauernden Wertminderung und aus Gründen kaufmännischer Vorsicht herabgesetzt werden. Das **Niederstwertprinzip** führt somit zum **Ausweis** eines **noch nicht realisierten** (entstandenen) **Verlustes.**

Voraussichtlich dauernde Wertminderung beim Anlagevermögen		
Handelsrecht	§ 253 III, S. 3 HGB	**Pflicht** zur **außerplanmäßigen Abschreibung** bei voraussichtlich dauernder Wertminderung.
Steuerrecht	§ 6 I, Nr. 1, S. 2 EStG	**Wahlrecht für Teilwertabschreibungen** bei voraussichtlich dauernder Wertminderung.

2.5.4 Bewertung des nicht abnutzbaren Anlagevermögens

Beim **nicht abnutzbaren Anlagevermögen** ist die **Nutzung zeitlich unbegrenzt** (z.B. Grundstücke, Beteiligungen).

(1) Allgemeine Bewertungsregel

Merke:

- Beim **nicht abnutzbaren Anlagevermögen** ist die Nutzung **zeitlich unbegrenzt** (z.B. Grundstücke, Beteiligungen). Nicht abnutzbares Anlagevermögen ist **höchstens** mit den **Anschaffungs- bzw. Herstellungskosten** anzusetzen, d.h., eine **planmäßige Abschreibung** ist **nicht erlaubt.** **Handelsrecht**
- Ist dem Vermögensgegenstand am Bilanzstichtag dauerhaft ein **niedrigerer Wert** beizumessen, **muss handelsrechtlich abgeschrieben werden** [§ 253 III, S. 3 HGB]. Es gilt das **strenge Niederstwertprinzip.** **Handelsrecht**
- Nach dem **Steuerrecht kann** bei einer voraussichtlich **dauernden Wertminderung** eine **Teilwertabschreibung** vorgenommen werden **(Bewertungswahlrecht)** [§ 6 I, Nr. 2, S. 2 EStG]. **Steuerrecht**

1 Der Teilwert kann nur bei einer dauernden Wertminderung angesetzt werden. Eine dauernde Wertminderung liegt vor, wenn der Teilwert des Wirtschaftsguts am Bilanzstichtag mindestens für die halbe Restnutzungsdauer **unter** dem planmäßigen Restbuchwert liegt (BFH-Urteil vom 29.04.2009).

Beispiel:

Ein Betriebsgrundstück steht mit 500000,00 EUR Anschaffungskosten zu Buch. Da die Gemeinde für dieses Betriebsgrundstück überraschend ein Bauverbot beschlossen hat, tritt eine dauernde Wertminderung ein.

Der Tageswert beträgt zum 31. Dez. nur noch 300000,00 EUR.

Aufgaben:

1. Mit welchem Wert ist nach Handelsrecht das Grundstück am 31. Dezember zu bilanzieren?
2. Mit welchem Wert kann das Grundstück nach Steuerrecht am 31. Dezember bilanziert werden?

Lösungen:

Zu 1.: Handelsbilanz:

Anschaffungskosten des Grundstücks	500000,00 EUR
– außerplanmäßige Abschreibung	200000,00 EUR
Buchwert zum 31. Dezember	300000,00 EUR

Zu 2.: Steuerbilanz:

Das Grundstück kann – je nach Ausnutzung der Teilwertabschreibung – mit 500000,00 EUR oder mit 300000,00 EUR bilanziert werden.

(2) Besonderheiten bei der Bewertung von bebauten Grundstücken

Bei bebauten Grundstücken ist bei der Ermittlung des Buchwertes zwischen dem abnutzbaren Gebäude und dem nicht abnutzbaren Grundstück zu unterscheiden. Rechtlich gesehen sind bebaute Grundstücke als eine Einheit anzusehen. Bei der Bewertung muss jedoch das Grundstück als nicht abnutzbarer Vermögensgegenstand vom Gebäude getrennt werden, weil das Gebäude als abnutzbarer Vermögensgegenstand planmäßig abgeschrieben werden muss.

Beispiel:

Die Essener Textil AG hat am 1. Januar eine Lagerhalle von einem Wettbewerber übernommen. Der Kaufpreis in Höhe von 2100000,00 EUR verteilt sich auf Grund und Boden in Höhe von 800000,00 EUR und einen Gebäudewert von 1300000,00 EUR. Die Anschaffungsnebenkosten betragen insgesamt 129990,00 EUR.

Aufgaben:

1. Berechnen Sie die Anschaffungskosten von Gebäude und Grundstück!
2. Die Nutzungsdauer des Gebäudes beträgt 40 Jahre, die Abschreibung erfolgt linear. Mit welchem Wert ist das bebaute Grundstück zu Beginn des 2. Jahres anzusetzen?

Lösungen:

Zu 1.: Aufteilung der Anschaffungsnebenkosten:

Grund und Boden	800000,00 EUR	→	8 Teile	→	49520,00 EUR	← 8 · 6190
Gebäude	1300000,00 EUR	→	13 Teile	→	80470,00 EUR	← 13 · 6190
			21 Teile	≙	129990,00 EUR	
			1 Teil	≙	6190,00 EUR	

Berechnung der Anschaffungskosten:

Grund und Boden	800000,00 EUR	+ 49520,00 EUR	=	849520,00 EUR
Gebäude	1300000,00 EUR	+ 80470,00 EUR	=	1380470,00 EUR

Zu 2.:	Anschaffungskosten Gebäude	1 380 470,00 EUR
	– 2,5 % Abschreibung 1. Jahr	34 511,75 EUR
	Gebäudewert am Anfang des 2. Jahres	1 345 958,25 EUR
	Grundstückswert unverändert	849 520,00 EUR
	bebautes Grundstück	2 195 478,25 EUR

Wertminderung beim nicht abnutzbaren Anlagevermögen		
Handelsrecht	§ 253 III, S. 3 HGB	**Pflicht** zur **außerplanmäßigen Abschreibung** bei voraussichtlich dauernder Wertminderung.
Steuerrecht	§ 6 I, Nr. 1, S. 2 EStG	**Wahlrecht für Teilwertabschreibungen** bei voraussichtlich dauernder Wertminderung.

2.5.5 Wertaufholungsgebot

Merke:

- Werden beim Sachanlagevermögen oder bei den Finanzanlagen außerplanmäßige Abschreibungen vorgenommen und stellt sich später heraus, dass die Gründe für diese Abschreibung nicht mehr bestehen, dann **muss handelsrechtlich** eine **Zuschreibung**, maximal bis zu den **(fortgeführten) Anschaffungskosten,** erfolgen.[1] Eine Beibehaltung des niedrigeren Werts ist nicht möglich [§ 253 V HGB]. **Handelsrecht**
- **Steuerrechtlich** ist eine **Zuschreibung** nach § 6 I, Nr. 1, S. 4 und Nr. 2, S. 3 ebenfalls **zwingend vorgeschrieben.** **Steuerrecht**

Mit dieser generellen Zuschreibungspflicht besteht für den Bilanzierenden zu jedem Bilanzstichtag die Verpflichtung, die Voraussetzungen für eine Wertaufholung zu prüfen.

Beispiel:

Die Maschinenbau Gutmann AG hat eine Eloxiermaschine, deren Anschaffungskosten zu Beginn des Geschäftsjahres 20 000,00 EUR betrugen, bei einer Nutzungsdauer von 10 Jahren am Ende des 3. Geschäftsjahres nach der Anschaffung mit den fortgeführten Anschaffungskosten in Höhe von 14 000,00 EUR bilanziert.

Im Laufe des 4. Jahres nach der Anschaffung kommt eine neue Maschine auf den Markt, die bei gleichen Anschaffungskosten doppelt so schnell arbeitet. Dadurch verliert die alte Maschine nachweislich 50 % ihres Wertes.

Im 5. Jahr wird die Verwendung der **neuen** Maschine wegen umweltgefährdender und gesundheitsschädlicher Substanzen verboten.

Aufgaben:

1. Stellen Sie die handelsrechtlich zulässige Bewertung am Ende des 4. Geschäftsjahres nach der Anschaffung der Maschine fest!
2. Nehmen Sie die handels- und steuerrechtliche Bewertung am Ende des 5. Geschäftsjahres nach der Anschaffung vor! In der Steuerbilanz wurde am Ende des 4. Jahres eine Teilwertabschreibung vorgenommen.

1 Das Wertaufholungsgebot besteht für alle Rechtsformen in gleicher Weise.

Lösungen:

Zu 1.: Bewertung am Ende des 4. Geschäftsjahres nach der Anschaffung

Wert zu Beginn des 4. Jahres	14 000,00 EUR
– planmäßige Abschreibung	2 000,00 EUR
Zwischensumme	12 000,00 EUR
– außerplanmäßige Abschreibung	6 000,00 EUR
Bilanzansatz am Ende des 4. Jahres	6 000,00 EUR

Begründung:

Da davon auszugehen war, dass es sich um eine voraussichtlich dauernde Wertminderung handelte, muss eine außerplanmäßige Abschreibung erfolgen.

Zu 2.: Bewertung am Ende des 5. Geschäftsjahres nach der Anschaffung

Bewertung zu Beginn des 5. Geschäftsjahres nach der Anschaffung	6 000,00 EUR
– planmäßige Abschreibung	1 000,00 EUR
Zwischensumme	5 000,00 EUR
+ Zuschreibung	5 000,00 EUR
Bilanzansatz am Ende des 5. Geschäftsjahres nach der Anschaffung	10 000,00 EUR

Begründung:

Da der Grund für die Wertminderung weggefallen ist, besteht sowohl **handelsrechtlich** als auch **steuerrechtlich** eine **Zuschreibungspflicht.**

Wertaufholung		
Handelsrecht	§ 253 V, S. 1 HGB	Pflicht zur Wertaufholung.
Steuerrecht	§ 6 I, Nr. 1, S. 4 und Nr. 2, S. 3 EStG	Pflicht zur Wertaufholung.

2.5.6 Bewertung geringwertiger Anlagegüter (geringwertige Wirtschaftsgüter)

2.5.6.1 Bewertung geringwertiger Anlagegüter nach Steuerrecht

(1) Grundlegendes

Merke:

Steuerrecht

Geringwertige Anlagegüter (Wirtschaftsgüter) sind Vermögensgegenstände, die **abnutzbar, beweglich** und **selbstständig nutzbar** sind und bestimmte **Wertgrenzen** nicht übersteigen.

7 Hempel - ISBN 978-3-8120-0655-2

Geringwertige Anlagegüter (Wirtschaftsgüter)			
Bewertungswahlrechte (wirtschaftsjahrbezogen)	**Verfahren nach § 6 II EStG**	**Verfahren nach § 6 IIa EStG (Sammelpostenverfahren)**	
Wertgrenzen für AK oder HK eines Wirtschaftsgutes	**bis 410,00 EUR**[1]	**bis 150,00 EUR**[1]	**über 150,00 EUR**[1] **bis 1000,00 EUR**[1]
Bewertung	1. Buchung als Aufwand bzw. Vollabschreibung **oder** 2. Aktivierung des Anlagegutes und Abschreibung über die betriebsgewöhnliche Nutzungsdauer.	1. Wirtschaftsgüter bis 150,00 EUR können aus Vereinfachungsgründen ohne Dokumentationspflicht sofort als Aufwand gebucht werden. **oder** 2. Aktivierung des Anlagegutes und Abschreibung über die betriebsgewöhnliche Nutzungsdauer.	■ Erfassen **aller** in diese Wertgrenzen fallenden geringwertigen Wirtschaftsgüter des Wirtschaftsjahres in **einem Sammelposten.** ■ **Pflicht** zur linearen Abschreibung des Sammelpostens im Jahr der Anschaffung und den folgenden vier Wirtschaftsjahren mit jeweils einem Fünftel.
Dokumentationspflichten	Bei **AK oder HK über 150,00 EUR:** Vermerk des **Anschaffungs- bzw. Herstellungstages** in einem laufend zu führenden **Verzeichnis,** falls diese Angaben nicht aus der Buchführung hervorgehen. Bei **AK oder HK bis 150,00 EUR:** Die Anlagegüter können aus Vereinfachungsgründen ohne Dokumentationspflicht sofort als Aufwand gebucht werden.	keine	Nur buchmäßige Erfassung.

(2) Verfahren nach § 6 II EStG

Entscheidet sich ein Steuerpflichtiger mit Gewinneinkünften für dieses Verfahren, dann hat er die **Wahl,** ob er seine selbstständig nutzbaren beweglichen Wirtschaftsgüter mit Anschaffungs- oder Herstellungskosten bis 410,00 EUR ohne USt **im Jahr der Anschaffung**

- sofort **als Aufwand bucht oder** diese
- auf dem entsprechenden **Aktivkonto bucht** und über die **betriebsgewöhnliche Nutzungsdauer** abschreibt.

Ein Verzicht auf die Vollabschreibung kann vor allem bei neu gegründeten Unternehmen oder in Zeiten geringer Erträge betriebswirtschaftlich sinnvoll sein.

Beispiel:

I. Geschäftsvorfall:

Barkauf eines Bürostuhls zum Nettopreis von 405,80 EUR zuzüglich 19% USt.

II. Aufgaben:

1. Das Unternehmen erfreut sich einer sehr guten Geschäftslage. Welches Bewertungswahlrecht sollte es ausüben?
2. Bilden Sie den Buchungssatz für den Geschäftsvorfall! Es wird ein Verzeichnis geführt.

1 Es handelt sich um Nettowerte, d.h., die abziehbare Vorsteuer bleibt außer Ansatz

Lösungen:

Zu 1.: Entscheidung

Bei ausreichenden Erträgen führt die sofortige Buchung als Betriebsausgabe zu der steuerlich günstigsten Wahl.

Zu 2.:

Geschäftsvorfall	Konten	Soll	Haben
Barkauf eines Bürostuhls zum Nettopreis von 405,80 EUR zuzüglich 19 % USt.	6800 Büromaterial 2600 Vorsteuer an 2880 Kasse	405,80 77,10	 482,90

Erläuterung:

- Neben der sofortigen Aufwandsbuchung ist es auch möglich, alle Anlagegüter bis zu einem Wert von netto 410,00 EUR während des Jahres zunächst auf einem **Sammelkonto** zu erfassen und den **Gesamtbetrag** am Jahresende **abzuschreiben.** Die sofortige Aufwandsbuchung bzw. die Buchung auf einem Sammelkonto mit vollständiger Abschreibung am Jahresende wirkt sich in gleicher Weise auf den Unternehmenserfolg aus.
- Es ist auch möglich, den Barkauf des Bürostuhls auf dem **Konto 0870 Büromöbel und sonstige Geschäftsausstattung zu aktivieren** und über die **betriebsgewöhnliche Nutzungsdauer** abzuschreiben.

Geschäftsvorfälle	Konten	Soll	Haben
Barkauf eines Bürostuhls zum Nettopreis von 405,80 EUR zuzüglich 19 % USt. Die Nutzungsdauer beträgt 13 Jahre.	0870 Büromöbel 2600 Vorsteuer an 2880 Kasse	405,80 77,10	 482,90
Abschreibung auf 0870 Büromöbel am Bilanzstichtag 31,22 EUR.	6520 Abschr. a. Sachanlagen an 0870 Büromöbel	31,22	 31,22

Beachte:

Wählt das Unternehmen das Verfahren nach § 6 II EStG, dann **müssen** alle Wirtschaftsgüter, deren **Nettoanschaffungskosten** mehr als 410,00 EUR ausmachen, im **Anlageverzeichnis** ausgewiesen und auf die **betriebsgewöhnliche Nutzungsdauer** verteilt werden.

(3) Verfahren nach § 6 II a EStG (Sammelpostenverfahren)

Anlagegüter bis zu Anschaffungskosten in Höhe von 150,00 EUR

Betragen die **Anschaffungskosten** eines selbstständig nutzbaren beweglichen Wirtschaftsgutes des Anlagevermögens **nicht über 150,00 EUR netto** (der abziehbare Vorsteuerabzug bleibt außer Ansatz), so **können** die Anlagegüter sofort **als Aufwand gebucht werden.** Das Wahlrecht kann für **jedes Wirtschaftsgut individuell** in Anspruch genommen werden **(wirtschaftsgutbezogenes Wahlrecht).**

Beispiel:

I. Geschäftsvorfall:

Barkauf einer Schreibtischlampe zum Nettopreis von 148,50 EUR zuzüglich 19 % USt.

II. Aufgaben:

1. Buchen Sie den Geschäftsvorfall auf Konten!
2. Bilden Sie den Buchungssatz!

Lösungen:

Zu 1.: Buchung auf den Konten

S	6800 Büromaterial	H
2880	148,50	

S	2600 Vorsteuer	H
2880	28,22	

S	2880 Kasse		H
AB	1 500,00	6800/2600	176,72

Zu 2.: Buchungssatz

Geschäftsvorfall	Konten	Soll	Haben
Barkauf einer Schreibtischlampe zum Nettopreis von 148,50 EUR zuzüglich 19 % USt.	6800 Büromaterial 2600 Vorsteuer an 2880 Kasse	148,50 28,22	176,72

Erläuterung:

Es ist auch möglich, den Barkauf der Schreibtischlampe auf dem Konto **0870 Büromöbel und sonstige Geschäftsausstattung** zu buchen und über die betriebsgewöhnliche Nutzungsdauer abzuschreiben.

Anlagegüter mit Anschaffungskosten über 150,00 EUR bis 1 000,00 EUR

Betragen die **Anschaffungskosten** für ein einzelnes abnutzbares bewegliches Wirtschaftsgut, das einer selbstständigen Nutzung fähig ist, über **150,00 EUR, aber nicht mehr als 1 000,00 EUR** netto, so ist ein **Sammelposten** zu bilden **(Konto 0790 GWG-Sammelposten Anlagen und Maschinen** oder **0890 GWG-Sammelposten BGA).**[1] Dieser Sammelposten wird pauschal mit 20 % pro Jahr abgeschrieben (also über einen 5-Jahres-Zeitraum). Dabei ist es unerheblich, in welchem Monat im laufenden Geschäftsjahr die einzelnen Wirtschaftsgüter erworben werden.

Die Abschreibung erfolgt über das Konto **6540 Abschreibungen auf GWG-Sammelposten.** Scheidet ein Wirtschaftsgut aus dem Sammelposten aus (z.B. durch nachträgliche Entnahme, Veräußerung oder Verlust), so beeinflusst dies den Wert des Sammelpostens nicht. Für jedes Geschäftsjahr ist ein Sammelposten zu bilden.

Beispiel:

Im Laufe des Geschäftsjahres wurden folgende geringwertige Vermögensgegenstände gegen Banküberweisung gekauft:

- am 10. März ein Faxgerät für 498,00 EUR zuzüglich 19 % USt,
- am 17. Mai ein Notebook für 652,00 EUR zuzüglich 19 % USt,
- am 9. September ein Bürostuhl für 420,00 EUR zuzüglich 19 % USt und
- am 15. Dezember ein Laptop für 990,00 EUR zuzüglich 19 % USt.

Aufgaben:

1. Buchen Sie die Geschäftsvorfälle bei der Anschaffung auf dem Konto 0891 Geringwertige Wirtschaftsgüter-Sammelposten der Betriebs- und Geschäftsausstattung!
2. Berechnen Sie die Abschreibung am Jahresende nach den steuerrechtlichen Vorgaben!
3. Buchen Sie die Abschreibung auf den Konten und bilden Sie den Buchungssatz!
4. Schließen Sie die Konten 0891 und 6541 ab!

Hinweis: Führen Sie die Konten 0891, 6541, 8010 und 8020!

1 Der Sammelposten ist **kein Wirtschaftsgut,** sondern eine **Rechengröße** [R 6.13, VI, S. 1 EStR].

Lösungen:

Zu 2.: 2560,00 EUR : 5 Jahre = 512,00 EUR/Jahr

Zu 1./3. und 4.:

S	0891 GWG-Sammelp. BGA		H
2800	498,00	6541	512,00
2800	652,00	8010	2048,00
2800	420,00		
2800	990,00		
	2560,00		2560,00

S	6541 Abschr. auf GWG-Sammelp.		H
0891	512,00	8020	512,00

S	8010 SBK		H
0891	2048,00		

S	8020 GuV		H
6541	512,00		

Geschäftsvorfall	Konten	Soll	Haben
Buchung der Abschreibung .	6541 Abschr. auf GWG-Sammelp. an 0891 GWG-Sammelp. BGA	512,00	 512,00

Beachte:

Das Unternehmen hat auch die Möglichkeit, Wirtschaftsgüter zwischen 150,00 EUR und 1000,00 EUR im **Anlageverzeichnis** zu erfassen und über die **betriebsgewöhnliche Nutzungsdauer abzuschreiben.** In diesem Fall kann es für andere geringwertige Wirtschaftsgüter im Bereich von 150,00 EUR bis 1000,00 EUR **keinen Sammelposten** mehr bilden.

(4) Verkauf geringwertiger Anlagegüter

Beim Verkauf geringwertiger Wirtschaftsgüter ergeben sich, je nach Wahl des **Bewertungsverfahrens,** der **gewählten Bewertung** sowie der Höhe der **Anschaffungs- oder Herstellungskosten** bzw. des Restbuchwertes unterschiedliche Buchungen.

Geringwertige Anlagegüter (Wirtschaftsgüter)			
Bewertungswahlrechte (wirtschaftsjahrbezogen)	**Verfahren nach § 6 II EStG**		**Verfahren nach § 6 IIa EStG Sammelpostenverfahren**
Buchung	**Vollabschreibung** Der Veräußerungserlös ist als **sonstiger Ertrag** zu vereinnahmen.	**Aktivierung und Abschreibung über die betriebsgewöhnliche Nutzungsdauer** Je nach Restbuchwert kann sich ein **sonstiger Aufwand,** ein **sonstiger Ertrag** oder ein **Ausgleich** ergeben.	Der Veräußerungserlös ist als **sonstiger Ertrag** zu vereinnahmen. Der **Sammelposten** bleibt unverändert bestehen.

2.5.6.2 Bewertung geringwertiger Anlagegüter nach Handelsrecht

Das **Einkommensteuergesetz** regelt lediglich die **Bewertung geringwertiger Wirtschaftsgüter** nach dem **Steuerrecht.** Es sagt nichts darüber aus, wie geringwertige Wirtschaftsgüter in der **Handelsbilanz** zu behandeln sind. Derzeit werden in der betriebswirtschaftlichen Literatur folgende Bewertungsmöglichkeiten nach Handelsrecht als unstrittig angesehen: **Handelsrecht**

- Der nach § 6 II a EStG mögliche Sofortabzug von Anschaffungs- oder Herstellungskosten bis einschließlich 150,00 EUR stimmt mit dem Vorsichtsprinzip überein. Wirtschaftsgüter mit Anschaffungs- oder Herstellungskosten von bis zu 150,00 EUR dürfen auch in der Handelsbilanz sofort abgeschrieben werden.
- Die Übernahme der vom Steuerrecht geforderten **Sammelposten** für geringwertige Wirtschaftsgüter, deren Anschaffungs- oder Herstellungskosten mehr als 150,00 EUR netto, aber nicht mehr als 1000,00 EUR netto betragen [§ 6 II a EStG], in die Handelsbilanz **ist möglich,** wenn der Sammelposten – bezogen auf das Gesamtvermögen – von **untergeordneter Bedeutung** ist.
- Ist der **Sammelposten** – bezogen auf das Gesamtvermögen – **wesentlich,** so ist seine Übernahme in die Handelsbilanz – mit der linearen Abschreibung über einen Zeitraum von fünf Jahren – **nicht möglich,** weil es dadurch zu einer Überbewertung des Anlagevermögens kommen kann.[1]

Beispiel:

Kauf eines Laptops im Wert von netto 980,00 EUR. Die betriebsgewöhnliche Nutzungsdauer beträgt drei Jahre. Der Laptop wird nach drei Jahren auch tatsächlich entsorgt. Würde der Laptop weiterhin – wie das Steuerrecht es vorschreibt – in der Bilanz ausgewiesen (Wert im 4. Jahr 40 % von 980,00 EUR = 392,00 EUR), so kommt es zu einer Überbewertung des Anlagevermögens. Dies widerspricht dem in § 252 I, Nr. 4 HGB niedergelegten Vorsichtsprinzip. Handelsrechtlich muss daher der Laptop als geringwertiges Wirtschaftsgut aktiviert und (bei linearer Abschreibung) mit jährlich 326,67 EUR abgeschrieben werden.

Im **Anhang** sind die Bilanzierungs- und Bewertungsmethoden für geringwertige Anlagegüter anzugeben und zu begründen.

Bewertung geringwertiger Anlagegüter	
Handelsrecht	■ Erfassung von Anlagegüter nicht über 410,00 EUR netto als Aufwand oder Aktivierung des Anlagegutes und Abschreibung über die betriebsgewöhnliche Nutzungsdauer. ■ Anlagegüter über 150,00 EUR bis 1000,00 EUR netto, Erfassung auf einem GWG-Sammelkonto und Abschreibung über 5 Jahre, sofern der Sammelposten von untergeordneter Bedeutung ist. ■ Anlagegüter über 150,00 EUR bis 1000,00 EUR netto, Erfassung als geringwertige Anlagegüter und Abschreibung nach der betriebsgewöhnlichen Nutzungsdauer, wenn die geringwertigen Anlagegüter – bezogen auf das Gesamtvermögen – wesentlich sind.
Steuerrecht	■ Erfassung von Anlagegüter nicht über 150,00 EUR netto als Betriebsausgaben oder Aktivierung und Abschreibung über die betriebsgewöhnliche Nutzungsdauer [§ 6 II a EStG]. ■ Anlagegüter über 150,00 EUR bis 1000,00 EUR netto, Erfassung auf einem GWG-Sammelkonto und Abschreibung über 5 Jahre [§ 6 II a EStG] oder ■ Erfassung von Anlagegüter bis zu einem Wert von netto 410,00 EUR als Betriebsausgaben oder Aktivierung und Abschreibung über die betriebsgewöhnliche Nutzungsdauer [§ 6 II EStG].

1 Zu der Frage, wann ein Bilanzposten als „wesentlich" einzustufen ist, sind generelle Aussagen nicht möglich.

Im Folgenden gehen wir aus Vereinfachungsgründen davon aus, dass der steuerrechtlich gebildete Sammelposten als **nicht wesentlich** einzustufen ist. Damit wird die steuerrechtliche Regelung auch für die Handelsbilanz übernommen.

2.5.7 Bewertung von immateriellen Vermögensgegenständen

2.5.7.1 Selbst geschaffene immaterielle Vermögensgegenstände des Anlagevermögens

Merke:

Handelsrechtlich **können** selbst geschaffene immaterielle Vermögensgegenstände des Anlagevermögens **aktiviert** werden (Aktivierungswahlrecht) [§ 248 II, S. 1 HGB].

Handelsrecht

Für das **Aktivierungswahlrecht** kommen vor allem **Entwicklungskosten**[1] für **technische Verfahren, Patente, Produkt-Know-how** und **Software** in Betracht. Die Bewertung dieser selbst geschaffenen Vermögensgegenstände wird gesondert in § 255 IIa HGB geregelt. Danach **können** die bei der Entwicklung anfallenden Aufwendungen als **Herstellungskosten** aktiviert werden. Voraussetzung ist, der immaterielle Vermögensgegenstand ist **einzelverwertbar** (z.B. durch Veräußerung, Lizenzvergaben). Werden die Entwicklungskosten aktiviert, schreibt § 268 VIII HGB eine **Ausschüttungssperre** für den Betrag vor, mit dem die selbst geschaffenen immateriellen Vermögensgegenstände des Anlagevermögens angesetzt worden sind. In der **Bilanz** werden die selbst erstellten immateriellen Vermögensgegenstände unter dem Posten **„Selbst geschaffene gewerbliche Schutzrechte und ähnliche Rechte und Werte"** ausgewiesen [§ 266 II HGB]. Für Kosten der **Grundlagenforschung** besteht ein **Aktivierungsverbot** [§ 255 IIa, S. 3 HGB].

Der **Gesamtbetrag der Forschungs- und Entwicklungskosten** des Jahres sowie der davon **auf die selbst geschaffenen immateriellen Vermögensgegenstände** des Anlagevermögens **entfallende Betrag** ist im **Anhang** anzugeben [§ 285, Nr. 22 HGB]. Der Betrag für die selbst geschaffenen immateriellen Vermögensgegenstände ist jedoch nur dann anzugeben, wenn von dem Aktivierungswahlrecht auch Gebrauch gemacht wird.

- Ein **Aktivierungsverbot** gilt für Marken, Drucktitel, Verlagsrechte, Kundenlisten oder vergleichbare immaterielle Vermögensgegenstände [§ 248 II HGB].
- Eine **Aktivierungspflicht** besteht für **entgeltlich** erworbene immaterielle Vermögenswerte (z.B. Konzessionen, Lizenzen).

Steuerrecht

Steuerrechtlich besteht für Forschungs- und Entwicklungskosten ein **Aktivierungsverbot.**

Selbst geschaffene immaterielle Vermögensgegenstände des Anlagevermögens		
Handelsrecht	§ 248 II HGB § 255 IIa HGB § 268 VIII HGB § 255 IIa HGB	■ Bewertungswahlrecht für selbst geschaffene immaterielle Vermögensgegenstände des Anlagevermögens. ■ Aktivierungswahlrecht für Entwicklungskosten. ■ Ausschüttungssperre für aktivierte Entwicklungskosten in Höhe des ausgewiesenen Betrags. ■ Aktivierungsverbot für Forschungskosten.
Steuerrecht	§ 5 II EStG	Aktivierungsverbot für Forschungs- und Entwicklungsaufwendungen.

1 **Entwicklung** ist die Anwendung von Forschungsergebnissen oder anderem Wissen für die Neuentwicklung von Gütern oder Verfahren oder die Weiterentwicklung von Gütern oder Verfahren mittels wesentlicher Änderungen [§ 255 IIa, S. 2 HGB]. Die Entwicklungskosten können erst aktiviert werden, wenn dem entwickelten Gut eine **Vermögensgegenstandseigenschaft** zugesprochen werden kann. Kriterium hierfür ist, dass das entwickelte Gut **verwertbar** ist.

2.5.7.2 Entgeltlich erworbener Geschäfts- oder Firmenwert

Handels-
recht

Der **entgeltlich erworbene Geschäfts- oder Firmenwert (derivativer[1] Firmenwert)** ist ein **zeitlich begrenzt nutzbarer Vermögensgegenstand** und damit **aktivierungspflichtig** [§ 246 I, S. 4 HGB]. Da ein zeitlich begrenzter Vermögensgegenstand vorliegt, ist der Firmenwert planmäßig innerhalb der **betriebsgewöhnlichen Nutzungsdauer** (in der Regel **5 Jahre**) **abzuschreiben** [§ 285, Nr. 13 HGB]. Bei einer **dauerhaften Wertminderung** ist eine **außerplanmäßige Abschreibung** auf den Firmenwert vorzunehmen. Beim Wegfall der Wertminderung besteht ein **Wertaufholungsverbot** [§ 253 V, S. 2 HGB].

Beispiel:

Die Alois Saile KG übernimmt die Hans Weber GmbH zum Kaufpreis von 580 TEUR. Die Bewertung der Vermögensgegenstände der Hans Weber GmbH zum Zeitwert ergibt einen Betrag von 525 TEUR. Der derivative Firmenwert errechnet sich wie folgt:

	Kaufpreis des Unternehmens	580 TEUR
–	Zeitwert der Vermögensgegenstände	525 TEUR
	Derivativer Firmenwert	55 TEUR

Für den **originären (selbst geschaffenen) Geschäfts- oder Firmenwert** besteht ein **Aktivierungsverbot.**

Steuer-
recht

Steuerrechtlich besteht für den entgeltlich erworbenen Geschäfts- oder Firmenwert eine **Aktivierungspflicht** [§ 5 II EStG]. Es ist eine planmäßige Abschreibung über 15 Jahre vorzunehmen [§ 7 I, S. 3 EStG]. Bei **dauernder Wertminderung** ist eine **Teilwertabschreibung** vorzunehmen. Steigt der Geschäfts- oder Firmenwert später wieder an, besteht ein **Wertaufholungsgebot** [§ 6 I, Nr. 1, S. 4 und Nr. 2, S. 3 EStG].

Entgeltlich erworbener Geschäfts- oder Firmenwert		
Handelsrecht	§ 246 I, S. 4 HGB	■ Es besteht eine Aktivierungspflicht. ■ Planmäßige Abschreibung über die betriebsgewöhnliche Nutzungsdauer. In der Regel 5 Jahre, Ausnahmen sind im Anhang zu begründen. ■ Bei dauerhafter Wertminderung außerplanmäßige Abschreibung.
	§ 253 V, S. 2 HGB	■ Wertaufholungsverbot.
Steuerrecht	§ 5 II EStG	■ Es besteht eine Aktivierungspflicht.
	§ 7 I, S. 3 EStG	■ Planmäßige Abschreibung über 15 Jahre.
	§ 6 I, Nr. 1, S. 4 und Nr. 2, S. 3 EStG	■ Wertaufholungsgebot

2.6 Bewertung des Umlaufvermögens

2.6.1 Allgemeine Bewertungsregeln für die Bewertung des Umlaufvermögens

Zum Umlaufvermögen zählen nach § 266 HGB die folgenden Vermögensgruppen:

I. Vorräte
II. Forderungen und sonstige Vermögensgegenstände
III. Wertpapiere des Umlaufvermögens
IV. Kassenbestand, Bundesbankguthaben, Guthaben bei Kreditinstituten und Schecks

1 Derivativ: durch Ableitung entstanden.

Grundsätzlich sind Vermögensgegenstände des Umlaufvermögens mit den **Anschaffungs- oder Herstellungskosten** zu bewerten. Ist der **Börsen- oder Marktpreis** am Abschlussstichtag **niedriger,** so **muss** nach dem **Handelsrecht** – unabhängig von der Dauer der Wertminderung – der **niedrigere Wert** angesetzt werden **(strenges Niederstwertprinzip)**[§ 253 IV, S. 1 HGB]. **Handelsrecht**

Ist ein **Börsen- oder Marktpreis nicht festzustellen** und **übersteigen die Anschaffungs- oder Herstellungskosten** den Wert, der den Vermögensgegenständen am Abschlussstichtag beizulegen ist, so ist auf den **beizulegenden Zeitwert** abzuschreiben [§ 253 IV, S. 2 HGB].

Steuerrechtlich kann bei einer **voraussichtlich dauernden Wertminderung** eine Abschreibung auf den **niedrigeren Teilwert** vorgenommen werden [§ 6 I, Nr. 2, S. 2 EStG]. Bei einer **vorübergehenden Wertminderung** ist steuerrechtlich eine **Teilwertabschreibung unzulässig** [§ 6 II, Nr. 2, S. 2 EStG]. **Steuerrecht**

Fallen die Gründe für eine vorgenommene Abschreibung später weg, so besteht **handels-** wie **steuerrechtlich** ein **Zuschreibungsgebot (Wertaufholungsgebot)**, maximal bis zu den **Anschaffungs- oder Herstellungskosten** [§ 253 V HGB, § 6 I, Nr. 2, S. 3 EStG].

Merke:

- Ist der Börsen- oder Marktpreis **niedriger** als die Anschaffungs- oder Herstellungskosten, so erfolgt die Bewertung zum **Börsen- bzw. Marktpreis.**
- Ist ein Börsen- oder Marktpreis nicht festzustellen, so erfolgt die Bewertung zum **beizulegenden Zeitwert,** sofern dieser **unter den Anschaffungs- oder Herstellungskosten** liegt.
- Ist der Börsen- oder Marktpreis **höher** als die Anschaffungs- oder Herstellungskosten, so erfolgt die Bewertung zu den **Anschaffungs- bzw. Herstellungskosten.**
- Fallen die Gründe für eine Abschreibung weg, so besteht **handels- wie steuerrechtlich** ein **Zuschreibungsgebot** (Wertaufholungsgebot), maximal bis zu den **Anschaffungs- oder Herstellungskosten**.

Bewertung des Umlaufvermögens		
Handelsrecht	§ 253 I HGB	■ Bewertung zu den Anschaffungs- oder Herstellungskosten.
	§ 253 IV HGB	■ Börsen- oder Marktpreis niedriger als Anschaffungs- oder Herstellungskosten: Bewertung zum Börsen- oder Marktpreis.
	§ 253 IV, S. 2 HGB	■ Börsen- oder Marktpreis nicht feststellbar: Bewertung zum beizulegenden Zeitwert, sofern er niedriger ist als die Anschaffungs- oder Herstellungskosten.
	§ 253 V HGB	■ Zuschreibungsgebot, maximal bis zu den Anschaffungs- oder Herstellungskosten.
Steuerrecht	Maßgeblichkeit:	■ Bewertung zu den Anschaffungs- oder Herstellungskosten.
	§ 6 I, Nr. 2, S. 2 EStG	■ Voraussichtlich dauernde Wertminderung: Teilwertabschreibung kann vorgenommen werden.
	§ 6 II, Nr. 2, S. 2 EStG	■ Vorübergehende Wertminderung: Teilwertabschreibung unzulässig.
	§ 6 I, Nr. 2, S. 3 EStG	■ Zuschreibungsgebot, maximal bis zu den Anschaffungs- oder Herstellungskosten.

8 Hempel - ISBN 978-3-8120-0655-2

2.6.2 Bewertung der Vorräte

Zum Vorratsvermögen eines Industriebetriebs zählen folgende Bestände:

Art des Vorratsvermögens	Ausgangswert für die Bewertung (Zugangsbewertung)
1. Roh-, Hilfs- und Betriebsstoffe, bezogene Vorprodukte und Handelswaren	Anschaffungskosten
2. Fertige Erzeugnisse, unfertige Erzeugnisse	Herstellungskosten

2.6.2.1 Bewertung der Roh-, Hilfs- und Betriebsstoffe, der bezogenen Vorprodukte sowie der Handelswaren

(1) Generelle Vorschriften

Grundsätzlich gilt das **Anschaffungskostenprinzip** in Verbindung mit dem **Niederstwertprinzip**.

Beispiel:

Am 31. Dezember hat eine Maschinenfabrik lt. Inventur noch 1000 Einheiten Blechteile. Die Anschaffungskosten betrugen je Blechteil 15,00 EUR.

Aufgabe:

Wie ist der Bestand beim Jahresabschluss zum 31. Dezember handels- und steuerrechtlich zu bewerten, wenn im 1. Fall der Marktpreis 15,80 EUR und im 2. Fall der Marktpreis 13,50 EUR beträgt?

Lösung:

1. Fall: Der Marktpreis beträgt pro Blechteil 15,80 EUR.

Der Bestand ist sowohl **handelsrechtlich** als auch **steuerrechtlich** mit den Anschaffungskosten von 15,00 EUR je Blechteil zu bewerten, da dieser Wert unter dem Marktpreis liegt. Die Anschaffungskosten dürfen nicht überschritten werden. Diese Vorgehensweise führt dazu, dass ein noch **nicht entstandener (nicht realisierter) Gewinn** zum Bilanzstichtag **nicht ausgewiesen wird (Realisationsprinzip)**. **Handels- und Steuerrecht**

Bilanzansatz: 1000 Blechteile · 15,00 EUR = 15000,00 EUR

2. Fall: Der Marktpreis beträgt pro Blechteil 13,50 EUR.

Es gilt **handelsrechtlich** das **strenge Niederstwertprinzip.** Danach ist der niedrigere von beiden infrage kommenden Preisen zu wählen. Das ist der Marktpreis. Die Vorgehensweise führt dazu, dass ein noch nicht entstandener **(nicht realisierter) Verlust** zum Bilanzstichtag **ausgewiesen wird (Grundsatz der Vorsicht).** **Handelsrecht**

Bilanzansatz: 1000 Blechteile · 13,50 EUR = 13500,00 EUR

Steuerrechtlich ist eine Abschreibung auf den **niedrigeren Teilwert nur möglich,** wenn nachgewiesen werden könnte, dass die **Wertminderung voraussichtlich von Dauer**[1] ist, was bei schwankenden Rohstoffpreisen normalerweise nicht der Fall ist. **Steuerrecht**

1 Eine dauernde Wertminderung wird steuerrechtlich beim Umlaufvermögen bei zwei Konstellationen akzeptiert:
- die Wertminderung hält bis zum Verkauf/Verbrauch an,
- die Wertminderung hält bis zur Aufstellung der Bilanz an.

Merke:

- Für die **Bewertung des Umlaufvermögens** gilt handelsrechtlich das **strenge Niederstwertprinzip.**
  - Sind die **Anschaffungskosten niedriger** als der **Markt- oder Börsenpreis** bzw. der **beizulegende Zeitwert,** wird zu **Anschaffungskosten** bewertet. Nicht realisierte Gewinne dürfen nicht ausgewiesen werden **(Realisationsprinzip).** Das gilt auch für die Steuerbilanz.
  - Sind die **Anschaffungskosten höher** als der **Markt- oder Börsenpreis** bzw. der **beizulegende Zeitwert,** wird zum **Markt- oder Börsenpreis** bzw. zum **beizulegenden Zeitwert** bewertet. Nicht realisierte Verluste müssen handelsrechtlich ausgewiesen werden.
- **Steuerrechtlich** ist eine Abschreibung auf den niedrigeren Teilwert nur möglich, wenn die **Wertminderung von Dauer** ist.
- Diese verschiedene Behandlung nicht realisierter Gewinne und nicht realisierter Verluste im Handelsrecht wird als **Imparitätsprinzip** bezeichnet.

(2) Spezielle Vorschriften zur Bewertung des Vorratsvermögens

Da der Grundsatz der Einzelbewertung bei der Bewertung des Vorratsvermögens oft mit erheblichen Schwierigkeiten verbunden ist, sind sowohl **handelsrechtlich** [§ 256 I, S. 1 i. V. m. § 240 IV HGB] als auch **steuerrechtlich** [R 6.8 IV EStR und R 6.9 EStR] für **gleichartige Vorratsbestände** bestimmte **Vereinfachungsverfahren** der Bewertung zulässig. Als solche sind nur die folgenden Vereinfachungsverfahren der Sammelbewertung erlaubt: **Handels- und Steuerrecht**

- **Bewertung nach bestimmten Verbrauchs- und Verkaufsfolgen** [§ 256, S. 1 HGB]:

Fifo-Methode (**f**irst **i**n – **f**irst **o**ut). Die Methode unterstellt, dass die **zuerst eingekauften (hergestellten)** Güter auch **zuerst verkauft (verbraucht)** werden. Da die **Schlussbestände** dadurch stets **aus den letzten Zugängen** stammen, werden sie jeweils zu deren Anschaffungs-/Herstellungskosten bzw. dem niedrigeren Markt- oder Börsenpreis bzw. dem beizulegenden Zeitwert bewertet.

Steuerrechtlich ist die **Fifo-Methode nicht erlaubt.** **Steuerrecht**

Merke:

Der Grundsatz der kaufmännischen Vorsicht gebietet, dass das **Fifo-Verfahren** nur dann herangezogen wird, wenn die **Einkaufspreise sinken.**

Lifo-Methode (**l**ast **i**n – **f**irst **o**ut). Die Methode unterstellt, dass die **zuletzt eingekauften (hergestellten)** Güter **zuerst verkauft (verbraucht)** werden. Da die Schlussbestände dadurch stets aus dem Anfangsbestand und den ersten Zugängen stammen, werden sie jeweils zu deren Anschaffungs-/Herstellungskosten bzw. zu dem niedrigeren Markt- oder Börsenpreis bzw. dem beizulegenden Zeitwert bewertet.

Steuerrechtlich ist die **Lifo-Methode erlaubt** [§ 6 I, Nr. 2a EStG]. **Steuerrecht**

Merke:

Der Grundsatz der kaufmännischen Vorsicht gebietet, dass das **Lifo-Verfahren** nur dann herangezogen wird, wenn die **Einkaufspreise steigen.**

- **Bewertung nach der gewogenen Durchschnittswertermittlung** [§ 240 IV HGB]:

Bei gleichartigen Gütern kann die Bewertung nach der gewogenen Durchschnittswertermittlung erfolgen. Der Durchschnittswert wird errechnet, indem die Summe der Anschaffungs-/Herstellungskosten aus Anfangsbestand und Zugängen durch die Menge der gekauften (hergestellten) Güter zuzüglich des Schlussbestands dividiert wird. Die durchschnittlichen Anschaffungskosten werden mit dem **Markt- oder Börsenpreis** bzw. **dem beizulegenden Zeitwert am Bilanzstichtag** verglichen und der **niedrigere Wert angesetzt.**

Beispiel:

Ein Industrieunternehmen hat im Laufe des Wirtschaftsjahres in seinem Sortiment für Handelswaren gleichartige Waren erworben, und zwar am:

15. Jan.	100 t zum Nettopreis von 800,00 EUR je Tonne =	80 000,00 EUR
15. März	100 t zum Nettopreis von 700,00 EUR je Tonne =	70 000,00 EUR
15. Juli	200 t zum Nettopreis von 850,00 EUR je Tonne =	170 000,00 EUR
15. Nov.	100 t zum Nettopreis von 900,00 EUR je Tonne =	90 000,00 EUR
insgesamt:	500 t	410 000,00 EUR

Schlussbestand am Ende des Wirtschaftsjahres: 50 t. Der Marktpreis am 31. Dezember beträgt 890,00 EUR.

Aufgaben:

Berechnen Sie den Wertansatz in der Bilanz

1. nach dem Fifo-Verfahren,
2. nach dem Lifo-Verfahren und
3. nach der gewogenen Durchschnittswertermittlung!

Lösungen:

Zu 1.: Fifo-Verfahren

Wertansatz:	50 t · 900,00 EUR = 45 000,00 EUR
Marktpreis am 31. Dez.:	50 t · 890,00 EUR = 44 500,00 EUR

Ergebnis: Nach dem Niederstwertprinzip beträgt der Bilanzwert 44 500,00 EUR.

Zu 2.: Lifo-Verfahren

Wertansatz:	50 t · 800,00 EUR = 40 000,00 EUR
Marktpreis am 31. Dez.:	50 t · 890,00 EUR = 44 500,00 EUR

Ergebnis: Nach dem Niederstwertprinzip beträgt der Bilanzwert 40 000,00 EUR.

Zu 3.: Gewogene Durchschnittswertermittlung

Summe der Nettopreise 410 000,00 EUR : 500 t = 820,00 EUR Durchschnittspreis.

Wertansatz: 50 t · 820,00 EUR = 41 000,00 EUR

Marktpreis am 31. Dez.: 50 t · 890,00 EUR = 44 500,00 EUR

Ergebnis: Nach dem Niederstwertprinzip beträgt der Bilanzwert 41 000,00 EUR.

Merke:

- Wenn gleichartige Vorratsgüter zu verschiedenen Zeitpunkten und zu verschiedenen Anschaffungs-/Herstellungskosten beschafft (hergestellt) werden, so führt der Einsatz der **gewogenen Durchschnittswertermittlung** zu einer Reduzierung des Arbeitsaufwandes und damit zu Kostenersparnissen.
- **Steuerrechtlich** ist die gewogene Durchschnittswertermittlung **erlaubt.**

Bewertung nach der permanenten Durchschnittswertermittlung

Bei der permanenten Durchschnittswertermittlung[1] werden die durchschnittlichen Anschaffungskosten **permanent** (laufend) **nach jedem Lagerzugang und -abgang** ermittelt. Da die Abgänge jeweils zum neuesten Durchschnittswert bewertet werden, erhält man zum Bilanzstichtag die **durchschnittlichen Anschaffungskosten des Schlussbestands.** Diese werden mit dem **Markt- oder Börsenpreis** bzw. dem **beizulegenden Zeitwert am Bilanzstichtag** verglichen und der **niedrigere Wert angesetzt.** Die permanente Durchschnittswertermittlung ist genauer als die gewogene Durchschnittswertermittlung.

Beispiel:

01.01. 15.02.	Anfangsbestand Zugang	100 Stück zu je 10,00 EUR = 1 000,00 EUR 300 Stück zu je 12,00 EUR = 3 600,00 EUR
 20.03.	Bestand Abgang	400 Stück zu je 11,50 EUR = 4 600,00 EUR 150 Stück zu je 11,50 EUR = 1 725,00 EUR
 10.08.	Bestand Zugang	250 Stück zu je 11,50 EUR = 2 875,00 EUR 250 Stück zu je 9,50 EUR = 2 375,00 EUR
 24.12	Bestand Abgang	500 Stück zu je 10,50 EUR = 5 250,00 EUR 350 Stück zu je 10,50 EUR = 3 675,00 EUR
31.12.	Schlussbestand	150 Stück zu je 10,50 EUR = 1 575,00 EUR

2.6.2.2 Bewertung der fertigen und unfertigen Erzeugnisse

Fertige und unfertige Erzeugnisse sowie selbst hergestellte aktivierungspflichtige Vermögensgegenstände werden mit ihren **Herstellungskosten** bewertet (vgl. S. 36f.).

1 Man spricht auch von der Bewertung nach dem **gleitenden gewogenen Durchschnitt.**

Bewertung von Vorräten

		Generelle Bewertungsvorschriften
Handelsrecht	§ 253 I, S. 1 HGB § 253 IV, S. 1 HGB	■ Bewertung zu Anschaffungs- bzw. Herstellungskosten ■ Folgebewertung: strenges Niederstwertprinzip – Anschaffungs- bzw. Herstellungskosten < als Markt- oder Börsenwert bzw. beizulegender Zeitwert → Anschaffungs- bzw. Herstellungskosten. – Anschaffungs- bzw. Herstellungskosten > als Markt- oder Börsenwert bzw. beizulegender Zeitwert → Bewertung zu Markt- oder Börsenwert bzw. beizulegendem Zeitwert
Steuerrecht	§ 6 I, Nr. 2, S. 1 EStG § 6 I, Nr. 2, S.2 EStG § 6 I, Nr. 2, S.2 EStG	■ Bewertung zu Anschaffungs- bzw. Herstellungskosten ■ Keine Teilwertabschreibung bei vorübergehender Wertminderung ■ Teilwertabschreibung Pflicht bei dauernder Wertminderung

	Bewertungsvereinfachungsverfahren			
	Fifo-Methode	Lifo-Methode	gewogene Durchschnittswertermittlung	permanente Durchschnittswertermittlung
Charakterisierung	■ zuerst eingekauft, zuerst verkauft ■ nur bei sinkenden Einkaufspreisen	■ zuletzt eingekauft ■ zuerst verkauft ■ nur bei steigenden Einkaufspreisen	gewogener Durchschnittspreis einer Periode	durchschnittliche Anschaffungskosten des Schlussbestands
Handelsrecht	erlaubt § 240 V HGB		erlaubt § 256, S. 1 HGB	
Steuerrecht	verboten	erlaubt § 6 I, Nr. 2 a EStG		
Endgültige Bewertung	Es ist immer zu prüfen, ob nicht anstelle der mit dem Vereinfachungsverfahren ermittelten (durchschnittlichen) Anschaffungs- oder Herstellungskosten der niedrigere Markt- oder Börsenpreis bzw. beizulegender Zeitwert zu wählen ist (Niederstwerttest).			

		Wertaufholungsgebot
Handelsrecht	§ 253 V HGB	Bei späterem Wegfall der Abschreibungsgründe besteht ein Zuschreibungsgebot.
Steuerrecht	§ 6 I, Nr. 2, S. 3 EStG	Bei späterem Wegfall der Abschreibungsgründe besteht ein Zuschreibungsgebot.

2.6.3 Bewertung der Forderungen und Buchungen bei der Abschreibung auf Forderungen

2.6.3.1 Arten von Forderungen unter dem Gesichtspunkt ihrer Wertigkeit

Bezüglich ihrer Wertigkeit (Sicherheit des Zahlungseingangs) lassen sich drei Arten von Forderungen unterscheiden:

Vollwertige Forderungen	Ihre Bewertung in der Bilanz erfolgt nach § 253 I HGB und § 6 I, Nr. 2 EStG zum sogenannten **Nennwert (Anschaffungskosten).** Bei Forderungen aus Warenlieferungen entspricht das dem nach dem Kaufvertrag tatsächlich zu zahlenden Gegenwert. Für vollwertige Forderungen kommt eine Abschreibung nicht in Betracht.	**Handels- und Steuer-recht**
Zweifelhafte Forderungen	Diese sind mit ihrem **wahrscheinlichen Eingangswert** anzusetzen. Mit anderen Worten: Der Teil, von dem nach gewissenhafter Schätzung angenommen wird, dass er nicht eingeht, **muss** abgeschrieben werden. Dieser Zwang zur Abschreibung ergibt sich aus § 253 IV HGB. Da davon auszugehen ist, dass es sich um eine Wertminderung von Dauer handelt, ist steuerrechtlich auch eine **Teilwertabschreibung vorzunehmen** [§ 6 I, Nr. 2, S. 2 EStG].	**Handels- und Steuer-recht**
Uneinbringliche Forderungen	Ist eine **Forderung uneinbringlich,** so ist sie sowohl **handelsrechtlich** als auch **steuerrechtlich** in der **entsprechenden Höhe abzuschreiben.** Auch das ergibt sich aus § 253 IV HGB bzw. aus § 6 I, Nr. 2, S. 2 EStG.	**Handels- und Steuer-recht**

Merke:

- **Vollwertige Forderungen** sind mit dem **Rechnungsbetrag** anzusetzen.
- **Zweifelhafte Forderungen** sind mit dem **wahrscheinlichen Eingangswert** zu bilanzieren.
- **Uneinbringliche Forderungen** sind **abzuschreiben.**

2.6.3.2 Höhe der Abschreibung und die Behandlung der Umsatzsteuer bei der Abschreibung auf Forderungen

Im Gegensatz zu anderen abschreibungsbedürftigen Vermögensgegenständen (z.B. Betriebs- und Geschäftsausstattung, Fuhrpark) enthält der auf dem Forderungskonto ausgewiesene Bestand auch die Umsatzsteuer. Da Abschreibungen jedoch nur vom **Nettowert (Anschaffungskosten)** vorgenommen werden dürfen, ist darauf zu achten, dass bei der Berechnung des Abschreibungsbetrages vom Nettowert der Forderungen auszugehen ist, da die Umsatzsteuer keinen Kosten- bzw. Aufwandsbestandteil darstellt.

Beispiel für einen Forderungsausfall:

Forderungen gegenüber der Maier GmbH einschließlich 19 % USt	5950,00 EUR
– 19 % Umsatzsteuer	950,00 EUR
= Nettowert der Forderungen (Anschaffungskosten)	5000,00 EUR

Wird die Forderung uneinbringlich, beträgt die Abschreibung 5000,00 EUR.

In diesem Beispiel beträgt die Abschreibung 5000,00 EUR. Gleichzeitig führt der Forderungsausfall zu einer Korrektur der Umsatzsteuer in Höhe von 950,00 EUR. Die Umsatzsteuerkorrektur darf allerdings erst vorgenommen werden, wenn der tatsächliche Ausfall der Forderung feststeht. Das bedeutet, dass auf einen – im Rahmen der Aufstellung des Jahresabschlusses – zunächst nur geschätzten Forderungsausfall keine Umsatzsteuerkorrektur vorgenommen werden darf.

Merke:

- Die Abschreibung eines Forderungsausfalls erfolgt vom Nettowert der Forderung.
- Die Berichtigung der USt darf erst vorgenommen werden, wenn die Höhe des tatsächlichen Ausfalls endgültig feststeht.

2.6.3.3 Bewertungsverfahren bei Forderungen

(1) Einzelbewertung

Für alle Vermögensgegenstände gilt der Grundsatz der Einzelbewertung [§ 252 I, Nr. 3 HGB]. Danach ist davon auszugehen, dass am Bilanzstichtag grundsätzlich jede einzelne Forderung für sich zu bewerten ist. Bei einem hohen Forderungsbestand, der sich aus einer Vielzahl von kleinen Einzelforderungen zusammensetzt, würde das einen erheblichen Zeitaufwand beanspruchen. Daher kann nach § 252 II HGB in begründeten Fällen von dem oben genannten Grundsatz abgewichen werden.

(2) Pauschalbewertung[1]

Aus praktischen Gründen räumen die Finanzbehörden in begründeten Fällen die Möglichkeit der pauschalen Bewertung der Forderungen ein. Dabei wird zur Erfassung des erfahrungsgemäßen Kreditrisikos ein bestimmter Prozentsatz (2 % – 5 %) vom gesamten Nettobetrag der Forderungen abgeschrieben.

Beispiel für eine Pauschalwertberichtigung:

Der ausgewiesene Gesamtwert der Forderungen am Ende des Geschäftsjahres beträgt einschließlich 19 % USt 238000,00 EUR. Es soll erstmals eine Pauschalwertberichtigung gebildet werden. Die erfahrungsgemäße Ausfallquote beträgt 2 %.

Aufgabe:

Berechnen Sie die pauschale Wertberichtigung (Abschreibung)!

Lösung:

Gesamtwert der Forderungen am Ende des Geschäftsjahres	238000,00 EUR
– 19 % Umsatzsteuer	38000,00 EUR
= Nettowert der sicheren Forderungen	200000,00 EUR

davon 2 % Ausfallquote = 4000,00 EUR.

2.6.3.4 Buchungen bei der Abschreibung auf Forderungen[2]

Sobald sich eine Forderung als zweifelhaft erweist, kann sie nach den Grundsätzen ordnungsmäßiger Buchführung von den einwandfreien Forderungen abgesondert und auf

1 Im Folgenden wird auf die Pauschalbewertung nicht eingegangen.

2 In den folgenden Fällen wird nur die **direkte Abschreibung** in Verbindung mit der **Einzelbewertung** der Forderungen dargestellt.

Es werden nur die Fälle behandelt, bei denen die Zweifelhaftigkeit der Forderung und der Forderungsausfall in dieselbe Geschäftsperiode fallen.

das Konto **2470 Zweifelhafte Forderungen** umgebucht werden. Da in der Praxis und in der computergestützten Finanzbuchhaltung eine solche Umbuchung im Allgemeinen nicht vorgenommen wird, verzichten wir im Folgenden auf eine solche Umbuchung. Stellt sich heraus, dass die Forderung ganz oder teilweise uneinbringlich ist, dann ist der uneinbringliche Teil der Forderung in Höhe des **Nettowertes** abzuschreiben. Der Kontenrahmen sieht hierfür das Konto **6951 Abschreibungen auf Forderungen** vor. Die darauf entfallende Umsatzsteuer ist nach § 17 I UStG zu berichtigen. Wir unterscheiden die beiden folgenden Fälle:

(1) Forderung ist in voller Höhe uneinbringlich

Beispiel:

Unser Kunde Franz Schnell e. Kfm. teilt uns am 5. Februar mit, dass er das Insolvenzverfahren beantragt hat. Unsere Forderung beträgt 5950,00 EUR einschließlich 19 % USt. Am 1. Dezember wird das Insolvenzverfahren abgeschlossen. Der Insolvenzverwalter teilt uns mit, dass wir keine Zahlung aus dem Insolvenzverfahren erhalten.

Aufgaben:

1. Nehmen Sie die erforderlichen Buchungen auf Konten vor!
2. Bilden Sie die Buchungssätze für die Buchung der Umsatzsteuerkorrektur am 5. Februar und für den endgültigen Forderungsausfall am 1. Dezember!

Lösungen:[1]

Zu 1.: Buchung auf den Konten

S	2400 Ford. a. Lief. u. Leist.		H
AB	23800,00	4800	950,00
		6951	5000,00
		8010	17850,00
	23800,00		23800,00

S	4800 Umsatzsteuer		H
2400	950,00		

S	6951 Abschr. a. Ford.		H
2400	5000,00		

Zu 2.: Buchungssatz

Geschäftsvorfälle	Konten	Soll	Haben
Buchung der Umsatzsteuerkorrektur am 5. Februar.	4800 Umsatzsteuer an 2400 Ford. a. Lief. u. Leist.	950,00	 950,00
Buchung des Forderungsausfalls am 1. Dezember.	6951 Abschreib. a. Ford. an 2400 Ford. a. Lief. u. Leist.	5000,00	 5000,00

Erläuterung:

- Mit der Beantragung des Insolvenzverfahrens am 5. Februar ist die volle Umsatzsteuer zu berichtigen, und zwar auch dann, wenn noch eine Insolvenzquote zu erwarten ist.[2]
- Mit dem Abschluss des Insolvenzverfahrens ist festgestellt, dass die gesamte Forderung am 1. Dezember uneinbringlich ist. Aus diesem Grund ist die gesamte Forderung abzuschreiben.

1 In den folgenden Fällen wird nur die **direkte Abschreibung** in Verbindung mit der **Einzelbewertung** der Forderungen dargestellt. Es werden nur die Fälle behandelt, bei denen die Zweifelhaftigkeit der Forderung und der Forderungsausfall in dieselbe Geschäftsperiode fallen.

2 **Hinweise zur Buchung**: „Wird über das Vermögen eines Unternehmens das Insolvenzverfahren eröffnet, werden die gegen ihn gerichteten Forderungen spätestens zu diesem Zeitpunkt unbeschadet einer möglichen Insolvenzquote in voller Höhe uneinbringlich im Sinne des § 17 II, Nr. 1, S. 1 UStG" [Umsatzsteuerrichtlinie R 223 Abschnitt 5, S. 5]. Führt der Abschluss des Insolvenzverfahrens zu einer Insolvenzquote, so ist der ausbezahlte Nettobetrag umsatzsteuerpflichtig.

9 Hempel - ISBN 978-3-8120-0655-2

(2) Forderung ist teilweise uneinbringlich

Beispiel:

Mit unserem Kunden Hubert Wenz GmbH haben wir am 1. Februar einen freiwilligen Vergleich vereinbart. Unsere Forderung beträgt 5950,00 EUR einschließlich 19% USt. Nach Abschluss des Verfahrens überweist uns der Kunde am 11. Dezember eine Vergleichsquote von 60% auf unser Bankkonto.

Aufgaben:

Nehmen Sie die erforderlichen Buchungen auf Konten vor und bilden Sie die Buchungssätze:

1. für die durch die Hubert Wenz GmbH veranlasste Banküberweisung am 11. Dezember.
2. für die Buchung des Forderungsausfalls.

Lösungen:

Buchung auf Konten:

S — 2400 Ford. a. Lief. u. Leist. — H

S		H	
AB	23800,00	2800	3570,00
		6951/4800	2380,00
		8010	17850,00
	23800,00		23800,00

S — 2800 Bank — H

S		H	
2400	3570,00		

S — 6951 Abschreib. a. Ford. — H

S		H	
2400	2000,00		

S — 4800 Umsatzsteuer — H

S		H	
2400	380,00		

Buchungssätze:

Geschäftsvorfälle	Konten	Soll	Haben
1. Gutschrift der Vergleichsquote (60% von 5950,00 EUR = 3570,00 EUR) am 11. Dez.	2800 Bank an 2400 Ford. a. Lief. u. Leist.	3570,00	 3570,00
2. Buchung des Forderungsausfalls (40% von 5950,00 EUR = 2380,00 EUR)	6951 Abschreib. a. Ford. 4800 Umsatzsteuer an 2400 Ford. a. Lief. u. Leist.	2000,00 380,00	 2380,00

(3) Buchung der Umsatzsteuer bei Zahlungseingängen von bereits abgeschriebenen Forderungen

Geht unerwartet von einer bereits abgeschriebenen Forderung ein Betrag ein, lebt die darin enthaltene Umsatzsteuer wieder als Steuerschuld auf. Der Nettobetrag der eingegangenen Forderungen stellt einen Ertrag dar. Konto: **5800 Außerordentliche Erträge**[1].

Beispiel:

Für eine bereits abgeschriebene Forderung gehen unerwartet 476,00 EUR einschl. 19% Umsatzsteuer auf unserem Bankkonto ein.

Aufgabe:

Bilden Sie den Buchungssatz!

Lösung:

Konten	Soll	Haben
2800 Bank an 5800 Außerordentliche Erträge an 4800 Umsatzsteuer	476,00	 400,00 76,00

1 Erfolgt der Zahlungseingang für eine bereits abgeschriebene Forderung erst in der **folgenden Geschäftsperiode**, so wird der Zahlungsbetrag auf dem Konto **5490 Periodenfremde Erträge** gebucht.

Merke:

Bei Zahlungseingängen für bereits abgeschriebene Forderungen lebt die Umsatzsteuer wieder auf.

2.6.4 Bewertung von Wertpapieren des Umlaufvermögens[1]

Zu den Wertpapieren des Umlaufvermögens zählen z. B. Aktien, festverzinsliche Wertpapiere und Optionsanleihen, die nur vorübergehend vom Unternehmen gehalten werden. Den Höchstwert für die Bilanzierung stellen die Anschaffungskosten dar [§ 253 I HGB]. Zu berücksichtigen sind als Anschaffungsnebenkosten Provisionen, Gebühren und Bankspesen.

Merke:

- Ist der **Börsen- oder Marktpreis** bzw. der **beizulegende Zeitwert** am Bilanzstichtag niedriger als die Anschaffungskosten, so ist dieser niedrigere Wert anzusetzen [§ 253 IV, S. 1 HGB]. Der niedrigere Ansatz ist **handelsrechtlich** auch dann vorzunehmen, wenn die **Wertminderung nur vorübergehend** ist **(strenges Niederstwertprinzip).** Handelsrecht
- In der **Steuerbilanz** ist die Abschreibung auf den niedrigeren Teilwert zwingend vorzunehmen, wenn die **Wertminderung voraussichtlich von Dauer** ist [§ 6 I, Nr. 2, S. 2 EStG]. Bei einer **vorübergehenden Wertminderung** ist steuerrechtlich eine **Teilwertabschreibung unzulässig** [§ 6 II, Nr. 2, S. 2 EStG]. Steuerrecht

Beispiel:

Zur kurzfristigen Geldanlage hat die Autoteile GmbH im Oktober 4800 Stück Aktien der Computer AG zu 160,00 EUR/Stück erworben. Beim Kauf sind Spesen in Höhe von 1 % vom Kurswert angefallen.

Aufgaben:

1. Wie viel EUR beträgt der Bilanzansatz am 31. Dezember, wenn im 1. Fall der Börsenkurs 180,00 EUR und im 2. Fall der Börsenkurs 155,00 EUR beträgt?
2. In welcher Weise wird das Unternehmensergebnis im 1. Fall bzw. im 2. Fall beeinflusst?

Lösungen:

1. Fall: Der Börsenkurs am 31. Dezember ist auf 180,00 EUR gestiegen.

Zu 1.: Der Ansatz erfolgt sowohl handelsrechtlich als auch steuerrechtlich zu den Anschaffungskosten, da sie die Wertobergrenze darstellen.

Kurswert (4800 · 160,00 EUR)	768 000,00 EUR
+ 1 % Spesen	7 680,00 EUR
= Anschaffungskosten	775 680,00 EUR

Zu 2.: Das Unternehmensergebnis wird nicht beeinflusst, da der Bilanzansatz den Anschaffungskosten entspricht.

1 Kredit- und Finanzdienstleistungsinstitute haben bei der Bewertung von Finanzinstrumenten des Umlaufvermögens (Handelsbestand) den Zeitwert (Marktpreis) abzüglich eines Risikoabschlags anzusetzen [§ 340 e III HGB].

2. Fall: Der Börsenkurs am 31. Dezember ist auf 155,00 EUR gefallen.

Zu 1.: Das strenge Niederstwertprinzip verlangt handelsrechtlich (steuerrechtlich nur, wenn anzunehmen ist, dass die Kurssenkung voraussichtlich von Dauer ist) einen Ansatz auf der Grundlage des niedrigeren Börsenkurses.

Kurswert (4800 · 155,00 EUR)	744 000,00 EUR
+ 1 % Spesen	7 440,00 EUR
= Bilanzansatz	751 440,00 EUR

Zu 2.: Das Unternehmensergebnis verschlechtert sich durch die außerordentlichen Abschreibungen um 24 240,00 EUR.

Merke:

- Bei der Bewertung von **Wertpapieren des Umlaufvermögens** gilt **handelsrechtlich** das **strenge Niederstwertprinzip.** Noch nicht realisierte **Kursgewinne dürfen nicht,** drohende **Kursverluste müssen** hingegen **berücksichtigt werden (Imparitätsprinzip).**
- **Steuerrechtlich** darf nur dann eine **Teilwertabschreibung** erfolgen, wenn die **Kursverluste** voraussichtlich **von Dauer** sind.

Bewertungsregeln zur Bewertung von Forderungen aus Lieferungen und Leistungen und der Wertpapiere des Umlaufvermögens

Situation	Rechtsgrundlage nach HGB	Bewertung Handelsrecht	Bewertung Steuerrecht
1. Bei Anschaffung (Normalfall)	§ 253 I, S. 1 HGB	Anschaffungskosten (AK)	Anschaffungskosten (AK) § 6 I, Nr. 2, S. 1 EStG
2. Bei vorübergehender Wertminderung	§ 253 IV, S. 1 HGB	Abschreibungspflicht	Abschreibung unzulässig, da voraussichtlich keine dauernde Wertminderung vorliegt § 6 I, Nr. 2, S. 2 EStG
3. Bei dauernder Wertminderung	§ 253 IV, S. 1 HGB	Abschreibungspflicht	Abschreibungspflicht § 6 I, Nr. 2, S. 2 EStG
4. Bei späterem Wegfall der Abschreibungsgründe	§ 253 V HGB	Zuschreibungsgebot	Zuschreibungsgebot § 6 I, Nr. 2, S. 3 EStG

2.7 Aktive Rechnungsabgrenzungsposten

(1) Begriff aktive Rechnungsabgrenzung[1]

Aktive Rechnungsabgrenzungsposten sind dann zu bilden, wenn Ausgaben vor dem Abschlussstichtag vorgenommen werden, die Aufwand innerhalb einer bestimmten Zeit nach dem Abschlussstichtag darstellen [§ 250 I HGB]. Aktive Rechnungsabgrenzungsposten sind damit durch **drei Voraussetzungen** charakterisiert:

1 Im Folgenden gehen wir davon aus, dass die zeitliche Erfolgsabgrenzung bekannt ist. Die Ausführungen stellen lediglich eine kurze Einführung in das Themengebiet dar.

- Auszahlung vor dem Bilanzstichtag,
- erfolgswirksamer Geschäftsvorfall nach dem Abschlussstichtag,
- Aufwand für eine bestimmte Zeit nach dem Abschlussstichtag.

Beispiel:

Wir bezahlen am 8. Dezember die Kraftfahrzeugversicherung für das erste Quartal des folgenden Jahres in Höhe von 480,00 EUR durch Banküberweisung.

Aufgabe:

Bilden Sie den Buchungssatz für den Geschäftsvorfall im alten und im neuen Geschäftsjahr!

Lösung:

Geschäftsvorfall	Konten	Soll	Haben
Buchung beim Zahlungsvorgang am 8. Dezember	6900 Versicherungsbeiträge an 2800 Bank	480,00	 480,00
Buchung der zeitlichen Abgrenzung am 31. Dezember	2900 Aktive Jahresabgrenzung an 6900 Versicherungsbeiträge	480,00	 480,00
Buchung im neuen Geschäftsjahr	6900 Versicherungsbeiträge an 2900 Aktive Jahresabgrenzung	480,00	 480,00

(2) Sonderfall Zölle und Verbrauchsteuern bei Vorratsvermögen

Nach Ansicht des Bundesfinanzhofs stellen **Zölle** und **Verbrauchsteuern des Vorratsvermögens Vertriebskosten** dar. Sie dürfen deshalb **nicht** zu den Anschaffungs- oder Herstellungskosten des betreffenden Vorratsvermögens gerechnet werden. **Handelsrecht**

Die Folge ist, dass die Zölle und Verbrauchsteuern auf Vorratsvermögen in der **Periode aufwandswirksam** werden, in der diese Zölle und Verbrauchsteuern **anfallen**, und nicht in der Periode, in der der mit Zöllen und Verbrauchsteuern belegte Vorratsgegenstand abgeht.

Merke:

Zölle und Verbrauchsteuern auf Vorräte werden in der Periode aufwandswirksam, in der sie anfallen.

Beispiel:

Wir zahlen am 15.12.20.. Mineralölsteuer für hergestellte Mineralölprodukte in Höhe von 4100,00 EUR durch Banküberweisung. Die Mineralölprodukte werden am 20. Januar des folgenden Jahres verkauft.

Aufgabe:

Bilden Sie den Buchungssatz für die Zahlung der Mineralölsteuer!

Lösung:

Konten	Soll	Haben
7080 Verbrauchsteuern an 2800 Bank	4100,00	 4100,00

Steuerrechtlich besteht für Zölle und Verbrauchsteuern des Vorratsvermögens eine **Aktivierungspflicht** [§ 5 V, S. 2 EStG]. **Steuerrecht**

Bewertung von Zöllen und Verbrauchsteuern des Vorratsvermögens		
Handelsrecht	Bundesfinanzhof	Buchung als Aufwand in der jeweils betroffenen Rechnungsperiode.
Steuerrecht	§ 5 V, S. 2 EStG	Für Zölle und Verbrauchsteuern besteht eine Aktivierungspflicht.

2.8 Bewertung von Schulden

Die Bewertungsvorschriften für das **Vermögen** sollen erreichen, dass die **Güter eher zu niedrig als zu hoch** angesetzt werden. Dieser Vorsichtsgedanke beherrscht auch die Bewertung der Verbindlichkeiten. Er führt dazu, dass **Schulden eher zu hoch als zu niedrig** angesetzt werden müssen. Dieses Prinzip nennt man **Höchstwertprinzip.**

2.8.1 Bewertung von Verbindlichkeiten

Merke:

Handelsrechtlich sind Verbindlichkeiten zu ihrem **Erfüllungsbetrag** anzusetzen [§ 253 I, S. 2 HGB].

Handelsrecht

Die Bewertung der Verbindlichkeiten zum Erfüllungsbetrag umfasst zum einen **Geldleistungsverpflichtungen** und zum anderen **Sach- und Dienstleistungsverpflichtungen.** Geldleistungsverpflichtungen sind zum **Rückzahlungsbetrag** anzusetzen. Sach- und Dienstleistungsverpflichtungen sind mit dem voraussichtlichen **Geldwert der Aufwendungen** anzusetzen, der zur Begleichung der Verbindlichkeiten im Erfüllungszeitpunkt erforderlich ist. Da der Gesetzgeber die Preis- und Kostenverhältnisse im Erfüllungszeitpunkt der Verbindlichkeitsbewertung zugrunde legt, sind eintretende **Preis- und Kostenerhöhungen** bzw. **Preis- und Kostensenkungen** zu berücksichtigen. Für die Verbindlichkeiten besteht ein **Abzinsungsverbot.**[1]

Steuerrecht

Steuerrechtlich sind die Verbindlichkeiten mit den **Anschaffungskosten** oder dem höheren **Teilwert** zu bilanzieren. Als Anschaffungskosten einer Verbindlichkeit gilt der Nennwert (Rückzahlungsbetrag oder Erfüllungsbetrag).

2.8.2 Bewertung von Währungsverbindlichkeiten

2.8.2.1 Zugangsbewertung

Handelsrecht

Werden Waren oder Werkstoffe aus dem Ausland importiert und diese in der Währung des exportierenden Landes fakturiert, so muss der Anschaffungswert durch Umrechnung der Fremdwährung in EUR zum **Devisenkassamittelkurs**[2] des Anschaffungstages ermittelt werden.

Steuerrecht

Das **Steuerrecht** folgt bei der Zugangsbewertung dem Handelsrecht **(Maßgeblichkeitsprinzip).**

1 Im Unterschied zum Handelsrecht sind **unverzinsliche Verbindlichkeiten steuerrechtlich** bei einer Restlaufzeit von mehr als einem Jahr mit einem Zinssatz von 5,5% abzuzinsen [§ 6 I, Nr. 3, S. 1 EStG]. Ausgenommen vom steuerrechtlichen Abzinsungsgebot sind Verbindlichkeiten, die auf einer Anzahlung oder Vorausleistung beruhen [§ 6 I, Nr. 3, S. 2 EStG]. Aus Vereinfachungsgründen wird hierauf im Folgenden nicht eingegangen.

2 Auf dem **Kassamarkt** (Spotmarkt) handeln die am Devisenhandel teilnehmenden Finanzinstitute die zur Abwicklung des Zahlungsverkehrs mit dem Ausland benötigten Devisen. **Kassageschäfte** werden am zweiten Bankarbeitstag nach dem Geschäftsabschluss erfüllt. **Devisenkäufe** von Bankkunden werden zum **Geldkurs** abgerechnet. Der Kunde zahlt mit EUR und erhält dafür Fremdwährung. Verkaufen die Bankkunden dagegen Fremdwährung gegen EUR, dann berechnen die Banken den **Briefkurs.** Der **Devisenkassamittelkurs** ist der Kurs, der genau zwischen dem Geld- und dem Briefkurs liegt.

Da keine amtlichen Devisenkurse mehr festgestellt werden, haben sich alternative Systeme zur Ermittlung von „Tageskursen" entwickelt. Dabei werden zu einem bestimmten Zeitpunkt von verschiedenen Kreditinstituten die aktuellen Geld- und Briefkurse an eine zentrale Stelle gemeldet. Diese errechnet für jede in dieses Fixing einbezogene Währung einen **Durchschnittskurs.** Dieser Kurs wird als Referenzkurs oder **Devisenkassamittelkurs** bezeichnet. **Beispiele:** EZB-Referenzkurs, EuroFX.

2.8.2.2 Folgebewertung

Am Bilanzstichtag bestehende Währungsverbindlichkeiten sind – ebenso wie etwaige Währungsforderungen – zum **Devisenkassamittelkurs** der entsprechenden Währung an diesem Tag zu bewerten. Dabei sind zwei Fälle zu unterscheiden:

(1) Die Fremdwährungsverbindlichkeiten haben eine Restlaufzeit[1] von mehr als einem Jahr

In diesem Fall sind – unter **Anwendung des Realisations- und Anschaffungskostenprinzips** – die auf fremde Währung lautenden Verbindlichkeiten mit dem **Devisenkassamittelkurs des Bilanzstichtages** umzurechnen und jeweils mit dem **Wertansatz zum Zugangszeitpunkt** zu vergleichen [§ 256a, S. 1 HGB]. Daraus ergeben sich zwei Bewertungsmöglichkeiten: **Handelsrecht**

- Ist der **Devisenkassamittelkurs (Tageskurs)** am Bilanzstichtag **niedriger als der Anschaffungskurs,** führt das zu einem höheren Eurowert der Verbindlichkeiten. Daher muss der **Wert des Bilanzstichtags** in der Bilanz ausgewiesen werden. Währungsverluste müssen auch vor ihrer Realisation ausgewiesen werden.
- Liegt der **Devisenkassamittelkurs (Tageskurs)** am Bilanzstichtag **höher als der Anschaffungskurs,** führt das zu einem niedrigeren Eurowert der Verbindlichkeiten. Daher muss aus Gründen der kaufmännischen Vorsicht die Verbindlichkeit in der Bilanz mit den **Anschaffungskosten** ausgewiesen werden **(Anschaffungskostenprinzip).** Währungsgewinne dürfen vor der Realisation nicht ausgewiesen werden **(Realisationsprinzip).**

Erträge aus der Währungsumrechnung sind in der Gewinn- und Verlustrechnung gesondert unter dem Posten **„Sonstige betriebliche Erträge"** und **Aufwendungen aus der Währungsumrechnung** unter dem Posten **„Sonstige betriebliche Aufwendungen"** auszuweisen [§ 277 V, S. 2 HGB].

Beispiel:

Am 20. November 20.. nimmt ein Industrieunternehmen ein Liefererdarlehen in Höhe von 81 000,00 USD in Anspruch. Die Laufzeit beträgt 2 Jahre. Es wird nach der Umrechnung in EUR mit 54 800,00 EUR gebucht.

Aufgaben:

Wie sind die Verbindlichkeiten beim Jahresabschluss zum 31. Dezember 20.. handelsrechtlich und steuerrechtlich zu bewerten, wenn im 1. Fall der Wert am Bilanzstichtag 54 200,00 EUR und im 2. Fall der Wert am Bilanzstichtag 56 100,00 EUR beträgt?

Lösungen:

1. Fall: Das Liefererdarlehen darf nicht mit dem niedrigeren Tageswert bewertet werden, da sonst ein noch nicht realisierter Gewinn von 600,00 EUR ausgewiesen würde. Der Ansatz bleibt **handels- und steuerrechtlich** unverändert mit den höheren **Anschaffungskosten.** **Handelsrecht**

Bilanzansatz = 54 800,00 EUR

2. Fall: Handelsrechtlich ist nach dem **Höchstwertprinzip** der höhere Rückzahlungsbetrag anzusetzen. Noch nicht realisierte Verluste sind zum Bilanzstichtag auszuweisen. Der Ansatz erfolgt zum höheren **Tageswert.**

Bilanzansatz = 56 100,00 EUR

1 Die Restlaufzeit ist die verbleibende Laufzeit ab dem Abschlussstichtag.

Der höhere Bilanzansatz führt zu einer Verschlechterung des Unternehmensergebnisses, weil durch die Passivierung der Differenz zwischen dem bisherigen Wert und dem Wert des Bilanzansatzes der sonstige betriebliche Aufwand steigt.

Steuerrechtlich gilt das Anschaffungskostenprinzip, d.h., übliche Währungskursschwankungen auf Devisenmärkten sind nicht zu berücksichtigen. Nur bei einer **nachhaltigen Kursveränderung** ist eine Erhöhung der Verbindlichkeit zulässig [§ 6 I, Nr. 3, S. 1, HS 1 i.V.m. § 6 I, Nr. 2 EStG]. Steuerrechtlich bleibt es daher beim Ansatz in Höhe von 54800,00 EUR. **Steuerrecht**

(2) Die Fremdwährungsverbindlichkeiten haben eine Restlaufzeit von einem Jahr oder weniger

In diesem Fall sind die auf fremde Währung lautenden Verbindlichkeiten mit dem **Devisenkassamittelkurs des Bilanzstichtags** umzurechnen und der **ermittelte Wert in der Bilanz auszuweisen.** Das **Anschaffungskostenprinzip** und das **Realisationsprinzip** ist **nicht anzuwenden** [§ 256 a, S. 2 HGB]. **Handelsrecht**

Beispiel:

Die Franz Weise GmbH nimmt am 31.05.20.. einen Liefererkredit in Höhe von 60000,00 CHF für 8 Monate in Anspruch. Devisenkassamittelkurs zum Zugangszeitpunkt 1,50 CHF/EUR.

Aufgaben:

1. Berechnen Sie die Anschaffungskosten zum Zugangszeitpunkt!
2. Wie sind die Verbindlichkeiten beim Jahresabschluss zu bewerten, wenn im 1. Fall der Devisenkassamittelkurs 1,48 CHF/EUR und im 2. Fall der Devisenkassamittelkurs 1,52 CHF/EUR beträgt?

Lösungen:

Zu 1.: 60000,00 CHF : 1,50 CHF/EUR = 40000,00 EUR

Zu 2.: **1. Fall:** 60000,00 CHF : 1,48 CHF/EUR = 40540,54 EUR

Bilanzansatz: 40540,54 EUR. Es entsteht ein Währungsverlust in Höhe von 540,54 EUR.

Steuerrechtlich darf eine Änderung der Bewertung von Fremdwährungsverbindlichkeiten nur vorgenommen werden, wenn die Kursänderung **dauernd** ist. Die Fremdwährungsverbindlichkeit wird daher weiterhin mit 40000,00 EUR bewertet. **Steuerrecht**

2. Fall: 60000,00 CHF : 1,52 CHF/EUR = 39473,68 EUR

Bilanzansatz: 39473,68 EUR. Es entsteht ein Währungsgewinn in Höhe von 526,32 EUR. Das Anschaffungskosten- und Realisationsprinzip darf nicht beachtet werden.

Steuerrechtlich ist weiterhin mit 40000,00 EUR zu bewerten, denn steuerrechtlich gilt das Realisationsprinzip.

Wichtig:
Die Vorschriften zur Währungsumrechnung gelten auch für Forderungen aus Lieferungen und Leistungen sowie für Darlehensforderungen in Fremdwährung.

Bewertung von Währungsverbindlichkeiten			
Zeitpunkt der Bewertung	**HGB**	**Inhalt**	**EStG**
Zugangsbewertung	Analog § 256 a HGB	Umrechnung zum Devisenkassamittelkurs	Es gilt das Anschaffungskostenprinzip. Eine Erhöhung oder Absenkung der Verbindlichkeiten (in EUR) ist nur bei einer nachhaltigen Kursveränderung zulässig.
Folgebewertung: ■ Restlaufzeit von mehr als einem Jahr	§ 256 a, S. 1 HGB § 253 I, S. 1 HGB § 252 I, Nr. 4 HGB	■ Umrechnung am Abschlussstichtag zum Devisenkassamittelkurs ■ Anwendung des – Anschaffungskostenprinzips – Realisationsprinzips. Das Realisationsprinzip bleibt uneingeschränkt erhalten, da die Anschaffungskosten die Höchst- bzw. Untergrenze der Bewertung darstellen.	
■ Restlaufzeit von einem Jahr oder weniger	§ 256 a, S. 2 HGB	■ Umrechnung am Abschlussstichtag zum Devisenkassamittelkurs ■ Keine Anwendung des Anschaffungskostenprinzips und des Realisationsprinzips	

2.8.3 Bewertung eines Bankdarlehens

Bankdarlehen, die unter Abzug eines Abgeldes **(Damnum, Disagio)**[1] ausgezahlt werden bzw. mit einem Aufgeld **(Agio)** zurückgezahlt werden müssen, sind mit dem höheren Erfüllungsbetrag anzusetzen.

Merke:

- **Disagio (Damnum)** ist der **Unterschiedsbetrag** zwischen dem **Erfüllungsbetrag** und dem **Ausgabebetrag** einer Verbindlichkeit.
- **Handelsrechtlich** besteht für das Disagio ein **Aktivierungswahlrecht** [§ 250 III, S. 1 HGB]. Wird von diesem **Aktivierungswahlrecht Gebrauch gemacht,** ist das Disagio in den **Rechnungsabgrenzungsposten** der Aktivseite einzustellen und über die Laufzeit des Kredits **planmäßig abzuschreiben** [§ 250 III, S. 2 HGB]. Handelsrecht
- Wird von dem **Aktivierungsrecht kein Gebrauch** gemacht, ist das Disagio in der laufenden Rechnungsperiode als **Aufwand** zu buchen.

Steuerrechtlich ist das **Disagio** zu aktivieren. Dies ergibt sich aus der allgemeinen Rechtsprechung zur Maßgeblichkeit. Das Disagio ist über die Laufzeit des Kredits planmäßig abzuschreiben [EStH 6.10 2009].[2] Steuerrecht

1 Das Damnum (Disagio) soll insbesondere den Nominalzins absenken. Es handelt sich um eine laufzeitabhängige Zinsvorauszahlung.

2 Ebenso wie das Disagio selbst, sind Abschluss-, Bearbeitungs- und Verwaltungsgebühren auf die Laufzeit des Darlehens bzw. des Zinsfestschreibungszeitraums zu verteilen.

10 Hempel - ISBN 978-3-8120-0655-2

Beispiel:

Wir nehmen am 5. Januar ein Festdarlehen bei unserer Bank in Höhe von 60000,00 EUR auf. Auszahlungssatz: 96%. Laufzeit 4 Jahre. Das Damnum in Höhe von 2400,00 EUR wird als Zinsaufwand auf die Laufzeit des Darlehens verteilt (abgeschrieben).

Aufgaben:

1. Bilden Sie den Buchungssatz bei der Darlehensaufnahme am 5. Januar!
2. Bilden Sie den Buchungssatz am Bilanzstichtag 31. Dezember!
3. Welche Bilanzwerte ergeben sich hinsichtlich des Darlehens am Ende des ersten Jahres?

Lösungen:

Zu 1.: Buchung am 5. Januar

Geschäftsvorfall	Konten	Soll	Haben
Wir nehmen ein Darlehen in Höhe von 60000,00 EUR auf. Auszahlungssatz: 96%. Der Auszahlungsbetrag wird auf dem Bankkonto gutgeschrieben.	2800 Bank 2900 Aktive Jahresabgrenzung an 4250 Langfristige Verbindlichkeiten gegenüber Kreditinstituten	57600,00 2400,00	 60000,00

Erläuterungen:

- Die Darlehensschuld muss mit dem Erfüllungsbetrag von 60000,00 EUR passiviert werden. Dies erfolgt auf dem Konto **4250 Langfristige Verbindlichkeiten gegenüber Kreditinstituten.**
- Das Disagio in Höhe von 2400,00 EUR wird auf dem Konto **2900 Aktive Jahresabgrenzung** aktiviert.
- Die Auszahlung in Höhe von 57600,00 EUR wird als Guthaben auf dem Konto **2800 Bank** gebucht.

Zu 2.: Buchung am 31. Dezember

Geschäftsvorfall	Konten	Soll	Haben
Abschreibung des Damnum im ersten Jahr.	7590 Sonst. zinsähnl. Aufwendungen an 2900 Aktive Jahresabgrenzung	600,00	 600,00

Erläuterungen:

- Jeweils am 31. Dezember wird vom Konto **2900 Aktive Jahresabgrenzung** der zeitanteilige Jahresbetrag in Höhe von 600,00 EUR abgeschrieben.
- Da das Disagio betriebswirtschaftlich als ein „Zinsvoraus" zu verstehen ist, wird als Gegenkonto das Aufwandskonto **7590 Sonstige zinsähnliche Aufwendungen** angesprochen.

Zu 3.: Bilanzwerte am Ende des 1. Jahres:

4250 Langfr. Verb. g. Kreditinstituten	60000,00 EUR
2900 Aktive Jahresabgrenzung	1800,00 EUR

Bewertung von Bankdarlehen			
Darlehensart	**HGB**	**Inhalt**	**EStG**
Darlehen ohne Disagio	§ 253 I, S. 2 HGB	Erfüllungsbetrag	§ 6 I, Nr. 3 EStG (Rückzahlungsbetrag)
Darlehen mit Disagio ■ Bilanzierung des Darlehensbetrags ■ Bilanzierung des Disagios	§ 253 I, S. 2 HGB § 250 III HGB	■ Erfüllungsbetrag ■ Aktivierung und planmäßige Abschreibung (Wahlrecht) oder Buchung als Aufwand	■ § 6 I, Nr. 3 EStG (Aktivierungspflicht) ■ Aktivierungspflicht und planmäßige Abschreibung

2.9 Bewertung von Rückstellungen

2.9.1 Begriff Rückstellungen

Merke:

- **Rückstellungen** sind **Schulden für künftige Aufwendungen,** die dem alten Geschäftsjahr zuzurechnen sind, deren genaue **Höhe** und (oder) **Fälligkeit** am Jahresende (Bilanzstichtag) aber noch **nicht feststehen.**
- Die **Bildung von Rückstellungen** bedeutet den **Ausweis einer Schuld** in der Bilanz und gleichzeitig eine **Aufwandserfassung in entsprechender Höhe** in der Gewinn- und Verlustrechnung.

Beispiel:

Die Zwischenbesprechung einer Steuerprüfung am 20. Dezember ergab, dass mit einer Grundsteuernachzahlung zu rechnen ist, da die Stadt den Hebesatz erhöht hat. Der zuständige Prüfer gab uns die unverbindliche Auskunft, dass eine Grundsteuernachzahlung von ca. 4000,00 EUR zu erwarten ist.

Aufgabe:

In welcher Höhe ist eine Rückstellung am Ende des Geschäftsjahres am 31. Dezember zu bilden, wenn die Zahlung innerhalb des nächsten Jahres erfolgen wird?

Lösung:

Für die zu erwartende Grundsteuernachzahlung ist am 31. Dezember eine Rückstellung von 4000,00 EUR zu bilden.

Erläuterung:

Obwohl die Höhe der Grundsteuernachzahlung und der Fälligkeitstermin noch nicht genau bekannt sind, muss der (geschätzte) Steueraufwand dem alten Geschäftsjahr zugerechnet werden. Ohne die Berücksichtigung der Grundsteuernachzahlung als Aufwand wäre nämlich der ausgewiesene Gesamtaufwand in der Gewinn- und Verlustrechnung zu niedrig **(Gedanke der periodengerechten Ergebnisermittlung).** In Höhe des zu erwartenden Aufwandes ist eine **Rückstellung** zu bilden.

2.9.2 Bildung von Rückstellungen

Für folgende (ungewisse) Aufwendungen besteht **handelsrechtlich** eine **Passivierungspflicht** [§ 249 I HGB]: **Handelsrecht**

- **ungewisse Verbindlichkeiten.** Hierzu zählen, neben Garantieverpflichtungen, zu erwartende Steuernachzahlungen, Prozesskosten und Jahresabschlusskosten, auch laufende Pensionen bzw. Pensionsanwartschaften;
- **drohende Verluste aus schwebenden Geschäften [Drohverlustrückstellungen]** (z. B. Preisrückgang bei von uns bestellten, aber noch nicht gelieferten Waren, bei denen ein Festpreis vereinbart wurde).
- im Geschäftsjahr **unterlassene Instandhaltungsaufwendungen,** die **innerhalb** der ersten **drei Monate** des neuen Geschäftsjahres nachgeholt werden (Beispiel: Ein Unternehmen muss eine Produktionsmaschine dringend überholen lassen. Da dies im Vorweihnachtsgeschäft nicht möglich ist, plant das Unternehmen die Durchführung der Reparatur für Januar oder Februar des kommenden Jahres);
- **unterlassene Abraumbeseitigung,** die im folgenden Geschäftsjahr nachgeholt wird;
- **Gewährleistungen,** die **ohne rechtliche Verpflichtung** erbracht werden (Kulanz).

Diese Rückstellungen sind auch nach dem **Steuerrecht** zu bilden (Grundsatz der Maßgeblichkeit). **Ausgenommen** hiervon sind **Rückstellungen für drohende Verluste aus schwebenden Geschäften.** Sie dürfen nach dem Einkommensteuergesetz **nicht** gebildet werden [§ 5 IVa EStG]. **Steuerrecht**

Für andere als die im § 249 I HGB bestimmten Zwecke dürfen Rückstellungen nicht gebildet werden [§ 249 II, S. 1 HGB]. Rückstellungen dürfen nur aufgelöst werden, soweit der Grund hierfür entfallen ist [§ 249 II, S. 2 HGB].

Rückstellungen sind Schulden. Sie sind daher auf der **Passivseite der Bilanz** auszuweisen. Im § 266 III B. HGB wird folgende Aufgliederung der Rückstellungen vorgeschrieben:

- Rückstellungen für Pensionen und ähnliche Verpflichtungen
- Steuerrückstellungen
- Sonstige Rückstellungen (z. B. für Gewährleistungen)

2.9.3 Allgemeine Bewertungsregelung

Handelsrechtlich sind Rückstellungen in Höhe des nach **vernünftiger kaufmännischer Beurteilung**[1] notwendigen **Erfüllungsbetrags** anzusetzen [§ 253 I, S. 2 HGB]. Zukünftige **Preis- und Kostensteigerungen** sind bei der Rückstellungsbewertung zu **berücksichtigen.** Das bedeutet, beim Bewertungsansatz sind die Preis- und Kostenverhältnisse im Erfüllungszeitpunkt zugrunde zu legen.[2] Außerdem gilt: **Handelsrecht**

- Rückstellungen mit einer **Restlaufzeit**[3] **von mehr als einem Jahr** (langfristige Rückstellungen) sind **abzuzinsen.** Im Regelfall ist für die Abzinsung der **durchschnittliche Marktzinssatz** der **vergangenen sieben Geschäftsjahre** anzusetzen [§ 253 I, S. 1 HGB]. Die Abzinsungszinssätze werden von der Deutschen Bundesbank ermittelt und monatlich veröffentlicht.

---

1 Ein **konkretes Bewertungsverfahren** (Beurteilungsverfahren) ist gesetzlich **nicht geregelt.**

2 Damit sind auch eintretende **Preis- und Kostensenkungen** zu berücksichtigen, was zu Rückstellungsauflösungen führen kann. Aus Vereinfachungsgründen wird hierauf im Folgenden nicht eingegangen.

3 Der Begriff **Restlaufzeit** besagt, dass eine Abzinsungspflicht für eine Verpflichtung (z. B. einer Garantieleistung) nur bis zum Erfüllungszeitpunkt besteht.

- Rückstellungen mit einer **Restlaufzeit von einem Jahr und weniger** (kurzfristige Rückstellungen) sind **nicht abzuzinsen**.

Steuerrechtlich erfolgt die Bewertung der Rückstellungen zum **Rückzahlungsbetrag** (Stichtagsprinzip) [§ 6 I, Nr. 3a, Buchstabe f EStG]. Künftige **Preis- und Kostensteigerungen** dürfen **nicht berücksichtigt** werden. Rückstellungen mit einer Restlaufzeit von mehr als einem Jahr sind mit 5,5 % abzuzinsen [§ 6 I, Nr. 3a, Buchstabe e EStG]. Steuerrecht

2.9.4 Zugangs- und Folgebewertung

Für die **Zugangsbewertung** (Erstansatz) sind für Rückstellungen mit einer **Restlaufzeit von mehr als einem** Jahr aus dem anzusetzenden Erfüllungsbetrag die **Barwerte der Rückstellung** zu ermitteln.[1] Diese werden unter Anwendung der von der Deutschen Bundesbank veröffentlichten Abzinsungszinssätze und der voraussichtlichen Restlaufzeit der Rückstellung errechnet.

Die Unternehmen können die in den Rückstellungen gebundenen Finanzmittel investieren und dadurch **Erträge** erzielen. Aus diesem Grunde sind für Zwecke einer den tatsächlichen Verhältnissen entsprechenden Darstellung der Vermögens-, Finanz- und Ertragslage diese Erträge bei der Bilanzierung zu berücksichtigen.

In den **Folgejahren** sind – sofern keine Veränderungen der Kapitalmarktbedingungen oder sonstigen fallbezogenen Ereignisse vorliegen – die jeweils ermittelten Barwerte anzusetzen. Aufgrund der kürzeren Restlaufzeiten steigen die Barwerte in den Folgejahren an. Die Differenz zwischen den Barwerten der einzelnen Folgejahre stellt die jeweils angefallenen **Zinsaufwendungen** dar. In der Summe gleichen sich die Zinsaufwendungen und Zinserträge während der gesamten Laufzeit unter der Annahme unveränderter Zinssätze aus.

§ 253 II, S. 4 HGB verpflichtet dazu, **Erträge und Aufwendungen aus der Abzinsung** in der Gewinn- und Verlustrechnung gesondert unter den Posten **„Sonstige Zinsen und ähnliche Erträge"** [§§ 275 II, Nr. 11, III, Nr. 10 HGB] beziehungsweise **„Zinsen und ähnliche Aufwendungen"** [§§ 275 II, Nr. 13, III, Nr. 12 HGB], auszuweisen. Dadurch wird ein übersichtlicher Ausweis der aus der Abzinsung resultierenden Beträge in der Gewinn- und Verlustrechnung erreicht.

Die Auswirkungen der Ab- und Aufzinsung **können** die Unternehmen zusätzlich in einem **Rückstellungsspiegel** gesondert darstellen.[2] Dadurch wird die Aussagekraft der Rechnungsinformationen erhöht.

Beispiel:

Ein ehemaliger Mitarbeiter eines Unternehmens fordert Gehaltsnachzahlungen in Höhe von 25 000,00 EUR in einem strittigen Verfahren. Für das Prozessrisiko soll eine Rückstellung in gleicher Höhe (Erfüllungsbetrag) gebildet werden. Die Prozessdauer ist mit 2 Jahren Restlaufzeit zu veranschlagen. Der Abzinsungszinssatz beträgt 4 %.

Aufgaben:

1. Ermitteln Sie die Barwerte für die Rückstellungen am Bilanzstichtag des ersten Wirtschaftsjahres und den zwei Folgejahren! (Der Abzinsungszinssatz soll unverändert bleiben.)
2. Ermitteln Sie die sich aus der Diskontierung ergebenden Aufwendungen oder Erträge für den Bilanzstichtag und die zwei Folgejahre!
3. Bilden Sie die Buchungssätze für die Rückstellungen am Bilanzstichtag und den zwei Folgejahren!

1 Für **Rückstellungen** mit einer Laufzeit von **einem Jahr und weniger kann** der Erfüllungsbetrag angesetzt werden. Eine **Abzinsung erfolgt dann nicht.** Es handelt sich hier um ein Wahlrecht, d.h., dem Bilanzierenden ist es freigestellt, ob er den Barwert oder den Erfüllungsbetrag (Nominalwert) in der Bilanz ausweist.

2 Auf die Darstellung eines Rückstellungsspiegels wird im Folgenden aus Vereinfachungsgründen verzichtet.

Lösungen:

Zu 1.:

Der Erfüllungsbetrag beträgt 25 000,00 EUR. Dieser Betrag steht dem Unternehmen während der Restlaufzeit zwei bzw. ein Jahr(e) zur betrieblichen Nutzung zur Verfügung. Die Barwerte errechnen sich nach der Barwertformel:

$$K_0 = K_n \cdot \frac{1}{\left(1 + \frac{p}{100}\right)^n} \qquad K_2 = 25\,000 \cdot \frac{1}{\left(1 + \frac{4}{100}\right)^2}$$

		Zugangsbewertung	Folgebewertungen	
		Bilanzstichtag	Bilanzstichtag	Bilanzstichtag
	Abzinsungszinssatz	1. Jahr	2. Jahr	3. Jahr
Barwerte (HGB)	4,00 %	23 113,91 EUR	24 038,46 EUR	25 000,00 EUR

Zu 2.:

Aus der Differenz zwischen dem Erfüllungsbetrag und dem Barwert am Bilanzstichtag des 1. Jahres ergibt sich ein Zinsertrag. Negative Differenzen zwischen den Barwerten der Folgejahre sind Zinsaufwendungen. In der Summe müssen sich die Zinsaufwendungen und Zinserträge während der gesamten Laufzeit ausgleichen.

	Abzinsungszinssatz	1. Jahr	2. Jahr	3. Jahr
Barwerte (HGB)	4,00 %	23 113,91 EUR	24 038,46 EUR	25 000,00 EUR
Zinserträge (+)/ Zinsaufwendungen (–)		1 886,09 EUR	– 924,55 EUR	– 961,54 EUR

Zu 3.:

Geschäftsvorfälle	Konten	Soll	Haben
1. Jahr: Bildung einer Rückstellung in Höhe von 25 000,00 EUR und Buchung des Abzinsungsbetrags in Höhe von 1 886,09 EUR.	6300 Gehälter an 3930 Sonst. Rückst. f. a. ung. Verb. an 5790 So. zinsähnl. Ertr.	25 000,00 EUR	 23 113,91 EUR 1 886,09 EUR
2. Jahr: Buchung des Aufzinsungsbetrags in Höhe von 924,55 EUR	7590 So. zinsähnl. Aufw. an 3930 Sonst. Rückst. f. a. ung. Verb.	924,55	924,55
3. Jahr: Buchung des Aufzinsungsbetrags in Höhe von 961,54 EUR	7590 So. zinsähnl. Aufw. an 3930 Sonst. Rückst. f. a. ung. Verb.	961,54	961,54

2.9.5 Besonderheiten bei Pensionsrückstellungen

(1) Bewertung von Pensionsrückstellungen

Grundsätzlich gelten die allgemeinen handelsrechtlichen Regelungen zur Bewertung von Rückstellungen auch für Pensionsrückstellungen. Es gilt jedoch, folgende **Sonderregelungen zu beachten:**

Handelsrecht

- Soweit es sich ausschließlich um **wertpapiergebundene Pensionszusagen** handelt, sind Rückstellungen hierfür zum **beizulegenden Zeitwert** dieser Wertpapiere anzusetzen. Enthält die Pensionszusage einen **Mindestbetrag** und liegt dieser **über** dem beizulegenden Zeitwert der Wertpapiere, so hat die Bewertung der Verpflichtung mit dem **Mindestbetrag** zu erfolgen [§ 253 I, S. 3 HGB].
- Für alle **Altersversorgungsverpflichtungen** besteht ein **Abzinsungswahlrecht**. Altersversorgungsverpflichtungen können **pauschal** mit dem **durchschnittlichen Marktzinssatz** abgezinst werden, der sich bei einer angenommenen **Laufzeit von 15 Jahren** ergibt [§ 253 II, S. 2 HGB]. Diese Regelung stellt eine Ausnahme vom Einzelbewertungsgrundsatz dar, wonach für jeden Einzelnen (Pensionär, Anwärter), gegenüber dem eine (Pensions-)Verpflichtung besteht, eine Einzelbetrachtung vorzunehmen ist [§ 253 II, S. 2 HGB]. Es handelt sich um ein Verfahren, das die Bewertung der Pensionsrückstellungen vereinfachen soll.
- Das HGB enthält **keine Vorgabe,** welches **versicherungsmathematische Berechnungsverfahren** anzuwenden ist.

(2) Saldierung von Vermögensgegenständen mit Schulden aus Altersversorgungsverpflichtungen

Handelsrecht

Hat ein Unternehmen **Vermögensgegenstände,** die dem Zugriff **aller Gläubiger** entzogen sind und ausschließlich der Erfüllung von **Schulden aus Altersversorgungsverpflichtungen**[1] oder **vergleichbaren langfristigen Verpflichtungen** dienen, so sind sie mit diesen Schulden zu **verrechnen** [§ 246 II, S. 2 HGB] **(Saldierungsgebot in der Bilanz).** Entsprechend ist mit den **zugehörigen Aufwendungen** und **Erträgen** aus der Abzinsung und aus dem zu verrechnenden Vermögen zu verfahren **(Saldierungspflicht in der GuV).**

Die zu **verrechnenden Vermögensgegenstände** sind mit ihrem **beizulegenden Zeitwert** zu bewerten. **Übersteigt** der beizulegende Zeitwert der Vermögensgegenstände den Erfüllungsbetrag der Schulden, ist der übersteigende Beitrag unter einem **gesonderten Posten** zu aktivieren [§ 246 II, S. 3 HGB].[2]

Beispiel:

Die Widmann GmbH hat Wertpapiere des Anlagevermögens in Höhe von 300000,00 EUR zur Deckung der Pensionsrückstellungen verpfändet. Die Gläubiger der Widmann GmbH hätten im Falle einer Insolvenz keinen Zugriff auf die Wertpapiere. Die Pensionsrückstellungen betragen 400000,00 EUR.

Aufgabe:

Wie ist am 31.12.20.. zu bilanzieren, wenn der beizulegende Zeitwert der Wertpapiere im 1. Fall 330000,00 EUR und im 2. Fall 420000,00 EUR beträgt?

Stellen Sie den Saldierungsbetrag jeweils in der Bilanz dar!

---

1 Zu den Verbindlichkeiten aus Altersversorgungsverpflichtungen gehören z.B. Pensionsverpflichtungen, Altersteilzeitverpflichtungen, Verpflichtungen aus Lebensarbeitszeitmodellen.

2 Durch die Erfassung des Vermögens zum beizulegenden Zeitwert könnte es zu einer Verrechnung von nicht realisierten Gewinnen mit den dazugehörigen Schulden kommen. Um deren Ausschüttung zu verhindern, besteht für **aktivierte, unrealisierte Erträge** eine **Ausschüttungssperre** [§ 268 VIII HGB].

Lösung:

1. Fall

Aktiva	Bilanz zum 31.12.20..		Passiva
		Pensionsrückstellungen	70 000,00 EUR

2. Fall

Aktiva	Bilanz zum 31.12.20..		Passiva
Aktiver Unterschiedsbetrag aus der Vermögensverrechnung	20 000,00 EUR		

Die Verrechnung ist im **Anhang** zu erläutern. Zu Einzelheiten siehe § 285 Nr. 25 i.V.m. Nr. 20a HGB.

Steuerrecht

Steuerrechtlich erfolgt die Bewertung der Pensionsrückstellungen zum **Rückzahlungsbetrag** (Stichtagsprinzip) [§ 6 I, Nr. 39, Buchstabe f EStG].

Der **Höchstwertansatz** für Pensionsrückstellungen ist der **Teilwert** [§ 6a III EStG]. Künftige **Preis- und Kostensteigerungen** dürfen **nicht berücksichtigt** werden. Die Pensionsrückstellungen sind mit 6 % abzuzinsen [§ 6a III, S. 3 EStG].

Es besteht ein **Saldierungsverbot.** Posten der Aktivseite dürfen mit Posten der Passivseite nicht verrechnet werden [§ 5 Ia, S. 1 EStG].

Bewertung von Rückstellungen				
Sachverhalt	**Handelsrecht**		**Einkommensteuerrecht**	
Allgemeine Bewertungsregelung	§ 253 I, S. 1 HGB	■ Bewertung zum Erfüllungsbetrag ■ Berücksichtigung von Kosten- und Preissteigerungen	§ 6 I, Nr. 3 Buchstabe f EStG	■ Bewertung zum Rückzahlungsbetrag (Stichtagsprinzip) ■ Keine Berücksichtigung von Kosten- und Preissteigerungen
	§ 253 II HGB	■ Restlaufzeit mehr als ein Jahr: Abzinsungsgebot (durchschnittlicher Marktzins der vergangenen sieben Geschäftsjahre) ■ Restlaufzeit bis ein Jahr: keine Abzinsung	§ 6 I, Nr. 3a, Buchstabe e EStG § 6 I, Nr. 3 EStG	Generelles Abzinsungsgebot: Zinssatz 5,5 %
Besonderheit Pensionsrückstellungen	§ 253 II, S. 2 HGB	■ Abzinsungswahlrecht für alle Altersversorgungsverpflichtungen (Abzinsung pauschal mit durchschnittlichem Marktzins bezogen auf 15 Jahre)	§ 6 I, Nr. 3a, Buchstabe f EStG § 6a III EStG	■ Bewertung zum Rückzahlungsbetrag ■ Keine Berücksichtigung von Kosten- und Preissteigerungen ■ Höchstwert: Teilwert

	§ 253 I, S. 3 HGB	■ Bewertung zum beizulegenden Zeitwert bei wertpapiergebundenen Pensionszusagen ■ Ist ein zugesagter Mindestbetrag höher als der beizulegende Zeitwert, erfolgt die Bewertung zum Mindestbetrag	§ 6a III, S. 3 EStG	■ Abzinsungszinssatz 6 %
	§ 246 II, S. 2 und S. 3 i. V. m. § 268 VIII HGB	■ Saldierungsgebot mit einer Ausschüttungssperre für aktivierte, unrealisierte Erträge.	§ 5 Ia, S. 1 EStG	■ Saldierungsverbot

2.9.6 Buchungen bei der Bildung und Auflösung von Rückstellungen

(1) Bildung der Rückstellungen im alten Jahr

Beispiel:

Für einen Prozess, der in der ersten Hälfte des kommenden Wirtschaftsjahres abgeschlossen werden soll, ist am 31. Dezember eine Rückstellung von 4000,00 EUR zu bilden.

Aufgaben:

1. Buchen Sie den Geschäftsvorfall auf Konten und schließen Sie die Konten ab!
2. Bilden Sie die Buchungssätze!

Lösungen:

Zu 1.: Buchung auf den Konten und Abschluss der Konten

S 3930 So. Rückst. f. and. ungew. Verb. H

S		H	
8010	4000,00	6770	4000,00

S 6770 Rechts- u. Beratungskosten H

S		H	
3930	4000,00	8020	4000,00

S 8010 SBK H

S		H	
		3930	4000,00

S 8020 GuV H

S		H	
6770	4000,00		

Zu 2.: Buchungssätze

Geschäftsvorfälle	Konten	Soll	Haben
Bildung der Rückstellungen	6770 Rechts- und Beratungskosten an 3930 Sonstige Rückstellungen für andere ungewisse Verbindlichkeiten	4000,00	4000,00
Abschlussbuchungen	8020 GuV an 6770 Rechts- und Beratungskosten	4000,00	4000,00
	3930 Sonstige Rückstellungen für andere ungewisse Verbindlichkeiten an 8010 SBK	4000,00	4000,00

11 Hempel - ISBN 978-3-8120-0655-2

Erklärung:

- Die Rechts- und Beratungskosten mit dem Schätzwert von 4000,00 EUR gehören in voller Höhe als Aufwand in das alte Geschäftsjahr (Konto **6770 Rechts- und Beratungskosten**).
- Da am 31. Dezember des alten Jahres die Zahlung noch nicht erfolgt ist, besteht hinsichtlich des geschätzten Betrages noch eine Schuld, die auf dem Konto **3930 Sonstige Rückstellungen für andere ungewisse Verbindlichkeiten** zu erfassen ist.

Beachte:

Bei der Bildung der Rückstellung wird immer auf dem Aufwandskonto gebucht, das vom Geschäftsvorfall her betroffen ist. So werden z.B. ein zu erwartender Aufwand für Instandhaltungsarbeiten auf dem Konto 6160 Fremdinstandhaltung oder Pensionsrückstellungen auf dem Konto 6440 Aufwendungen für Altersversorgung gebucht. Für die Gewährleistungen, soweit sie nicht unter anderen Aufwendungen erfassbar sind (z.B. 6930 Verluste aus Schadensfällen), steht das besondere Konto 6980 Zuführung zu Rückstellungen für Gewährleistung zur Verfügung.

(2) Auflösung der Rückstellungen im neuen Jahr

Es liegt im Wesen der Schätzung, dass der tatsächliche Aufwand im Vergleich zur vorgenommenen Schätzung **höher** oder **niedriger** liegt. Nur theoretisch wäre auch noch der dritte Fall denkbar, nämlich der, dass der geschätzte Betrag genau der Höhe des tatsächlich zu zahlenden Betrages entspricht.

1. Fall: Der geschätzte Betrag war zu niedrig angesetzt

Liegt der **geschätzte Betrag** im Vergleich zur tatsächlichen Schuld **zu niedrig,** ist eine Korrektur der abgelaufenen und abgeschlossenen Geschäftsperiode nicht mehr möglich. Der Differenzbetrag kann nur noch als zusätzlicher Aufwand in der neuen Geschäftsperiode erfasst werden. Dies geschieht bei der Zahlung, die gleichzeitig zur Auflösung der Rückstellung führt.

Beispiel:

Wir greifen auf das Beispiel von S. 81 zurück. Am 25. April des neuen Geschäftsjahres erhalten wir eine Rechnung über Prozesskosten in Höhe von 4500,00 EUR zuzüglich 19 % USt. Der Rechnungsbetrag wird am 30. April des neuen Jahres per Banküberweisung beglichen.

Aufgaben:

Buchen Sie den Sachverhalt

1. auf Konten und
2. bilden Sie den Buchungssatz!

Lösungen:

Zu 1.: Buchung auf den Konten

S	3930 So. Rückst. f. a. ungew. Verb.		H
2800	4000,00	AB	4000,00

S	6770 Rechts- u. Beratungskosten		H
2800	500,00		

S	2600 Vorsteuer		H
2800	855,00		

S	2800 Bank		H
AB	12500,00	6770/3930/ 2600	5355,00

Zu 2.: Buchungssatz

Geschäftsvorfall	Konten	Soll	Haben
Zahlung der Prozesskosten zuzüglich 19% USt durch Banküberweisung am 30. April.	3930 So. Rückst. f. and. ungew. Verb. 6770 Rechts- und Beratungskosten[1] 2600 Vorsteuer an 2800 Bank	4000,00 500,00 855,00	 5355,00

Erklärung:

- Das Passivkonto **3930 Sonstige Rückstellungen für andere ungewisse Verbindlichkeiten** ist mit dem Betrag von 4000,00 EUR im neuen Jahr zu eröffnen.
- Bei der Zahlung im neuen Jahr sind die sonstigen Rückstellungen für andere ungewisse Verbindlichkeiten aufzulösen. Diese Buchung ist erfolgsunwirksam. (Die Prozesskosten von 4000,00 EUR sind im alten Jahr ja schon gebucht.)
- Der tatsächliche Aufwand ist um 500,00 EUR höher als die Schätzung. Dieser zusätzliche Aufwand wird gleichzeitig mit der Zahlung in der neuen Geschäftsperiode auf dem betreffenden Aufwandskonto (hier dem Konto **6770 Rechts- und Beratungskosten**) gebucht.

  Rückstellungen < Zahlung: Buchung der Differenz auf dem **betreffenden Aufwandskonto.**

- Da die Prozesskosten umsatzsteuerpflichtig sind, sind 855,00 EUR auf dem **Konto 2600 Vorsteuer** zu buchen. Die Vorsteuer darf immer erst gebucht werden, wenn der **tatsächliche Aufwand** aufgrund einer vorliegenden Rechnung **feststeht.**

2. Fall: Der geschätzte Betrag war zu hoch angesetzt

Liegt die gebildete **Rückstellung höher** als die tatsächlich anfallende Zahlung, ist die verbleibende **Differenz** auf dem Rückstellungskonto als **Ertrag** auszubuchen **(5480 Erträge aus der Herabsetzung von Rückstellungen).**[1]

Beispiel:

Wir greifen auf das Beispiel von S. 81 zurück. Am 25. April des neuen Jahres erhalten wir eine Rechnung, nach der die Prozesskosten 3800,00 EUR zuzüglich 19% USt betragen. Die Prozesskosten werden am 30. April des neuen Jahres per Banküberweisung beglichen.

Aufgaben:

Buchen Sie den Sachverhalt

1. auf Konten und
2. bilden Sie den Buchungssatz!

Lösungen:

Zu 1.: Buchung auf den Konten

S 3930 Rückst. f. a. ungew. Verb. H

2800/5480	4000,00	AB	4000,00

S 2800 Bank H

AB	12500,00	3930/2600	4522,00

S 2600 Vorsteuer H

2800	722,00		

S 5480 Ertr. a. d. Herab. v. Rückst. H

		3930	200,00

1 Ein Aufwand bzw. Ertrag bei Auflösung der Rückstellung kann auch über das Konto **6990 periodenfremde Aufwendungen** bzw. **5490 periodenfremde Erträge** gebucht werden.

Zu 2.: Buchungssatz

Geschäftsvorfall	Konten	Soll	Haben
Zahlung der Prozesskosten zuzüglich 19% USt durch Banküberweisung am 30. April.	3930 So. Rückst. f. and. ungew. Verb. 2600 Vorsteuer an 2800 Bank an 5480 Ertr. a. d. Herab. v. Rückst.	4000,00 722,00	 4522,00 200,00

Erklärung:

- Das Passivkonto **3930 Sonstige Rückstellungen für andere ungewisse Verbindlichkeiten** ist mit dem Betrag von 4000,00 EUR zu eröffnen.
- Die Schätzung der Prozesskosten für das alte Jahr ist zu hoch angesetzt worden. Dadurch wurden zu hohe Rückstellungen gebildet bzw. es wurden zu viel Rechts- und Beratungskosten für das alte Geschäftsjahr gebucht. Da eine Korrektur der abgeschlossenen Geschäftsperiode nicht mehr möglich ist, führt der Differenzbetrag zwischen der gebildeten Rückstellung (4000,00 EUR) und der Zahlung (3800,00 EUR) im neuen Geschäftsjahr zu einem Ertrag (200,00 EUR). Die Buchung erfolgt auf dem **Konto 5480 Erträge aus der Herabsetzung von Rückstellungen.**[1]
- Da Prozesskosten USt-pflichtig sind, sind 722,00 EUR auf dem Konto 2600 Vorsteuer zu buchen.
- Das Bankkonto wird mit der Zahlung der Prozesskosten von netto 3800,00 EUR zuzüglich 19% USt in Höhe von 4522,00 EUR belastet.

Rückstellungen > Zahlung: Buchung der Differenz auf dem Konto **5480 Erträge aus der Herabsetzung von Rückstellungen**

(3) Buchung der umsatzsteuerpflichtigen Vorgänge

Beispiel:

Für einen noch nicht abgeschlossenen Prozess wird zur Deckung der Rechtsanwaltskosten eine Rückstellung gebildet. Geschätzter Betrag für die zu buchende Rückstellung am 31. Dezember netto 480,00 EUR.

Die Rechtsanwaltskosten belaufen sich tatsächlich auf 520,00 EUR zuzüglich 19% USt. Sie werden am 15. Januar des folgenden Jahres per Banküberweisung beglichen.

Aufgaben:

1. Bilden Sie die Buchungssätze für die Buchung am 31. Dezember des alten Geschäftsjahres!
2. Bilden Sie den Buchungssatz für die Buchung am 15. Januar des neuen Geschäftsjahres!

Lösungen:

Geschäftsvorfälle	Konten	Soll	Haben
Zu 1.: Buchung am 31. Dez. des alten Jahres	6770 Rechts- und Beratungskosten an 3900 Sonst. Rückstellungen	480,00	 480,00
Zu 2.: Buchung am 15. Jan. des neuen Jahres	3900 Sonst. Rückstellungen 6770 Rechts- und Beratungskosten 2600 Vorsteuer an 2800 Bank	480,00 40,00 98,80	 618,80

Die **Vorsteuer** darf immer erst gebucht werden, wenn der **tatsächliche Aufwand** aufgrund einer vorliegenden Rechnung **feststeht.**

1 Der Industriekontenrahmen sieht dieses Konto vor. In der Praxis wird der Ertrag in der Regel direkt auf dem betroffenen Konto (im angegebenen Fall auf dem Konto 6770 Rechts- und Beratungskosten) gebucht.

3 Bewertung von Vermögen und Schulden nach IAS/IFRS

3.1 Einführung in die Rechnungslegung nach IAS/IFRS

(1) Entwicklung von IAS und IFRS

Berufsverbände des Rechnungswesens aus zehn verschiedenen Ländern[1] haben 1973 das **International Accounting Standards Committee (IASC)** mit der Absicht gegründet, internationale Rechnungslegungsvorschriften **(International Accounting Standards [IAS]),** die möglichst von allen Unternehmen auf der Welt angewendet werden sollen, zu entwickeln. Ziel der IASC war es, die Jahresabschlüsse der einzelnen Unternehmen inhaltlich und formal direkt miteinander vergleichbar zu machen. Im Jahr 2001 wurde das IASC neu strukturiert und in **International Accounting Standards Board (IASB)** umbenannt. Das IASB ist eine gemeinnützige Stiftung mit juristischem Sitz im US-Bundesstaat Delaware.

Wichtigste **Aufgabe** des IASB ist, einheitliche **Vorschriften zur internationalen Rechnungslegung** zu verabschieden. Diese vom IASB entwickelten Rechnungslegungsstandards bezeichnet man als **International Financial Reporting Standards (IFRS).** Sie ersetzen nach und nach die **International Accounting Standards (IAS),** die bis dahin ihre Gültigkeit behalten. Die Büroräume des IASB sind in London. Ergänzt werden die IFRS durch **Interpretationen,** die vom **International Financial Reporting Interpretations Committee (IFRIC)** erlassen werden. Diese Interpretationen nehmen Stellung zu aktuellen Zweifelsfragen bei der Anwendung der IAS/IFRS.

Merke:

Die einzelnen **IFRS** bzw. **IAS** regeln **international Einzelfragen der Rechnungslegung.** Sie werden vom IASB verabschiedet.

(2) Aufstellungspflicht des Konzernabschlusses nach IFRS

Als private Vereinigung kann die IASB keine Gesetze erlassen. Die IAS/IFRS müssen daher von staatlichen Organen übernommen werden. Die EU hat die IAS/IFRS 2002 durch die sogenannte **IAS-Verordnung** [EG/1606/2002] als **verbindliche Rechnungslegungsregeln** in Kraft gesetzt. Die IAS-Verordnung verpflichtet Unternehmen, die an einem organisierten Kapitalmarkt teilnehmen **(kapitalmarktorientierte Unternehmen),** ihre **Konzernabschlüsse** für ab 2005 beginnende Geschäftsjahre nach den IFRS-Vorschriften aufzustellen und zu publizieren. Ein Wahlrecht zur Aufstellung eines Konzernabschlusses nach IFRS besteht nach § 315a III HGB zudem für alle anderen Konzernabschlüsse von Mutterunternehmen.

1 Das IASC wurde als **privatrechtliche** Vereinigung von Berufsverbänden der Wirtschaftsprüfer aus Australien, Deutschland, Großbritannien, Frankreich, Irland, Japan, Kanada, Mexiko, den Niederlanden und den USA in London gegründet.

(3) Verlautbarungen des IASB

Der IASB gibt verschiedene Verlautbarungen heraus, die sich hinsichtlich ihres **Verpflichtungsgrades** unterscheiden:

<table>
<tr><td>Rahmenkonzept (framework)</td><td>Es dient einerseits als Grundlage für die Erarbeitung neuer Standards und andererseits als Ableitung von Bilanzierungsfragen, die nicht eindeutig in den Standards geregelt werden. Das framework hat keinen Verpflichtungscharakter.</td></tr>
<tr><td>IFRS und IAS</td><td>IFRS bzw. IAS regeln verbindlich Einzelfragen der Rechnungslegung. Jeder Standard behandelt ein bestimmtes Thema, wobei die behandelten Themen keiner einheitlichen Systematik folgen.
Die IAS bzw. IFRS haben folgenden grundlegenden Aufbau:
<table>
<tr><th>IAS</th><th>IFRS</th></tr>
<tr><td colspan="2">■ Zielsetzung des Standards</td></tr>
<tr><td colspan="2">■ Anwendungsbereich</td></tr>
<tr><td>■ Definition der verwendeten Begriffe</td><td>■ Verbindlich anzuwendende grundlegende Prinzipien und Detailregelungen</td></tr>
<tr><td colspan="2">■ Gegebenenfalls Übergangsvorschriften</td></tr>
<tr><td colspan="2">■ Zeitpunkt des Inkrafttretens</td></tr>
<tr><td>■ Anhang, z. B. Beispiele, Gegenüberstellungen, Entscheidungsdiagramme</td><td>■ Anhang mit Begriffsdefinitionen, Anwendungsleitlinien.</td></tr>
</table></td></tr>
<tr><td>IFRIC – Interpretationen</td><td>Es sind verbindliche Auslegungsregeln zu spezifischen Bilanzierungs- und Bewertungsproblemen bestehender IAS und IFRS. Sie sollen eine weltweit einheitliche Auslegung und Anwendung der IFRS gewährleisten.</td></tr>
<tr><td>Leitlinien zur Implementierung[1]</td><td>Sie befassen sich mit Einzelfragen und Problembereichen von Standards, um die Unsicherheit bei der Anwendung der einzelnen IFRS, denen sie zugeordnet sind, zu reduzieren. Sie haben keinen Verpflichtungscharakter.</td></tr>
</table>

3.2 Überblick über die Rechnungslegungsgrundsätze nach IAS/IFRS[2]

Merke:

- Die **Grundsätze der Rechnungslegung** nach IAS/IFRS sind im **Rahmenkonzept (framework)** festgelegt.
- Es handelt sich um **Rahmenbedingungen** und **Leitlinien** des Rechnungswesens.

1 Implementieren: einfügen, einsetzen, einbauen; hier: ergänzen.

2 Zu den nachfolgenden Ausführungen vgl. Wöhe, Günter; Döring, Ulrich: Einführung in die Allgemeine Betriebswirtschaftslehre, 22., neu bearbeitete Auflage, München 2005, S. 967ff.
Hinz, Michael: Rechnungslegung nach IFRS, München 2005.
Hommel, Michael; Wüstemann, Jens: Synopse der Rechnungslegung nach HGB und IFRS, München 2006.
Ballwieser, W.: IFRS-Rechnungslegung, 2. Aufl., München 2009.
Hachmeister, D.: Verbindlichkeiten nach IFRS, München 2006.

(1) Zielsetzungen der IAS/IFRS

Der Jahresabschluss nach IAS/IFRS hat insbesondere zwei Zielsetzungen:

- Zum einen soll der nach der IFRS aufgestellte Abschluss **entscheidungsnützliche Informationen** zum Schutz der aktuellen bzw. potenziellen Investoren (Eigenkapitalgeber, Shareholder) vermitteln **(decision-usefulness-Gedanke),** d.h., die Rechnungslegung soll solche Informationen über die Vermögens-, Finanz- und Ertragslage des Unternehmens bereitstellen, die für die Investoren bei ihren spezifischen wirtschaftlichen Entscheidungen nützlich sind. Insbesondere sollen die Investoren bei der Prognose der Fähigkeit des Unternehmens, zukünftige Einzahlungsüberschüsse zu erwirtschaften, unterstützt werden. Sie sollen in die Lage versetzt werden, die Höhe, den zeitlichen Ablauf und die Sicherheit von Mittelzu- und -abflüssen einzuschätzen.
- Zum anderen hat der Abschluss nach IFRS die Zielsetzung, die **Leistungen des Managements zu kontrollieren.** Die Rechnungslegung nach IAS/IFRS ist damit ein Maßstab zur **Einschätzung der Managementqualität.**

Aus der starken Informationsorientierung der IFRS-Rechnungslegung lässt sich ableiten, dass der IFRS-Abschluss **nicht Basis für eine steuerrechtliche Gewinnermittlung** sein kann. **Nationale Besteuerungsregelungen** haben **keinen Einfluss** auf die Regelungen in den IFRS. Unternehmen, die einen IFRS-Abschluss vornehmen, müssen deshalb **zusätzlich** noch eine **Steuerbilanz** erstellen.

(2) Grundannahmen der IAS/IFRS

Die IAS/IFRS gehen von zwei Grundannahmen (underlying assumptions) aus:

- **Grundannahme der Unternehmensfortführung (going concern)**

Die IAS/IFRS unterstellen, dass bei der Erstellung des Jahresabschlusses von der Fortführung des Unternehmens über den Bilanzstichtag hinaus auszugehen ist [IAS 1.23].[1] Dies entspricht dem Bilanzierungsgrundsatz des § 252 I, Nr. 2 HGB.

- **Grundannahme der Periodenabgrenzung (accrual basis)**[2]

Ein Unternehmen hat seinen Abschluss – mit Ausnahme der Kapitalflussrechnung – nach dem Konzept der Periodenabgrenzung aufzustellen [IAS 1.25]. Die Ein- und Auszahlungen sind nicht nach dem Zeitpunkt ihrer Entstehung, sondern nach ihrer **wirtschaftlichen Zugehörigkeit** den einzelnen Perioden als Ertrag oder Aufwand zuzurechnen. Hierdurch soll die wirtschaftliche Leistungsfähigkeit eines Unternehmens innerhalb einer Periode korrekt ermittelt werden. Diese Grundannahme entspricht dem Prinzip periodengerechter Erfolgsermittlung des § 252 I, Nr. 5 HGB.

Die periodengerechte Aufwands- und Ertragsverrechnung wird durch zwei Unterprinzipien konkretisiert:

- Den Zeitpunkt der erfolgswirksamen Erfassung der Erträge regelt im Unterschied zum Handelsrecht das **gemäßigte Realisationsprinzip (realisation principle).** Erträge sind dann auszuweisen, wenn sie zuverlässig bestimmbar sind. Der entsprechende Realisationszeitpunkt kann dabei durchaus auch vor dem Umsatzzeitpunkt liegen.

1 Die Zitierweise bedeutet: IAS § 1, Abs. 23. Manche Absätze werden weiter in Buchstaben und Unterabsätze unterteilt.

2 Ausgenommen von dem Konzept der Periodenabgrenzung ist die Kapitalflussrechnung. Hier orientiert sich die Darstellung naturgemäß an dem eigentlichen Anfall von Ein- und Auszahlungen.

- Die Aufwendungen werden den entsprechenden Erträgen zugeordnet **(matching principle).** Dieses Prinzip verlangt die Wahrung des **zeitlichen Zusammenhangs** zwischen dem **Ertragsausweis** und der **Aufwandsverrechnung.**[1]

(3) Ergänzende qualitative Anforderungen

Damit das Ziel der Entscheidungsunterstützung und die IFRS-Grundannahmen erfüllt werden können, ist die Einhaltung bestimmter **qualitativer Anforderungen** an den Jahresabschluss (qualitative characteristics) erforderlich:

Verständlichkeit (understandability) [R. 25][2]	Der Jahresabschluss muss für einen sachkundigen Leser verständlich und nachvollziehbar sein. Unverständliche Rechnungslegung kann ihren Zweck, Interessenschutz für Anteilseigner bzw. Gläubiger zu bewirken, nicht erfüllen.
Relevanz (relevance) [R. 26 – 30]	Die Jahresabschlussinformationen müssen für die Entscheidungen eines aktuellen oder potenziellen Kapitalanlegers **bedeutsam** sein. Dies sind sie dann, wenn der Investor aus den vorliegenden (Vergangenheits-)Daten Rückschlüsse auf erwartete zukünftige Zahlungsströme ziehen kann. Deshalb ist jede **wesentliche** Postengruppe im Abschluss gesondert auszuweisen (materiality). Unwesentliche (entscheidungsirrelevante) Informationen werden weggelassen [IAS 1.29].
Verlässlichkeit (reliability) [R. 31 – 38]	Die Berichterstattung hat glaubwürdig und daher frei von wesentlichen Fehlern und Willkür zu sein (faithful presentation). Im Falle unsicherer Erwartungen ist das – vom Handelsrecht abweichende – Vorsichtsprinzip (prudence) zu beachten. Sind für einen Sachverhalt mehrere Wertansätze möglich, ist der Wert mit der **höchsten Eintrittswahrscheinlichkeit** anzusetzen. Die Berichterstattung hat weder zu optimistisch noch zu pessimistisch zu erfolgen (neutrality). Im Jahresabschluss sind alle relevanten Sachverhalte aufzuführen (completeness). Bezüglich der Anforderungen Relevanz und Verlässlichkeit ist zu beachten, dass sie vor allem den **einschränkenden Nebenbedingungen** der **zeitnahen Berichterstattung,** der Verhältnismäßigkeit von Kosten und Nutzen **(Wirtschaftlichkeit)** und der **Ausgewogenheit der qualitativen Anforderungen** unterliegen.
Vergleichbarkeit (comparability) [R. 29 – 42]	Der Jahresabschluss soll sowohl unternehmensinterne Zeitvergleiche von Jahr zu Jahr als auch externe Vergleiche mit anderen Unternehmen ermöglichen. Insbesondere die internen Zeitvergleiche erfordern, dass die gewählten Ansatz- und Bewertungsmethoden von Jahr zu Jahr beibehalten werden. Durchbrechungen des **Stetigkeitsprinzips (consistency of presentation)** sind daher nur in Ausnahmefällen möglich [IAS 1.27].

1 Zu Einzelheiten siehe S. 116ff.

2 Die Zitierweise bedeutet „Rahmenkonzept, Absatz 25".

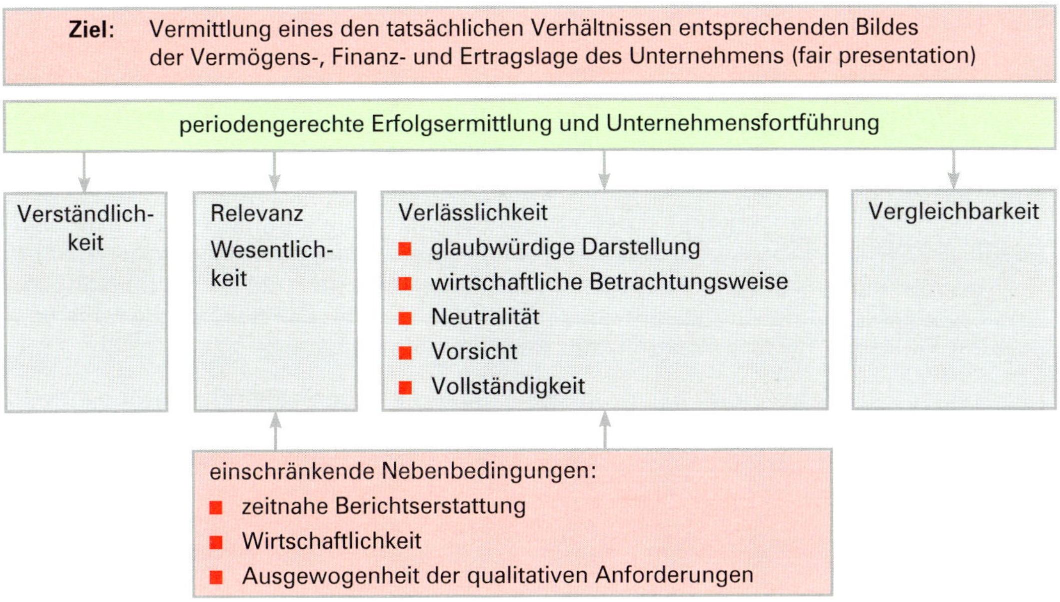

System der Rechnungslegungsgrundsätze des framework

(Quelle: angelehnt an Hinz, M.: Rechnungslegung nach IFRS, München 2005, S. 56.)

(4) Allgemeine Bewertungsgrundsätze für den IFRS-Abschluss

- **Grundsatz der Einzelbewertung.** Nach IFRS besteht grundsätzlich die Pflicht, Vermögenswerte (assets) und Schulden (liabilities) einzeln zu bewerten (siehe z.B. IAS 2, IAS 16, IAS 36).
- **Stichtagsprinzip.** IAS 10 legt fest, dass Abschlüsse an einem bestimmten Stichtag aufzustellen sind und die Verhältnisse am jeweiligen Stichtag abzubilden haben. Ereignisse, die bereits **vor** dem Abschlussstichtag eingetreten sind, jedoch erst **nach dem Abschlussstichtag bekannt werden,** sind im Abschluss noch **zu berücksichtigen.** Ereignisse, die erst **nach** dem Abschlussstichtag eintreten, dürfen nach IAS 10.10 **nicht berücksichtigt** werden. Ist ein solches Ereignis jedoch so bedeutsam, dass es die Beurteilung des Abschlusses beeinflussen könnte, so ist es nach IAS 10.21 erforderlich, dass das Unternehmen im Anhang über dieses Ereignis berichtet und dabei seine Auswirkungen auf die Vermögens-, Finanz- und Ertragslage des Unternehmens angibt.
- **Realisationsprinzip.** Ist hinreichend wahrscheinlich, dass dem Unternehmen aus einem Geschäft ein wirtschaftlicher Nutzen zufließen wird, und kann die Höhe der Erlöse zuverlässig bestimmt werden, so ist der Erlös auszuweisen [IAS 18]. Können Erträge aus einem langfristigen Fertigungsauftrag (z.B. dem Bau eines Schiffes) zuverlässig geschätzt werden, so sind auch die noch nicht realisierten Erträge – in Abhängigkeit vom Fertigstellungsgrad – erfolgswirksam zu erfassen.
- **Imparitätsprinzip.** Eine generelle Regelung, wie es das HGB vorsieht, dass alle vorhersehbaren, noch nicht realisierten Risiken und Verluste aus einzelnen Geschäften im Abschluss berücksichtigt werden müssen, ist in den IAS nicht verankert. Allerdings gibt es einzelne Regelungen, die vorschreiben, dass ein noch nicht realisierter Verlust auszuweisen ist (z.B. Niederstwertprinzip bei Vorräten [IAS 2.9, 2.28, 36] oder die Bildung von Rückstellungen für drohende Verluste aus schwebenden Geschäften).

12 Hempel - ISBN 978-3-8120-0655-2

- **Saldierungsverbot.** Grundsätzlich besteht ein Saldierungsverbot [IAS 1.32–1.35]. Allerdings werden in einzelnen IFRS ausdrücklich Ausnahmen zugelassen, z.B. IAS 12.71 Saldierung von Steuerforderungen und -schulden, IAS 32.42 Saldierung von finanziellen Vermögenswerten und finanziellen Schulden, IAS 1.35 Saldierung von Gewinnen und Verlusten aus der Währungsumrechnung.
- **Bilanzkontinuität.** Der Grundsatz, dass die neue Geschäftsperiode mit den Werten, mit denen die vorangegangene beendet wurde, beginnt, wird in den IFRS nicht ausdrücklich erwähnt. So wird z.B. in IAS 8 eine Durchbrechung der Bilanzkontinuität bei der Änderung von Bilanzierungs- und Bewertungsmethoden und für die Berichtigung von wesentlichen Fehlern als notwendig erachtet [IAS 8.41]. In der Regel wird jedoch in der Praxis der Bewertungsgrundsatz der Bilanzkontinuität beachtet.

Die nachfolgende Tabelle gibt einen Überblick über die allgemeinen Bewertungsgrundsätze nach IFRS im Vergleich zum HGB.

Bewertungsgrundsätze	IFRS	HGB
Einzelbewertung	Grundsätzlich sind die Posten des Abschlusses einzeln zu bewerten.	Grundsätzlich sind die Posten des Abschlusses einzeln zu bewerten.
Stichtagsprinzip	Grundsätzlich sind die Informationen zu berücksichtigen, die das abgelaufene Geschäftsjahr betreffen. Nach dem Stichtag eintretende Ereignisse dürfen nicht berücksichtigt werden.	Grundsätzlich sind die Informationen zu berücksichtigen, die das abgelaufene Geschäftsjahr betreffen. Nach dem Stichtag eintretende Ereignisse dürfen nicht berücksichtigt werden.
Realisationsprinzip	Ertragserfassung vor Umsatzrealisation möglich.	Ertragserfassung erst bei Umsatzrealisation möglich.
Imparitätsprinzip	Kein Grundsatz. In einzelnen IFRS finden sich aber der Verlustantizipation[1] dienende Regelungen.	Strenges Imparitätsprinzip.
Saldierungsverbot	Grundsätzlich besteht für Vermögenswerte und Schulden sowie für Aufwendungen und Erträge ein Verrechnungsverbot [IAS 1.32–1.35], von dem in einzelnen IFRS aber ausdrückliche Ausnahmen zugelassen sind.	Grundsätzlich gilt, dass weder Aktiva mit Passiva noch Aufwendungen mit Erträgen verrechnet werden dürfen [§ 246 II, S. 1 HGB] (Verrechnungsverbot). Eine Verrechnung von Vermögensgegenständen und Schulden ist vorgeschrieben, soweit die Vermögensgegenstände ausschließlich zur Erfüllung bestimmter Schulden dienen [§ 246 II, S. 2 HGB).
Bilanzkontinuität	Der Grundsatz der Bilanzkontinuität ist nicht explizit normiert und gilt nur in eingeschränktem Maße.	Grundsätzlich gilt, dass die Wertansätze der Schlussbilanz des vorhergehenden Geschäftsjahres mit denen der Eröffnungsbilanz des Folgejahres übereinstimmen müssen (Grundsatz der Bilanzkontinuität). Außerdem sind der Grundsatz der Bewertungsstetigkeit bzw. der Ansatzstetigkeit zu beachten.

Quelle: Hinz: Rechnungslegung nach IFRS, München 2005, S. 91f.

1 Antizipation: Vorwegnahme von etwas.

(5) Ergebnis

Eine Rechnungslegung, die unter Beachtung der aufgeführten Prinzipien erfolgt, führt im Ergebnis zur Vermittlung eines den tatsächlichen Verhältnissen entsprechenden Bildes der Vermögens-, Finanz- und Ertragslage eines Unternehmens **(true and fair view** bzw. **fair presentation)**.

Abgrenzungskriterien	IFRS	HGB
Adressatenvorrang	Eigenkapitalgeber (Shareholder)	Fremdkapitalgeber (Stakeholder)
Zielsetzung	Anteilseignerschutz	Gläubigerschutz
Funktionen	– entscheidungsnützliche Informationen, – Kontrolle der Leistungen des Managements.	**Informationen** sind Grundlage für Gewinnausschüttung und Ertragssteuerzahlungen.

3.3 Grundbegriffe bei der Bewertung[1] nach IAS/IFRS

3.3.1 Grundlegende Begriffe der Bilanz und der Gewinn- und Verlustrechnung

(1) Vermögenswert (asset)

Ein **Vermögenswert** ist durch drei Merkmale charakterisiert [R. 49 a]:

- Es besteht eine **Verfügungsmacht** (control) über eine Ressource,
- die Ressource resultiert aus einem **Ereignis der Vergangenheit** (past event) und
- aus der Ressource wird ein **zukünftiger wirtschaftlicher Nutzen** (future economic benefits) für das Unternehmen erwartet. Der Zufluss muss verlässlich bewertet werden können [R. 83].

Maßgeblich für die **Verfügungsmacht** ist, dass das Unternehmen das **wirtschaftliche Eigentum** an der Ressource besitzt. Das rechtliche Eigentum allein genügt nicht für die Einordnung (Klassifizierung) einer Ressource als Vermögenswert. Dass es sich um ein **Ereignis der Vergangenheit** handeln muss, bedeutet, dass z.B. die erklärte **Absicht,** einen Vermögenswert erwerben zu wollen (z.B. Kauf eines Lkw) **keinen Vermögenswert** begründet. Schwebende Geschäfte, bei denen noch keine Seite eine Leistung erbracht hat, dürfen somit nicht bilanziert werden.

Das Kriterium **zukünftiger wirtschaftlicher Nutzen** besagt, dass durch den Vermögenswert die Möglichkeit eröffnet wird, die Zahlungsmittel des Unternehmens zu erhöhen. Bei der Beurteilung, ob ein Vermögenswert vorliegt, stellen die IAS/IFRS auf dessen zukünftigen Auswirkungen auf das Unter-

Beispiel:

Der Kauf einer Stanzmaschine ermöglicht die Produktion sowie den Verkauf der Stanzteile und damit die Erzielung von Zahlungsmitteln.

1 Es werden im Folgenden nur solche Bewertungsbegriffe angeführt, die für die Bewertung der darzustellenden Vermögenswerte und Schulden von Bedeutung sind.

nehmen ab. Die Tatsache, dass ein Unternehmen eine Sache oder ein Recht erwirbt, ist allein noch kein Anzeichen (Indiz) dafür, dass ein Vermögenswert im Sinne des IAS/IFRS vorliegt.

Merke:

Der Begriff des **Vermögenswertes nach IAS/IFRS** darf **nicht** mit dem Begriff des **Vermögensgegenstandes nach HGB** gleichgesetzt werden.

(2) Schuld (liability)

Der Begriff **Schuld (Verpflichtung)** ist durch drei Kriterien charakterisiert [R. 49b]:

- Es liegt eine **gegenwärtige Verpflichtung** (present obligation) vor,
- die Verpflichtung ist das **Ergebnis eines vergangenen Ereignisses** (past event) und
- die Erfüllung der Verpflichtung führt voraussichtlich zu einem **Abfluss von Ressourcen,** die einen wirtschaftlichen Nutzen enthalten (outflow of resources embodying economic benefits). Der Abfluss muss **verlässlich bewertet** werden können [R. 91].

Die **gegenwärtige Verpflichtung** kann aus **Verträgen** oder **gesetzlichen Vorschriften** resultieren. Eine Verpflichtung besteht aber auch dann, wenn Leistungen **ohne rechtliche Verpflichtung** erbracht werden (z. B. Kulanzleistungen). Das Kriterium **Ergebnis eines vergangenen Ereignisses** bedeutet, dass es sich bei der Schuld um eine **Verpflichtung gegenüber Dritten (Außenverpflichtung)** handeln muss. Ebenso wie bei den Vermögenswerten dürfen schwebende Geschäfte nicht bilanziert werden. Das Kriterium **Abfluss von Ressourcen** beinhaltet, dass die Erfüllung einer Verpflichtung z.B. durch die Zahlung mit flüssigen Mitteln, durch die Übertragung anderer Vermögenswerte, durch die Erbringung einer Dienstleistung oder durch die Umwandlung der Verpflichtung in Eigenkapital erfolgen kann. Durch die angeführten Kriterien unterscheidet sich der Begriff Schuld nach IAS/IFRS von dem des HGB.

Merke:

Der Begriff **Schuld nach IAS/IFRS** darf **nicht** mit dem Begriff **Schuld nach HGB** gleichgesetzt werden.

(3) Eigenkapital (equity)

Das Eigenkapital nach IAS/IFRS ist – unabhängig von der Rechtsform – definiert als die **Differenz zwischen Vermögenswerten und Schulden** [R. 49c]. Die Höhe des Eigenkapitals hängt somit von der Bewertung der Vermögenswerte und der Schulden ab.

(4) Ertrag (income)

Erträge sind definiert als **Zunahme des wirtschaftlichen Nutzens** (economic benefits) während einer Abrechnungsperiode [R. 70a]. Die Zunahme des wirtschaftlichen Nutzens kann durch Zuflüsse oder Wertsteigerung von Vermögenswerten oder durch die

Beispiele:

Verkauf von Erzeugnissen, Zins- oder Mieterträge, Erlöse aus dem Verkauf von Vermögenswerten des Anlagevermögens, höhere Bewertung von Wertpapieren, Währungsgewinn aus einer niedrigeren Bewertung einer Währungsverbindlichkeit.

Abnahme oder Wertminderung von Schulden erfolgen. Erträge führen immer zu einer **Erhöhung des Eigenkapitals.**

(5) Aufwendungen (expenses)

Aufwendungen sind definiert als eine **Abnahme des wirtschaftlichen Nutzens** während einer Abrechnungsperiode [R. 70 b]. Die Abnahme des wirtschaftlichen Nutzens kann durch den Abfluss oder die Wertminderung von Vermögenswerten oder durch die Zunahme oder Erhöhung von Schulden erfolgen. Aufwendungen führen immer zu einer **Verminderung des Eigenkapitals.**

Beispiele:

Aufwendungen für Rohstoffe, Zins- oder Mietaufwendungen, Verlust aus dem Verkauf von Vermögenswerten des Anlagevermögens, niedrigere Bewertung von Wertpapieren, Währungsverlust aus einer höheren Bewertung einer Währungsverbindlichkeit.

Merke:

Die Begriffe **Ertrag und Aufwand nach IAS/IFRS** sind mit den Begriffen **Aufwand und Ertrag nach HGB** vergleichbar.

3.3.2 Wirtschaftliche Zurechnung

Vermögenswerte sind bei dem Unternehmen zu bilanzieren, das die **Verfügungsmacht** besitzt. R. 57, S. 2 legt fest, dass bei der Bestimmung, ob ein Vermögenswert vorliegt, das **Eigentum nicht entscheidend** ist. Damit kann der Besitzer eines Gegenstands diesen bilanzieren müssen, ohne Eigentümer zu sein (z.B. bei bestimmten Leasinggütern, bei sicherungsübereigneten oder unter Eigentumsvorbehalt gelieferten Gütern).

Merke:

Bei der Bewertung von Gütern nach IFRS gilt eine **wirtschaftliche Betrachtungsweise** [R. 35] und nicht die **rechtliche Zugehörigkeit.**

3.3.3 Grundbegriffe der Zugangsbewertung

3.3.3.1 Anschaffungskosten

Merke:

- Bei der **Zugangsbewertung** von **erworbenen Vermögenswerten** erfolgt die Bewertung zu **Anschaffungskosten.**
- **Anschaffungskosten (cost of purchase)** sind der für den **Erwerb eines Vermögenswertes** entrichtete **Betrag an Zahlungsmitteln** oder **Zahlungsmitteläquivalenten**[1] oder der **beizulegende Zeitwert** einer anderen Entgeltform zum **Zeitpunkt des Erwerbs** [IAS 16.6 und IAS 38.8].

1 Äquivalenz: Gleichwertigkeit.

Zu den Anschaffungskosten sind zu rechnen:

Anschaffungspreis (Kaufpreis) einschließlich Einfuhrzölle und nicht erstattungsfähiger Umsatzsteuer	
– **Anschaffungspreisminderungen**	z. B. Rabatte, Boni und Skonti
+ alle **direkt zurechenbaren Kosten,** die anfallen, um den Vermögenswert zu dem Standort und in einen betriebsbereiten Zustand zu bringen	z. B. Löhne, Gehälter, Kosten einer Standortvorbereitung, Transport- und Versicherungskosten, Montagekosten, Test- und Probeläufe, Honorare für Architekten und Ingenieuren, Softwareinstallationskosten
+ geschätzte Kosten für den **Abbruch**, das **Abräumen** des Gegenstands und die **Wiederherstellung des Standorts**[1]	z. B. Abbau und Abtransport von Sachanlagen, Entsorgung der Anlagengegenstände, Kosten der Abraumbeseitigung
+ **anteilige Fremdkapitalkosten**[2] nach IAS 23	z. B. Zinsaufwendungen, Währungsdifferenzen aus Fremdwährungskrediten
= Anschaffungskosten (cost of purchase)	

Fallen **nach dem eigentlichen Anschaffungsprozess** noch Ausgaben an, um eine Sachanlage zu erweitern, teilweise zu ersetzen oder in Betrieb zu halten, so erhöhen sie stets die **ursprünglichen Anschaffungskosten** [IAS 16.10]. Allerdings gilt hier die Voraussetzung, dass dem Unternehmen durch die nachträglich angeschafften Güter ein wahrscheinlicher künftiger Nutzen zufließt und dieser verlässlich messbar ist.

Einführungskosten neuer Produkte einschließlich Werbeausgaben, **Kosten, die bei der Schaffung neuer Geschäfts- oder Kundenbeziehungen** anfallen (einschließlich Schulungskosten) **sowie Verwaltungs-** und **andere Gemeinkosten** sind **kein** Bestandteil der Anschaffungskosten.

Die nachfolgende Tabelle gibt einen Überblick über die Bewertung der Anschaffungskosten nach HGB und IFRS:

	IFRS	**HGB**
Bewertung der Anschaffungskosten	Anschaffungspreis – Preisminderungen + direkt zurechenbare Kosten + Abbruchkosten + Fremdkapitalkosten nach IAS 23	Anschaffungspreis – Preisminderungen + Nebenkosten

Beispiel:

Wir kaufen eine Werkzeugpresse aus der Schweiz. Der Listeneinkaufspreis beträgt 760 000,00 EUR und der Zoll 60 800,00 EUR. Auf den Listeneinkaufspreis erhalten wir einen Skonto von 3 % bei Zahlung innerhalb von 30 Tagen. Die Kosten für die Standortvorbereitung betragen 14 200,00 EUR, die Transport- und Versicherungskosten 5 100,00 EUR, die Montagekosten 4 400,00 EUR, die Kosten für Test- und Probeläufe 12 500,00 EUR und die Honorarkosten für ein Ingenieurbüro 7 300,00 EUR jeweils zuzüglich 19 % USt.

1 Der englische Fachbegriff lautet: asset retirement obligation.

2 **Fremdkapitalkosten** müssen aktiviert werden, wenn sie **direkt** dem Erwerb, dem Bau oder der Herstellung eines **qualifizierten Vermögenswertes (qualifying assets)** zugeordnet werden können [IAS 23.8]. Ein qualifizierter Vermögenswert ist ein Vermögenswert, für den ein **beträchtlicher Zeitaufwand** erforderlich ist, um ihn in seinen gebrauchs- oder verkaufsfähigen Zustand zu versetzen [IAS 23.5]. Zu den qualifizierten Vermögenswerten zählen Vorräte, Fabrikationsanlagen, Energieversorgungseinrichtungen, immaterielle Vermögenswerte, als Finanzinvestitionen gehaltene Immobilien [IAS 23.7].

Die geschätzten Kosten für Abbruch und Abräumen der Sachanlagen und die Wiederherstellung des Standorts sowie für den Abtransport der Werkzeugpresse betragen 85 700,00 EUR zuzüglich 19 % USt.

An Verwaltungskosten und sonstigen Gemeinkosten, die der Investition zuzuordnen sind, fallen 3 950,00 EUR an.

Aufgabe:

Berechnen Sie die Anschaffungskosten der Werkzeugpresse!

Lösung:

	Listeneinkaufspreis	760 000,00 EUR	
+	Zoll	60 800,00 EUR	
–	3 % Skonto auf den Listeneinkaufspreis	22 800,00 EUR	798 000,00 EUR
+	direkt zurechenbare Kosten		
	Standortvorbereitung	14 200,00 EUR	
	Transport- und Versicherungskosten	5 100,00 EUR	
	Montagekosten	4 400,00 EUR	
	Kosten für Test- und Probeläufe	12 500,00 EUR	
	Honorarkosten Ingenieur	7 300,00 EUR	43 500,00 EUR
+	Abbruch- und Abräumkosten bzw. Wiederherstellungskosten[1]		85 700,00 EUR
	Anschaffungskosten		927 200,00 EUR

3.3.3.2 Herstellungskosten

Merke:

- Bei der **Zugangsbewertung** von **selbst erstellten Vermögenswerten** erfolgt die Bewertung zu **Herstellungskosten.**
- **Herstellungskosten (cost of conversion)**[2] sind der für die **Herstellung eines Vermögenswertes** entrichtete **Betrag an Zahlungsmitteln** oder **Zahlungsmitteläquivalenten** oder der **beizulegende Wert** einer anderen Entgeltform zum **Zeitpunkt der Herstellung** [IAS 16.6].

Die Kosten, die zu den Herstellungskosten zählen, sind zu einem Großteil in IAS 2.12 angeführt. Danach sind sämtliche den **Produktionseinheiten direkt zurechenbaren Kosten** Herstellungskosten. Neben den **Einzelkosten** sind auch die **variablen und fixen Produktionsgemeinkosten** zu berücksichtigen.

- Zu den **variablen Produktionsgemeinkosten** zählen alle nicht direkt zurechenbaren Kosten eines Herstellungsprozesses wie z. B. Material- und Fertigungsgemeinkosten. Die variablen Produktionsgemeinkosten werden anhand der **tatsächlichen Auslastung** umgerechnet.
- Die **fixen Produktionsgemeinkosten** fallen unabhängig von der Produktionsmenge und weitgehend konstant an. Hierzu zählen z. B. der durch die Produktion verursachte Werteverzehr des Sachanlagevermögens, Aufwendungen für die Instandhaltung der Produktionsgebäude und Produktionsanlagen, Kosten der Betriebsleitung und der Qualitätskontrolle, Lagerkosten, soweit sie für den Produktionsprozess erforderlich sind, sowie die produktionsbezogenen Verwaltungskosten.

1 Siehe auch die Ausführungen auf S. 103f.

2 IAS 16 unterscheidet nicht zwischen Anschaffungskosten und Herstellungskosten, sondern verwendet allgemein den Oberbegriff **„cost"**. Die Kosten selbst hergestellter Vermögenswerte sind daher nach denselben Grundsätzen wie für erworbene Vermögenswerte zu ermitteln.

Aufgrund des produktionsbezogenen Charakters der Herstellungskosten sind alle **Verwaltungskosten** aufzuschlüsseln und einer betrieblichen Funktion (z.B. der Produktion, dem Vertrieb, der allgemeinen Verwaltung) zuzuordnen. Liegt bei den Verwaltungskosten ein solcher **Herstellungsbezug** vor, so sind diese Kosten als **Herstellungskosten zu aktivieren.** Für die Kosten, die der **allgemeinen Verwaltung** zuzurechnen sind, besteht ein **Einbeziehungswahlrecht.** Für Verwaltungskosten, die dem **Vertrieb** zuzurechnen sind, besteht ein **Einbeziehungsverbot.** Die Zurechnung fixer Produktionsgemeinkosten geschieht auf der **Basis der Normalauslastung** (mehrjähriger Mittelwert).

Zu den Herstellungskosten sind auch alle Kosten für **freiwillige soziale Leistungen, soziale Einrichtungen** und **betriebliche Altersversorgung** zu rechnen, soweit sie produktionsbezogen sind.

Beispiele:

Zahlung an einen Mitarbeiter in der Fertigung für 20 Jahre Betriebszugehörigkeit; Einzahlungen in die betriebliche Altersversorgung für Mitarbeiter der Fertigung.

Außerdem zählen zu den Herstellungskosten **kundenspezifische Kosten der Produktentwicklung** (z.B. Kosten für die Entwicklung einer Maschine, die speziell für einen Kunden konstruiert wurde).

Kosten, die von der Aktivierung ausdrücklich ausgeschlossen sind, werden in IAS 2.16 aufgelistet. Diese Kosten sind in der Periode ihres Anfalls als Aufwand zu erfassen.

Einen Überblick über die **einbeziehungspflichtigen** und die **einbeziehungsfähigen Bestandteile** der Herstellungskosten sowie die **Einbeziehungsverbote** gibt die nachfolgende Tabelle.

Kostenarten		IFRS	Handelsrecht	Steuerrecht
Einzelkosten	Materialeinzelkosten	Pflicht	Pflicht	Pflicht
	Fertigungseinzelkosten	Pflicht	Pflicht	Pflicht
	Sondereinzelkosten der Fertigung	Pflicht	Pflicht	Pflicht
Gemeinkosten	Materialgemeinkosten	Pflicht	Pflicht	Pflicht
	Fertigungsgemeinkosten	Pflicht	Pflicht	Pflicht
	Verwaltungskosten des Material- und Fertigungsbereichs	Pflicht	Pflicht	Pflicht
	Werteverzehr des Anlagevermögens	Pflicht	Pflicht	Pflicht
	Allgemeine Verwaltungskosten	Verbot	Wahlrecht	Wahlrecht
	Kosten für freiwillige soziale Leistungen	anteilig Pflicht[1]	Wahlrecht	Wahlrecht
	Kosten für die betriebliche Altersversorgung	anteilig Pflicht[1]	Wahlrecht	Wahlrecht
	Kosten für soziale Einrichtungen des Betriebs	anteilig Pflicht[1]	Wahlrecht	Wahlrecht

1 Anteilig bedeutet, es handelt sich um produktionsbezogene Kosten.

Kostenarten	IFRS	Handelsrecht	Steuerrecht
Fremdkapitalkosten[1]	Gebot für qualifying assets; ansonsten Verbot	Wahlrecht (unter bestimmten Voraussetzungen)	Wahlrecht (unter bestimmten Voraussetzungen)
Vertriebskosten	Verbot	Verbot	Verbot
Forschungskosten[2]	Verbot	Verbot	Verbot

Quelle: Küting, K./Pfitzer, N./Weber, C.P.: Das neue deutsche Bilanzrecht, 2. Aufl., Stuttgart 2009, S. 178 (modifiziert).

Beispiel:

Wir nehmen Bezug auf das Beispiel zur Berechnung der Herstellungskosten nach Handels- und Steuerrecht (siehe S. 39). Die dort verwendeten Daten werden durch folgende Angaben ergänzt:

Der Anteil der produktionsbezogenen Kosten beträgt bei den Verwaltungskosten des Material- und Fertigungsbereichs 2 100,00 EUR, bei den Kosten für soziale Einrichtungen des Betriebs 550,00 EUR, bei den Kosten für freiwillige soziale Leistungen 50,00 EUR und bei den Kosten für die betriebliche Altersversorgung 5 100,00 EUR. Hinzu kommen Fremdkapitalkosten (qualifying assets) 995,00 EUR und kundenspezifische Entwicklungskosten 4 800,00 EUR.

Aufgabe:

Ermitteln Sie die Herstellungskosten nach IFRS!

Lösung:

Materialeinzelkosten	42 500,00 EUR
+ Fertigungseinzelkosten	44 700,00 EUR
+ Sondereinzelkosten der Fertigung	10 900,00 EUR
+ Materialgemeinkosten	20 900,00 EUR
+ Fertigungsgemeinkosten	44 620,00 EUR
+ Verwaltungsgemeinkosten des Material- und Fertigungsbereichs	2 100,00 EUR
+ Werteverzehr des Anlagevermögens	14 100,00 EUR
+ anteilige Kosten für freiwillige soziale Leistungen	50,00 EUR
+ anteilige Kosten für betriebliche Altersversorgung	5 100,00 EUR
+ anteilige Kosten für soziale Einrichtungen des Betriebs	550,00 EUR
+ Fremdkapitalkosten	995,00 EUR
+ kundenspezifische Entwicklungskosten	4 800,00 EUR
Herstellungskosten/800 Stück	191 315,00 EUR

3.3.3.3 Beizulegender Zeitwert (fair value)

Der beizulegende Zeitwert wird in vielen IFRS-Standards entweder direkt oder als Basis für aufsetzende Bewertungen, z.B. der beizulegende Zeitwert abzüglich Veräußerungskosten (fair value less cost to sell), verwendet.

(1) Grundlagen des Fair Value Measurement

Der Standard IFRS 13 **Fair Value Measurement**[3] soll gewährleisten, **wie** der beizulegende Zeitwert einheitlich zu bestimmen ist.

1 Wiederholen Sie die Ausführungen der Fußnote 2, S. 94.

2 Kosten für Grundlagenforschung unterliegen einem Aktivierungsverbot. Kundenspezifische Kosten der Produktentwicklung sind dagegen aktivierungspflichtig [IAS 2.15].

3 IFRS 13 ist verpflichtend vorgesehen ab 1. Jan. 2013. Die vorherige Anwendung ist gestattet.

13 Hempel - ISBN 978-3-8120-0655-2

Merke:

- Der **beizulegende Zeitwert (fair value)** ist der Preis, der bei einer gewöhnlichen Transaktion[1] zwischen Marktteilnehmern am Bewertungsstichtag unter marktüblichen Bedingungen
- beim **Verkauf** eines **Vermögenswertes** zu erzielen **wäre oder**
- für die **Übertragung** einer **Verbindlichkeit** gezahlt werden **müsste.**

Bewertungsbegriffe bei der Zugangsbewertung
■ Anschaffungskosten ■ Herstellungskosten ■ Beizulegender Zeitwert (fair value)

Die Definition des beizulegenden Zeitwertes ist im Konjunktiv formuliert. Daraus folgt, dass es sich bei dem fair value nicht zwingend um einen tatsächlichen Transaktionspreis handelt, sondern auch ein Preis angesetzt werden könnte, der aus einer angenommenen (hypothetischen) Transaktion ermittelt wurde.

Trotzdem sind bei der Bewertung die am Bewertungsstichtag vorherrschenden Marktbedingungen zugrunde zu legen.

Für die Ermittlung des beizulegenden Zeitwertes wurden im Standard IFRS 13 diese **Leitlinien** festgelegt:

<table>
<tr><td>Marktteilnehmer</td><td>■ Die Marktteilnehmer handeln unabhängig voneinander.
■ Sie müssen kein vollständiges, aber hinreichendes Wissen haben.
■ Sie handeln ungezwungen, d. h., sie haben die Möglichkeit und den Willen, in die Transaktion einzutreten.</td></tr>
<tr><td>Verkaufstransaktion</td><td>■ Es wird bei der Bewertung von einem Verkaufspreis (Exit-Preis) ausgegangen.
■ Der Exit-Preis gilt unabhängig davon, ob das Unternehmen die Absicht und/oder die Fähigkeit hat, den Vermögenswert zum Bewertungsstichtag zu verkaufen oder die Verbindlichkeit zu übertragen.</td></tr>
<tr><td>Markt</td><td>■ Der Verkauf des Vermögenswertes bzw. die Übertragung der Verbindlichkeit erfolgt entweder auf dem vorrangigen oder auf dem vorteilhaftesten Markt.
■
<table>
<tr><th>Vorrangiger Markt</th><th>Vorteilhaftester Markt</th></tr>
<tr><td>Der Markt mit dem größten Volumen und der höchsten Geschäftstätigkeit für den Vermögenswert oder die Schuld.</td><td>Der Markt, der unter Berücksichtigung von Transaktions- und Transportkosten bei Verkauf des Vermögenswertes den höchsten oder bei Übertragung der Verbindlichkeit den geringsten Betrag erfordern würde.</td></tr>
</table>
■ Der vorteilhafteste Markt ist zu wählen, wenn kein vorrangiger Markt vorhanden ist.</td></tr>
</table>

Die obigen Leitlinien gelten **für finanzielle und nicht-finanzielle** Vermögenswerte bzw. Verbindlichkeiten.

1 Eine **Transaktion** ist ein Geschäftsvorfall, dem eine gegenseitige Übertragung von Gütern oder Informationen zwischen zwei Vertragsparteien zugrunde liegt.

Für **nicht-finanzielle Vermögenswerte** kommen hinzu:

Höchste und beste Verwendung	■ Das Management hat die höchste und beste Verwendung (highest and best use) durch die Marktteilnehmer zu unterstellen, die sich von der gegenwärtigen Nutzung im bilanzierenden Unternehmen unterscheiden kann. ■ Die bestmögliche Verwendung muss – technisch möglich, – rechtlich erlaubt und – finanziell machbar sein.
Bewertungsprämisse	Die bestmögliche Verwendung ist entweder ■ **in Kombination** mit anderen Vermögenswerten (und ggf. Verbindlichkeiten), z. B. in einem Geschäftsbetrieb, **oder** ■ **durch eigenständige Nutzung** erreichbar. Falls die bestmögliche Verwendung nur in Kombination mit anderen Vermögenswerten (und ggf. Verbindlichkeiten) zu erreichen ist, so sind alle Vermögenswerte innerhalb der Gruppe übereinstimmend zu bewerten.

(2) Hierarchie zur Ermittlung des beizulegenden Zeitwertes

Bei der Ermittlung des beizulegenden Zeitwertes ist die **3-stufige Fair-Value-Hierarchie** übergreifend anzuwenden. Diese bringt die bei der Bestimmung des beizulegenden Zeitwertes heranzuziehenden Bewertungsparameter in die folgende Rangfolge:

	Stufe (Level) 1	**Stufe (Level) 2**	**Stufe (Level) 3**
Definition	an einem **aktiven Markt,** zu dem das Unternehmen Zugang hat, für **identische** Vermögenswerte oder Verbindlichkeiten **notierte Preise** am **Bewertungsstichtag**	direkt oder indirekt aus Preisen der Stufe 1 ableitbare Inputs	nicht beobachtbare Bewertungsparameter für den Vermögenswert oder die Verbindlichkeit
Beispiele	Preise an Wertpapier- und Produktenbörsen	■ notierte Preise ähnlicher Instrumente ■ Renditekurven	■ eigene Berechnungen mit historischen Werten ■ Bewertungsmodelle

(3) Bewertungsverfahren

Für die Schätzung des Preises unter aktuellen Marktbedingungen am Bewertungsstichtag können verschiedene Bewertungsverfahren verwendet werden. Der Standard untergliedert folgende Verfahren:

Marktansatz (market approach)	**Kostenansatz** (cost approach)	**Ertragswertansatz** (income approach)
Preise und andere Marktinformationen von Markttransaktionen identischer oder vergleichbarer Vermögenswerte und Schulden	gegenwärtige Wiederbeschaffungskosten	Barwertberechnung durch Diskontierung zukünftiger Cashflows

Beachte:

Die Regelungen für die Ermittlung des fair value sind sowohl bei der **Zugangsbewertung** als auch bei der **Folgebewertung** anzuwenden, z.B. bei der Bewertung der Sachanlagen nach dem Neubewertungsmodell (siehe S. 109ff. sowie bei der Folgebewertung von finanziellen Verbindlichkeiten (siehe S. 118f.).

3.3.4 Grundbegriffe der Folgebewertung

3.3.4.1 Beizulegender Zeitwert abzüglich Verkaufskosten

Merke:

Der **beizulegende Zeitwert abzüglich der Verkaufskosten** ist der Betrag, der durch den Verkauf eines Vermögenswertes in einer Transaktion zu Marktbedingungen zwischen sachverständigen, vertragswilligen Parteien nach Abzug der Veräußerungskosten erzielt werden könnte [IAS 36.6].

Der beizulegende Zeitwert abzüglich Verkaufskosten wird im Rahmen der **Folgebewertung** im Falle **fehlender bindender Kaufangebote, fehlender Kaufverträge** und **fehlender Marktpreise** ermittelt. Der Wert stellt einen **Schätzwert** dar, der auf der Grundlage der besten verfügbaren Informationen zu ermitteln ist [IAS 36.27]. Außerdem hat das Unternehmen bei der Bestimmung des Betrags das Ergebnis jüngster Transaktionen für ähnliche Vermögenswerte innerhalb derselben Branche zu berücksichtigen.

	Veräußerungswert	(aus Kaufvertrag, aktivem Markt, oder besten verfügbaren Informationen abgeleitet)
–	Veräußerungskosten	(direkt zurechenbar)
=	beizulegender Zeitwert abzüglich der Verkaufskosten	

Es handelt sich um einen **marktbezogenen Wert.**

3.3.4.2 Veräußerungswert und Nettoveräußerungswert

Merke:

Als **Veräußerungswert** (realisable value) gilt der Betrag an Zahlungsmitteln oder Zahlungsmitteläquivalenten, der zum **gegenwärtigen Zeitpunkt** durch **Veräußerung des Vermögenswertes** im **normalen Geschäftsverlauf erzielt werden könnte** [R. 100c]. Es handelt sich um einen **Bruttowert** (ohne Abzug von Transaktionskosten).

Der **Nettoveräußerungswert** (fair value less costs to sell) ist der geschätzte, im **normalen Geschäftsgang erzielbare Verkaufserlös** abzüglich der **geschätzten Kosten** bis zur Fertigstellung und der geschätzten notwendigen Vertriebskosten [IAS 2.6f.].[1] Er bezieht sich auf den **Verkauf von Vorräten** und ist ein **unternehmensspezifischer Wert.** Der Nettoveräußerungswert von Vorräten kann von dem **beizulegenden Zeitwert abzüglich der Veräußerungskosten abweichen,** da letzterer ein Wert ist, der aus den **Marktgegebenheiten** abgeleitet ist.

Bewertungsbegriffe bei der Folgebewertung

- Beizulegender Zeitwert abzüglich Verkaufskosten
- Veräußerungswert
- Nettoveräußerungswert
- Nutzungswert
- Erzielbarer Betrag
- Tageswert

3.3.4.3 Nutzungswert (value in use)

Merke:

Der Nutzungswert ist der **Barwert des künftigen Cashflows,** der voraussichtlich aus einem **Vermögenswert** abgeleitet werden kann [IAS 36.31].[2]

Der Nutzungswert repräsentiert den Wert, den ein Vermögenswert bei weiterer **Eigennutzung** für das Unternehmen hat. Es handelt sich bei dem Nutzungswert folglich um einen **unternehmensspezifischen Wert,** bei dem die Gegebenheiten und Erwartungen des Unternehmens zu berücksichtigen sind.

3.3.4.4 Erzielbarer Betrag (recoverable amount)

Der erzielbare Betrag ist **kein eigenständiger Bewertungsbegriff.** Er ergibt sich vielmehr aus zwei anderen Werten: dem **beizulegenden Zeitwert abzüglich der Verkaufskosten** und dem **Nutzungswert.**

Merke:

Der **erzielbare Betrag** eines Vermögenswertes ist der **höhere der beiden Beträge** aus **beizulegendem Zeitwert abzüglich Verkaufskosten** und **Nutzungswert** [IAS 36.6].

Beim erzielbaren Betrag wird ein **unternehmensspezifischer Wert** einem **marktbezogenen Wert** gegenübergestellt und der höhere Wert dann für die Bewertung des Vermögenswertes herangezogen.

Der erzielbare Betrag findet Verwendung für die Bewertung von Sachanlagen, immaterielle Vermögenswerte und Geschäfts- und Firmenwert. Der erzielbare Betrag wird z. B. **nicht** für die Erfassung von Wertminderungen im Vorratsvermögen oder bei Fertigungsaufträgen angewandt, da sie besonderen Bewertungsregeln unterliegen.

Beispiel:

Eine eigens auf das Unternehmen abgestimmte Fertigungsanlage wird am Markt kaum mehr als den Schrottwert erzielen, obwohl der unternehmensinterne Nutzungswert deutlich höher eingeschätzt wird. Da unterstellt wird, dass ein Unternehmen jeweils die beste Verwendungsmöglichkeit für einen Vermögenswert wählt, wird es den höheren der beiden dargestellten Werte in der Bilanz ansetzen.

1 Zu Einzelheiten siehe S. 114.

2 Für den Begriff Nutzungswert wird auch der Begriff **unternehmensspezifischer Wert** verwendet.

3.3.4.5 Tageswert (current cost)

Der Begriff Tageswert wird für die **Folgebewertung** von **Vermögenswerten** und **Schulden** verwendet [R. 100 (b)].

- **Vermögenswerte** werden mit dem Betrag erfasst, der für den Erwerb desselben zum **gegenwärtigen Zeitpunkt** gezahlt werden müsste. Der Tageswert entspricht in diesem Fall den **Wiederbeschaffungskosten.**
- **Schulden** werden mit dem nicht abgezinsten (diskontierten) Betrag angesetzt, der für die Begleichung der Verpflichtung zum **gegenwärtigen Zeitpunkt** erforderlich wäre.

Der Tageswert geht von den **Bedingungen des Marktes** aus und berücksichtigt keine unternehmensspezifischen Vorgaben. Es handelt sich um einen **marktbezogenen Wert**.

3.3.4.6 Überblick über die Grundbegriffe der Zugangs- und Folgebewertung nach IAS/IFRS

Die nachfolgende Tabelle gibt einen Überblick über die **Grundbegriffe der Zugangs- und Folgebewertung** nach IAS/IFRS. Gleichzeitig werden die Grundbegriffe der Folgebewertung danach gegliedert, ob es sich um einen **unternehmensspezifischen** oder einen **marktbezogenen Wert** handelt.

Zugangsbewertung
Anschaffungs- oder Herstellungskosten sowie der beizulegende Zeitwert

Folgebewertung	
Unternehmensspezifische Werte	**Marktbezogener Wert**
■ Fortgeführte Anschaffungskosten ■ Veräußerungswert ■ Nettoveräußerungswert ■ Nutzungswert	■ Beizulegender Zeitwert ■ Beizulegender Zeitwert abzüglich der Verkaufskosten ■ Tageswert

Verbindung aus unternehmensspezifischem und marktbezogenem Wert
■ Erzielbarer Betrag als Maximum aus Nutzungswert und beizulegendem Zeitwert abzüglich Verkaufskosten

Quelle: Angelehnt an Ballwieser, Wolfgang: IFRS-Rechnungslegung, 2. Aufl., München 2009, S. 85.

3.3.5 Bewertung von Sachanlagevermögen am Beispiel von bebauten Grundstücken

3.3.5.1 Begriff Sachanlagevermögen

Merke:

Zu den **Sachanlagen** gehören **materielle Vermögenswerte,** die ein Unternehmen

- für Zwecke der **Herstellung** oder der Lieferung von **Gütern** und **Dienstleistungen,** zur **Vermietung** an Dritte oder für **Verwaltungszwecke** hält und die es
- erwartungsgemäß **länger als eine Periode** nutzen wird [IAS 16.6].

Das Sachanlagevermögen umfasst z.B. Grundstücke, Gebäude, Maschinen und technische Anlagen, Schiffe, Flugzeuge, Kraftfahrzeuge, Betriebsausstattung, Büroausstattung [IAS 16.37].

Im Rahmen der IAS/IFRS dürfen Sachanlagen **nur dann** als **Vermögenswert** angesetzt werden, wenn

- es wahrscheinlich ist, dass ein wirtschaftlicher Nutzen damit verbunden ist und
- die Anschaffungs- oder Herstellungskosten verlässlich bewertet werden können [IAS 16.7].

3.3.5.2 Zugangsbewertung[1]

Merke:

Eine **Sachanlage** ist im Zugangszeitpunkt mit ihren **Anschaffungs- oder Herstellungskosten**[2] (cost) zu bewerten [IAS 16.15].

Die Anschaffungskosten umfassen

- Kaufpreis einschließlich Importzöllen und nicht erstattungsfähiger Umsatzsteuer nach Abzug von Rabatten, Boni und Skonti
- alle direkt zurechenbaren Kosten bis zur Erlangung des betriebsbereiten Zustands
- aktivierungspflichtige Fremdkapitalkosten nach IAS 23.8
- Kosten für den Abbruch, das Abräumen der Sachanlagen und die Wiederherstellung des Standorts

Fallen bei der Anschaffung einer Sachanlage **Entfernungs- und Wiederherstellungsverpflichtungen** an, so sind diese als **Rückstellungen** zu passivieren. Die Aktivierung der Entfernungs- und Wiederherstellungsverpflichtungen ist somit eine notwendige Maßnahme, um eine **erfolgsneutrale Behandlung** der Rückstellungen im Zugangszeitpunkt zu sichern. Die **Bewertung der Entfernungs- und Wiederherstellungsverpflichtungen zu Anschaffungskosten** richtet sich dabei an der **Rückstellungshöhe** aus. Ändert sich die Rückstellungshöhe an nachfolgenden Bilanzstichtagen aufgrund neuer Erkenntnisse über den Verpflichtungsumfang, sind die hierfür gebildeten **Anschaffungskosten** zu ändern [IFRIC 1.4].

1 Man spricht in diesem Zusammenhang auch von **Erstbewertung.**

2 Die Bewertung zu **Herstellungskosten** erfolgt dann, wenn ein Gebäude auf einem Grundstück erstellt wird. Im Folgenden wird jeweils von erworbenen, betrieblich genutzten Immobilien ausgegangen.

Beispiel:

Die Bonner Software AG kann Anfang Januar in ihr soeben erworbenes Bürogebäude einziehen. Der Kaufpreis für das bebaute Grundstück beträgt 1,2 Mio. EUR, wobei 250 000,00 EUR auf das Grundstück entfallen. An Maklergebühr werden 3 % des Kaufpreises zuzüglich 19 % USt fällig. Der Notar stellt einschließlich 19 % USt 4 641,00 EUR in Rechnung. An das Finanzamt sind 3,5 % Grunderwerbsteuer zu zahlen. Nach Ablauf der Nutzungsdauer von 40 Jahren sind Abbruchkosten in Höhe von 12,56 % des Kaufpreises zu erwarten.

Aufgaben:

1. Wie viel EUR betragen die Anschaffungskosten von Gebäude und Grundstück nach HGB bzw. nach IFRS?
2. Weisen Sie das erworbene Bürogebäude in der Bilanz nach IFRS aus!

Lösungen:

Zu 1: Berechnung der Anschaffungskosten

	Gebäude	**Grundstück**
Kaufpreis	950 000,00 EUR	250 000,00 EUR
+ Anschaffungsnebenkosten		
Maklergebühr (netto)	28 500,00 EUR	7 500,00 EUR
Notariatsgebühr (netto)	3 087,50 EUR	812,50 EUR
Grunderwerbsteuer	33 250,00 EUR	8 750,00 EUR
= Anschaffungskosten nach HGB	1 014 837,50 EUR	267 062,50 EUR
+ Abbruchkosten	119 320,00 EUR	31 400,00 EUR
= Anschaffungskosten nach IFRS	1 134 157,50 EUR	298 462,50 EUR

Hinweis: Für die Abbruchkosten ist eine **Rückstellung** von 150 720,00 EUR zu bilden.

Zu 2: Ausweis des Bürogebäudes in der Bilanz

Aktiva	Bilanz		Passiva
Sachanlagen	1 432 620,00	Rückstellungen	150 720,00

Merke:

- **Erworbene bebaute Grundstücke** sind beim erstmaligen Ansatz (Zugangsbewertung) mit **Anschaffungskosten** zu bewerten.
- Auf einem Grundstück **erstellte Gebäude** sind beim erstmaligen Ansatz (Zugangsbewertung) mit **Herstellungskosten** zu bewerten.
- Eine **Aktivierung von Sachanlagen** darf nur dann angesetzt werden, wenn die Kosten **verlässlich bewertbar** sind und mit einem **wirtschaftlichen Nutzen** gerechnet werden kann.

3.3.5.3 Folgebewertung

3.3.5.3.1 Wahlmöglichkeit

Ein Unternehmen kann **vor der ersten Folgebewertung** einmalig zwischen dem **Anschaffungskostenmodell** und dem **Neubewertungsmodell** als Bewertungsmethode wählen.

- Wird das **Anschaffungskostenmodell** gewählt, muss die Sachanlage zu ihren **Anschaffungskosten** abzüglich der **kumulierten**[1] **planmäßigen Abschreibungen**[2] und **kumulierten Wertminderungsaufwendungen (außerplanmäßigen Abschreibungen)** angesetzt werden. Kommt es zu einer **Werterhöhung,** so ist eine **Zuschreibung Pflicht.** Die Zuschreibung ist begrenzt auf die **ursprünglich fortgeführten Anschaffungs- oder Herstellungskosten.**
- Beim **Neubewertungsmodell** wird der Vermögensgegenstand an **jedem Bilanzstichtag neu** mit dem **beizulegenden Zeitwert** bewertet und bilanziert. Es besteht **keine Bewertungsobergrenze.**

Die gewählte Bewertungsmethode ist **einheitlich** auf eine **gesamte Gruppe von Vermögenswerten der Sachanlagen** (z.B. unbebaute Grundstücke, Gebäude, Maschinen und technische Anlagen) anzuwenden [IAS 16.29]. Alle Vermögensgegenstände einer Gruppe von Sachanlagen (z.B. Gebäude) müssen dann nach derselben Methode bewertet werden.

3.3.5.3.2 Anschaffungskostenmodell (cost model)

Nach dem Ansatz als Vermögenswert ist eine Sachanlage zu ihren **Anschaffungskosten** abzüglich der **kumulierten Abschreibungen** (planmäßige Abschreibungen, depreciation) und der **kumulierten Wertminderungsaufwendungen** (außerplanmäßige Abschreibungen, impairment losses) anzusetzen [IAS 16.30].

(1) Bilanzwerte auf der Grundlage planmäßiger Abschreibung

Alle **abnutzbaren Sachanlagen** sind planmäßig von den Anschaffungs- bzw. Herstellungskosten (abzüglich eines **erwarteten Restwerts**)[3] abzuschreiben.[4] Bei der Bemessung der planmäßigen Abschreibung ist auf die **unternehmensspezifische Nutzungsdauer** abzustellen [IAS 16.57]. Als **Abschreibungsverfahren** werden in IAS 16.62 ausdrücklich die lineare, degressive und leistungsmäßige Methode genannt. Im Zugangsjahr wird in der Regel **monatsgenau** abgeschrieben.[5]

---

1 Kumulieren: (an)häufen.

2 Abschreibungen werden nach IAS grundsätzlich indirekt gebucht. Im Folgenden wird darauf jedoch nicht eingegangen.

3 Der **Restwert** ist der geschätzte Nettobetrag, den das Unternehmen gegenwärtig nach Abzug der Abgangskosten für den Vermögenswert erhalten würde, wenn dieser heute bereits das Alter und den Abnutzungsgrad hätte, wie er für das Ende der Nutzungsdauer erwartet wird [IAS 16.6].

4 Einzelne Komponenten einer Sachanlage sind nach IAS 16.43 gesondert abzuschreiben, sofern ihre Anschaffungs- oder Herstellungskosten im Verhältnis zu den Gesamtkosten der Sachanlagen einen bedeutenden Anteil darstellen. IAS 16 enthält keinen Hinweis darauf, ab wann ein „bedeutender Anteil" vorliegt. Auf den **Komponentenansatz** (z.B. Rohbau, Fenster, Heizung, Fahrstühle) wird hier aus Vereinfachungsgründen nicht eingegangen.

5 Die IAS/IFRS erlauben eine **Vereinfachungsregelung** bei der Abschreibung. Liegt der Zeitpunkt der Anschaffung in der ersten Jahreshälfte, so kann für das ganze Jahr abgeschrieben werden. Entsprechend darf nur für ein halbes Jahr abgeschrieben werden, wenn die Anschaffungskosten in der zweiten Jahreshälfte liegen.

14 Hempel - ISBN 978-3-8120-0655-2

Nach IAS muss jährlich eine Überprüfung der Anpassungsnotwendigkeit der Abschreibungsmethode und Nutzungsdauer an den tatsächlichen Nutzungsverlauf erfolgen.

Wenn sich die zu erwartende Nutzungsdauer dabei erheblich von früheren Schätzungen unterscheidet, sind die Abschreibungen für die betrachtete Periode und für Folgeperioden anzupassen.

Beispiel:

Die Anschaffungskosten für eine zu Beginn der Geschäftsperiode angeschaffte Sachanlage betragen 102 500,00 EUR. Erwarteter Restwert 6 500,00 EUR. Die Nutzungsdauer wird auf 8 Jahre angesetzt. Es wird linear abgeschrieben.

Aufgaben:

Berechnen Sie die Abschreibungsbeträge, wenn im 4. Jahr

1. eine Verkürzung der Nutzungsdauer auf 5 Jahre,
2. eine Verlängerung der Nutzungsdauer auf 9 Jahre

festgestellt wird.

Lösungen:

Nutzungsdauer	**1**	**2**	**3**	**4**	**5**	**6**	**7**	**8**	**9**
Abschreibungsplan	12 000	12 000	12 000	12 000	12 000	12 000	12 000	12 000	
Neue planmäßige Abschreibung 5 Jahre	12 000	12 000	12 000	30 000	30 000				
Neue planmäßige Abschreibung 9 Jahre	12 000	12 000	12 000	10 000	10 000	10 000	10 000	10 000	10 000

Die Anwendung des Anschaffungskostenmodells zur Bewertung von Vermögenswerten ist nur sinnvoll, wenn nach vernünftiger kaufmännischer Beurteilung **nicht** mit einer wesentlichen Wertsteigerung des Vermögenswertes zu rechnen ist.

Fortführung des Beispiels von S. 104:

Das bebaute Grundstück mit Bürogebäude weist folgende Zugangsbewertung auf: Grundstück: 298 462,50 EUR, Gebäude: 1 134 157,50 EUR. Der unternehmensspezifische Abschreibungszeitraum für das Bürogebäude beträgt 40 Jahre.

Aufgabe:

Wie viel EUR beträgt der Bilanzansatz nach dem 1. Jahr, wenn das Anschaffungskostenmodell gewählt wird?

Lösung:

Anschaffungskosten des Gebäudes	1 134 157,50 EUR	
– 2,5 % lineare Abschreibung	28 353,94 EUR	
= Buchwert des Gebäudes am Ende des ersten Nutzungsjahres		1 105 803,56 EUR
+ Anschaffungskosten des Grundstücks	298 462,50 EUR	
– 2,5 % lineare Abschreibung auf die Abbruchkosten in Höhe von 31 400,00 EUR (siehe S. 102)	785,00 EUR	
= Buchwert des Grundstücks am Ende des ersten Nutzungsjahres		297 677,50 EUR
= Bilanzansatz des bebauten Grundstücks		**1 403 481,06 EUR**

Erläuterung:

Die Abbruchkosten, die auf das Grundstück entfallen, dürfen abgeschrieben werden. Nach IAS 16.59 gilt: Wenn die Anschaffungskosten für Grundstücke die Kosten für Abbau, Beseitigung und Wiederherstellung des Grundstücks beinhalten, so wird dieser Anteil des Grundstückswerts über den Zeitraum abgeschrieben, in dem Nutzen durch die Einbringung dieser Kosten erzielt wird.

(2) Wertminderungsaufwendungen (außerplanmäßige Abschreibung) auf der Grundlage des Wertminderungstests

Die Sachanlagen sind mindestens zu jedem Bilanzstichtag auf Anzeichen einer Wertminderung zu beurteilen [IAS 36.9]. Indikatoren[1] (man spricht auch von sogenannten **auslösenden Ereignissen**), die eine Wertminderung vermuten lassen, sind in IAS 36.12 aufgezählt. Solche **Indikatoren** sind u. a.:

- Marktwert eines Vermögenswerts ist deutlich gesunken,
- Änderung der Nutzung des Vermögenswerts,
- verschlechterte Ertragskraft des Vermögenswerts,
- unerwarteter Kostenanstieg oder Schadensfall,
- nachteilige Veränderungen der technischen, rechtlichen oder wirtschaftlichen Rahmenbedingungen.

Trifft einer der angeführten Wertminderungsgründe auf eine Sachanlage zu, so ist ein sogenannter **Wertminderungstest (Impairment-Test)** durchzuführen, denn der **aktuelle Buchwert** eines Vermögensgegenstandes darf **nicht** über dem **erzielbaren Betrag** liegen. Ist der erzielbare Betrag geringer als der Buchwert des Vermögenswerts, so ist der Buchwert des Vermögenswerts auf seinen erzielbaren Betrag zu verringern [IAS 36.59].

Der niedrigere erzielbare Betrag wird dadurch erreicht, dass man zusätzlich zur planmäßigen Abschreibung noch eine **außerplanmäßige Abschreibung** vornimmt. Die außerplanmäßige Abschreibung stellt einen **Wertminderungsaufwand** dar. Eine außerplanmäßige Abschreibung muss unabhängig davon durchgeführt werden, ob die Wertminderung nur **vorübergehend oder von Dauer** ist. Die **außerplanmäßige Abschreibung verringert den Buchwert** und führt damit zur **Verringerung der planmäßigen Abschreibungsbeträge** für die Restnutzungsdauer [IAS 36.63].

Merke:

- Ist der erzielbare Betrag eines Vermögenswertes **unter** dessen Restbuchwert nach planmäßiger Abschreibung gesunken, muss eine außerplanmäßige Abschreibung vorgenommen werden.
- Folgewert von Sachanlagen = Anschaffungskosten − kumulierte planmäßige Abschreibung − kumulierte außerplanmäßige Abschreibung

Entfällt der Abschreibungsgrund zu einem späteren Zeitpunkt, muss eine **Zuschreibung (Wertaufholung)** auf den gestiegenen erzielbaren Betrag erfolgen [IAS 36.109 bis 123]. Maximal dürfen jedoch nur die **ursprünglich fortgeführten Anschaffungskosten (Anschaffungskosten – planmäßige Abschreibungen)** angesetzt werden [IAS 36.117]. Die **Zuschreibung** (der **Wertzuwachs**) ist erfolgswirksam über **Sonstige betriebliche Erträge** zu erfassen.

1 Indikator: Umstand, Merkmal, das als (beweiskräftiges) Anzeichen dient.

Merke:

- erzielbarer Betrag < Buchwert → außerplanmäßige Abschreibung
- erzielbarer Betrag > Buchwert → Zuschreibungspflicht. Obergrenze: ursprünglich fortgeführte Anschaffungskosten

Fortführung des Beispiels von S. 106:

Das Bürogebäude hat nach der planmäßigen Abschreibung einen Buchwert von 1 105 803,56 EUR. Da aufgrund der Abwanderung mehrerer Dienstleistungsunternehmen seit einigen Monaten am Standort ein Überangebot an Büroflächen vorliegt, muss ein Wertminderungstest durchgeführt werden. Ein Sachverständiger schätzt den erzielbaren Gebäudewert abzüglich der Verkaufskosten am Ende des 1. Nutzungsjahres auf nur 981 400,00 EUR. Der Nutzungswert beträgt 970 000,00 EUR.

Aufgaben:

1. Wie hoch ist die erforderliche außerplanmäßige Abschreibung am Ende des 1. Jahres?
2. Wie hoch ist der angepasste lineare Abschreibungsbetrag ab dem 2. Jahr?
3. Durch eine bessere Verkehrsanbindung schätzt ein Sachverständiger den erzielbaren Gebäudewert am Ende des 3. Nutzungsjahres auf 1 200 000,00 EUR. Mit welchem Wert ist das Gebäude am Ende des 3. Nutzungsjahres anzusetzen?

Lösungen:

Zu 1.:

Buchwert nach der ersten planmäßigen Abschreibung	1 105 803,56 EUR
– beizulegender Wert lt. Wertminderungstest*	981 400,00 EUR
= Betrag der außerplanmäßigen Abschreibung	124 403,56 EUR

* Da der beizulegende Zeitwert abzüglich der Verkaufskosten höher ist als der Nutzungswert, ist der beizulegende Zeitwert abzüglich der Verkaufskosten anzusetzen.

Zu 2.:

korrigierter Buchwert:	981 400,00 EUR
restliche Nutzungsdauer:	39 Jahre
neuer linearer Abschreibungsbetrag:	981 400 : 39 = 25 164,10 EUR/Jahr

Zu 3.:

korrigierter Buchwert am Ende des 1. Nutzungsjahres	981 400,00 EUR
– planmäßige Abschreibung 2. Nutzungsjahr (2,5641 %[1])	25 164,10 EUR
fortgeführte Anschaffungskosten	956 235,90 EUR
– planmäßige Abschreibung 3. Nutzungsjahr	25 164,10 EUR
fortgeführte Anschaffungskosten	931 071,80 EUR

Erläuterung:

Eine Zuschreibung ist bis zu den ursprünglich fortgeführten Anschaffungskosten Pflicht. Die ursprünglich fortgeführten Anschaffungskosten betragen am Ende des 3. Nutzungsjahres 1 049 095,69 EUR (1 134 157,50[2] – 7,5 % lineare Abschreibung von den Anschaffungskosten). Es ist eine Zuschreibung in Höhe von 118 023,89 EUR (1 049 095,69 EUR – 931 071,80 EUR) erforderlich. Der Bilanzansatz für das Gebäude beträgt 1 049 095,69 EUR.

1 Berechnung des Abschreibungssatzes: $\frac{100\,\%}{39 \text{ Jahre}} = 2{,}5641\,\%$

2 Siehe S. 106.

	IAS/IFRS	HGB
Zugangs-bewertung	Anschaffungs- oder Herstellungskosten	Anschaffungs- oder Herstellungskosten
Folge-bewertung	■ AK oder HK – planmäßige Abschreibungen = fortgeführte AK oder HK ■ Bei Anzeichen einer Wertminderung (Impairment-Test) Bewertung zum erzielbaren Betrag. ■ Erzielbarer Betrag < Buchwert AK oder HK – planmäßige Abschreibung = fortgeführte AK oder HK – außerplanmäßige Abschreibung = fortgeführte AK oder HK ■ Erzielbarer Betrag > Buchwert Zuschreibung bis zu den ursprünglichen fortgeführten AK oder HK.	■ AK oder HK – planmäßige Abschreibung – fortgeführte AK oder HK ■ Bei vorübergehender Wertminderung Wahlrecht für außerplanmäßige Abschreibung nur für Finanzanlagen. ■ Bei dauernder Wertminderung Pflicht zur außerplanmäßigen Abschreibung. AK oder HK – planmäßige Abschreibung = fortgeführte AK oder HK – außerplanmäßige Abschreibung = fortgeführte AK oder HK ■ Wertaufholungsgebot bis zu den fortgeführten AK oder HK.

3.3.5.3.3 Neubewertungsmodell (revaluation model)

(1) Begriff Neubewertung

Beim Neubewertungsmodell wird die Sachanlage **zunächst** mit ihren **Anschaffungs- oder Herstellungskosten** bewertet. In den Folgejahren erfolgt jeweils am Abschlussstichtag eine **Neubewertung (revaluation)** der Sachanlagen zum **beizulegenden Zeitwert (fair value).**[1]

Der beizulegende Zeitwert kann über **Marktpreise** der Sachanlagen auf aktiven Märkten (wobei Transaktionskosten unberücksichtigt bleiben) bestimmt werden, über **Schätzungen des Marktwertes,** wenn aktive Märkte fehlen, oder über **fortgeführte Wiederbeschaffungskosten.** Zur Ermittlung des beizulegenden Zeitwertes bedient man sich normalerweise der Berechnung hauptamtlicher Gutachter [IAS 16.32].

Der ermittelte **beizulegende Zeitwert** wird anschließend mit dem nach planmäßiger Abschreibung ermittelten Buchwert (fortgeführte Anschaffungs- oder Herstellungkosten) in Beziehung gesetzt. Liegt der beizulegende Zeitwert **über** dem Buchwert, so erfolgt eine **Zuschreibung.** Liegt der beizulegende Zeitwert **unter** dem Buchwert, so wird der Buchwert auf den **beizulegenden Zeitwert** abgesenkt.

(2) Ausweis der Sachanlagen in der Bilanz[2]

■ **Der beizulegende Zeitwert liegt über dem bisher ausgewiesenen Buchwert**[3]

Liegt der **beizulegende Zeitwert** für eine Sachanlage **über dem** bisher ausgewiesenen **Buchwert,** erfolgt eine **ergebnisneutrale Zuschreibung,** indem eine sogenannte **Neube-**

1 Bei geringfügigen Wertschwankungen kann eine Neubewertung alle 3 bis 5 Jahre erfolgen [IAS 16.34].

2 Zur nachfolgenden Darstellung vgl. Wöhe, Günter; Döring, Ulrich: Einführung in die Allgemeine Betriebswirtschaftslehre, 22., neu bearbeitete Auflage, München 2005, S. 982f. und Pellens/Fülbier/Gassen: Internationale Rechnungslegung, 7. Auflage, Stuttgart 2008, S. 320ff.

3 Im Folgenden wird aus Vereinfachungsgründen das Beispiel so gewählt, dass keine Abschreibung anfällt.

wertungsrücklage (revaluation surplus)[1] gebildet wird. Es besteht **keine Bewertungsobergrenze** in Höhe der ursprünglichen Anschaffungs- oder Herstellungskosten.

Merke:

erzielbarer Betrag > Buchwert → Zuschreibungspflicht auf den beizulegenden Zeitwert. Es besteht keine Bewertungsobergrenze.

Beispiel:

Die fortgeführten Anschaffungskosten eines Grundstücks betragen im Jahr 09 350000,00 EUR. Aufgrund der mittlerweile deutlich verbesserten Infrastruktur wurde eine Neubewertung veranlasst. Das amtliche Wertgutachten im Jahr 10 weist einen aktuellen Verkehrswert von 466000,00 EUR aus.

Aufgabe:

Welche Konsequenzen hat die Neubewertung für Bilanzierung und GuV-Rechnung im Jahr 10?

Lösung:

Auf der Aktiva der Bilanz wird das Grundstück jetzt mit 466000,00 EUR ausgewiesen. Zum Ausgleich für diese Zuschreibung wird auf der Passiva der Bilanz eine Neubewertungsrücklage in Höhe von 116000,00 EUR gebildet. Der Vorgang ist erfolgsneutral.

Aktiva	Bilanz 09		Passiva
Sachanlagen	350000,00	Eigenkapital	350000,00

Aktiva	Bilanz 10 nach der Neubewertung		Passiva
Sachanlagen	466000,00	Eigenkapital	350000,00
		Neubewertungsrücklage	116000,00

Der beizulegende Zeitwert liegt unter dem bisher ausgewiesenen Buchwert

Liegt der **beizulegende Zeitwert** für eine Sachanlage **unter dem** bisher ausgewiesenen **Buchwert,** wird

- der Wertrückgang mit der **zugehörigen Neubewertungsrücklage verrechnet,** soweit er den Betrag der entsprechenden Neubewertungsrücklage nicht übersteigt, ansonsten wird
- eine ergebniswirksame **außerplanmäßige Abschreibung** vorgenommen.

Merke:

erzielbarer Betrag < Buchwert → entsprechende Korrektur der Neubewertungsrücklagen. Bei Fehlen oder Überschreiten der Neubewertungsrücklage: außerplanmäßige Abschreibung.

1 Die Neubewertungsrücklagen sind wie Kapital- und Gewinnrücklagen Teil des Eigenkapitals.

Fortführung des Beispiels von S. 110:

Nach Einschätzung von Umweltexperten im Jahr 11 befindet sich das Grundstück durch vermehrte Unwetter inzwischen in einem hochwassergefährdeten Gebiet. Ein in Auftrag gegebenes Wertgutachten ergibt einen geschätzten Marktwert von 280000,00 EUR.

Durch Hochwasserschutzmaßnahmen im Jahr 12 ist das Grundstück nicht mehr hochwassergefährdet. Das amtliche Wertgutachten erhöht daher den Wertansatz auf 48000,00 EUR.

Aufgabe:

Welche Konsequenzen haben die Neubewertungen der Jahre 11 und 12 für die Bilanzierung und GuV-Rechnung?

Lösung:

Jahr 11:

Da der beizulegende Zeitwert von 280000,00 EUR unter dem Buchwert von 466000,00 EUR liegt, ist die Wertminderung zunächst erfolgsneutral über die Neubewertungsrücklage in Höhe von 116000,00 EUR zu verrechnen. Der danach noch verbleibende überschießende Betrag von 70000,00 EUR ist erfolgswirksam als außerordentlicher Aufwand in der GuV-Rechnung zu erfassen.

Aktiva	Bilanz 10		Passiva
Sachanlagen	466000,00	Eigenkapital	350000,00
		Neubewertungsrücklage	116000,00

Aktiva	Bilanz 11 nach der Neubewertung		Passiva
Sachanlagen	280000,00	Eigenkapital	280000,00

Aufw.	GuV-Rechnung 11		Ertr.
Aufw.	70000,00		

Jahr 12:

Da der beizulegende Zeitwert von 480000,00 EUR über dem Buchwert von 280000,00 EUR liegt, ist die Werterhöhung zunächst zur Korrektur der außerplanmäßigen Aufwendungen von 11 in Höhe von 70000,00 EUR zu verwenden. Es handelt sich hierbei um eine **ergebniswirksame Zuschreibung**. Sie erfolgt in der GuV-Rechnung über den Posten **Sonstige betriebliche Erträge**. Die restliche Werterhöhung von 130000,00 EUR ist erfolgsneutral über die Bildung einer Neubewertungsrücklage zu verrechnen.

Aktiva	Bilanz 11		Passiva
Sachanlagen	280000,00	Eigenkapital	280000,00

Aktiva	Bilanz 12 nach der Neubewertung		Passiva
Sachanlagen	480000,00	Eigenkapital	280000,00
		Neubewertungsrücklage	130000,00

Aufw.	GuV-Rechnung 12		Ertr.
		So. betr. Ertr.	70000,00

(3) Fortführung der planmäßigen Abschreibung und Behandlung der Neubewertungsrücklage

Bei abnutzbaren Sachanlagen sind nach der Neubewertung die fortgeführten Anschaffungs- oder Herstellungskosten planmäßig auf die Restnutzungsdauer abzuschreiben. Der Neubewertungsbetrag stellt dann die neue Abschreibungsbasis dar. Am Ende der folgenden Geschäftsperioden sind die Sachanlagen erneut auf Anhaltspunkte für eine Wertminderung zu kontrollieren und gegebenenfalls ist eine Neubewertung vorzunehmen.

Für die Behandlung der Neubewertungsrücklage besteht nach IAS 16.41 folgendes **Wahlrecht**:

- Jährliche anteilige Rückführung durch Umbuchung in die Gewinnrücklagen in Höhe der Differenz zwischen der Abschreibung auf den neu bewerteten Buchwert und der Abschreibung auf die bisherigen Anschaffungs- oder Herstellungskosten.
- Umbuchung in die Gewinnrücklagen in einem Betrag, erst bei Abgang des Vermögenswertes.

Beispiel:

Wir kaufen zu Beginn der Geschäftsperiode einen Lkw im Wert von 150000,00 EUR. Nutzungsdauer 6 Jahre. Am Ende des 2. Nutzungsjahres beträgt der beizulegende Zeitwert 112500,00 EUR, am Ende des 4. Nutzungsjahres 55000,00 EUR. Die Neubewertungsrücklage wird am Ende des 6. Jahres aufgelöst.

Aufgabe:

Stellen Sie die Entwicklung des Buchwertes des Lkw sowie die Entwicklung der Neubewertungsrücklage in einer Tabelle dar!

Lösung:

	01	02	03	04	05	06
Buchwert (01.01.)	150000,00	125000,00	112500,00	84375,00	55000,00	27500,00
planmäßige Abschreibung	25000,00	25000,00	28125,00	28125,00	27500,00	27500,00
Restbuchwert	125000,00	100000,00	84375,00	56250,00	27500,00	0,00
beizulegender Zeitwert		112500,00		55000,00		
neuer Buchwert (31.12.)	125000,00	112500,00	84375,00	55000,00	27500,00	0,00
Neubewertungsrücklage		12500,00	12500,00	11250,00	11250,00	– 11250,00
Gewinnrücklage						+ 11250,00

Merke:

- Das **Neubewertungsmodell** unterscheidet sich grundlegend vom Handelsrecht.
-

Bewertung im Erwerbsjahr	Obergrenze: Anschaffungs- oder Herstellungskosten Monatsgenaue Abschreibung bzw. Abschreibung nach der Vereinfachungsregel

Bewertung in den Folgejahren	■ Neubewertung zum beizulegenden Zeitwert (fair value) ■ Planmäßige Abschreibung ■ Bewertung bei steigendem bzw. sinkendem beizulegenden Zeitwert: Bei steigendem beizulegenden Zeitwert – Zuschreibung – Bildung einer Neubewertungsrücklage erfolgsunwirksam Bei sinkendem beizulegenden Zeitwert oberhalb der (fortgeführten) AHK → (Teil-)Auflösung der Neubewertungsrücklage → erfolgsneutral unterhalb der (fortgeführten) AHK → Verrechnung mit zugehöriger Neubewertungsrücklage und außerplanmäßige Abschreibung → erfolgswirksam

3.3.6 Ausgewählte Beispiele zur Bewertung des Umlaufvermögens

3.3.6.1 Bewertung von Vorräten

Vorräte sind kurzfristige Vermögenswerte. Zum Vorratsvermögen eines Industriebetriebs zählen die Roh-, Hilfs- und Betriebsstoffe, die fertigen und unfertigen Erzeugnisse sowie die Handelswaren.

(1) Zugangsbewertung

Merke:

- Die **Vorräte** sind zum **niedrigeren Wert** aus **Anschaffungs- oder Herstellungskosten** und **Nettoveräußerungswert** zu bewerten [IAS 2.9].
- Es gilt das **strenge Niederstwertprinzip.**

Vorräte **dürfen nur aktiviert werden,** wenn folgende **Voraussetzungen** erfüllt sind:

- Übergang aller mit dem rechtlichen und wirtschaftlichen Eigentum verbundenen Risiken und Chancen,
- Schaffung eines voraussichtlichen künftigen wirtschaftlichen Nutzens,
- Fähigkeit, Kosten verlässlich zu bewerten.

Beispiel:

Die Kölner Antennenfabrik GmbH hat bei normaler Kapazitätsauslastung für die Herstellung des Multi-Feedhorns XCS für Satellitenantennen (10000 Stück) folgende Kostensituation: Verbrauch von Fertigungsmaterial 142500,00 EUR, Fertigungslöhne 144700,00 EUR, Sondereinzelkosten der Fertigung 30900,00 EUR, Materialgemeinkosten 22300,00 EUR, Fertigungs-

15 Hempel - ISBN 978-3-8120-0655-2

gemeinkosten 142800,00 EUR, Abschreibungen, die durch die Fertigung veranlasst sind 7200,00 EUR, produktionsbezogene Kosten aller sozialer Leistungen 5800,00 EUR, Vertriebskosten 12400,00 EUR, anteilige Forschungskosten 20500,00 EUR, allgemeine Verwaltungskosten 9100,00 EUR, Fremdkapitalkosten nach IAS 23.4 2700,00 EUR, Kosten für kundenspezifische Neu- und Weiterentwicklung 2200,00 EUR, Lagerkosten für die fertigen Erzeugnisse 1450,00 EUR.

Aufgaben:

1. Ermitteln Sie die Wertobergrenze der Herstellungskosten pro Stück nach IAS/IFRS!
2. Mit welchem Wert ist ein Lagerbestand von 560 Stück des Multi-Feedhorns XCS in der Bilanz anzusetzen?

Lösungen:

Zu 1.:

Verbrauch von Fertigungsmaterial	142500,00 EUR
Fertigungslöhne	144700,00 EUR
Sondereinzelkosten der Fertigung	30900,00 EUR
Materialgemeinkosten	22300,00 EUR
Fertigungsgemeinkosten	142800,00 EUR
Abschreibungen (fertigungsbedingt)	7200,00 EUR
Kosten der sozialen Leistungen (produktionsbezogen)	5800,00 EUR
Fremdkapitalkosten	2700,00 EUR
Kosten für kundenspezifische Neu- und Weiterentwicklung	2200,00 EUR
Herstellungskosten / 10000 Stück	501100,00 EUR
Herstellungskosten / Stück	50,11 EUR

Zu 2.: Der Bilanzansatz des Lagerbestands erfolgt zu 28061,60 EUR.

(2) Folgebewertung

In den Folgeperioden ist zu prüfen, ob die Anschaffungs- oder Herstellungskosten des Vorratsvermögens noch aktuell sind. Hierzu vergleicht das Unternehmen die (historischen) Anschaffungs- oder Herstellungskosten mit dem Nettoveräußerungswert.

Der **Nettoveräußerungswert** ist der geschätzte, im normalen Geschäftsgang erzielbare Verkaufserlös abzüglich der geschätzten Kosten bis zur Fertigstellung und der geschätzten notwendigen Vertriebskosten. Der Nettoveräußerungswert für unfertige und fertige Erzeugnisse berechnet sich daher wie folgt:

Unfertige Erzeugnisse	Fertige Erzeugnisse
voraussichtlicher Veräußerungswert	voraussichtlicher Veräußerungswert
– Kosten der Fertigstellung	– Vertriebskosten
– Vertriebskosten	Nettoveräußerungswert
Nettoveräußerungswert	

- **Nettoveräußerungswert liegt am Bilanzstichtag unter den Anschaffungs- oder Herstellungskosten**

Liegt der Nettoveräußerungswert für ein fertiges oder unfertiges Erzeugnis bzw. für die Roh-, Hilfs- und Betriebsstoffe am Bilanzstichtag unter den Anschaffungs- oder Herstellungskosten, so ist eine **außerplanmäßige Abschreibung auf den Nettoveräußerungswert** vorzunehmen [IAS 2.9]. Für die Bewertung der Vorräte nach IFRS gilt ein **strenges Niederstwertprinzip**.

Durch die Bewertung nach dem strengen Niederstwertprinzip wird gewährleistet, dass beim Verkauf der Vorräte kein Verlust entstehen kann **(verlustfreie Bewertung des Vorratsvermögens)**. Die niedrigere Bewertung der Vorräte rechnet den erwarteten Verlust bereits der aktuellen Periode zu.

Beispiel 1:

Der Lagerbestand von 560 Stück des Multi-Feedhorns XCS der Kölner Antennenfabrik GmbH ist künftig aufgrund der Umstellung auf digitales terrestrisches Fernsehen (DVB-T) nur noch für 45,00 EUR/St. zu verkaufen. Nach Abzug der Vertriebskosten verbleibt pro Stück ein Nettoveräußerungswert von 42,10 EUR. Die Herstellungskosten betrugen 50,11 EUR/St. (siehe S. 114).

Aufgabe:

Mit welchem Wert ist der Lagerbestand zu bewerten?

Lösung:

Nach dem Niederstwertprinzip muss der Ansatz zu 560 · 42,10 = 23576,00 EUR erfolgen. Es ist eine außerplanmäßige Abschreibung in Höhe von 4485,60 EUR vorzunehmen.

Nettoveräußerungswert liegt am Bilanzstichtag über den Anschaffungs- oder Herstellungskosten

Wurde der Bestand an fertigen und unfertigen Erzeugnissen auf einen Wert abgeschrieben, der unter den Anschaffungs- oder Herstellungskosten liegt und steigt der Nettoveräußerungswert beim nächsten Bilanzstichtag an, so ist eine **Wertaufholung** auf den **neuen Nettoveräußerungswert** vorzunehmen, höchstens jedoch bis zu den **ursprünglichen Anschaffungs- oder Herstellungskosten** (historical costs) [IAS 2.33].

Beispiel 2:

Wir nehmen Bezug auf das Beispiel 1 und nehmen an, dass der Nettoveräußerungswert am nächsten Bilanzstichtag 49,40 EUR beträgt.

Aufgabe:

Mit welchem Wert ist der Lagerbestand am Bilanzstichtag zu bewerten?

Lösung:

Der Bilanzansatz muss zu 560 · 49,40 = 27664,00 EUR erfolgen. Es ist eine Zuschreibung in Höhe von 4088,00 EUR vorzunehmen.

(3) Bewertungsvereinfachungsverfahren

Von den Bewertungsvereinfachungsverfahren sieht IAS 2.25 für gleichartige Gegenstände des Vorratsvermögens die **Durchschnittsmethode** oder das **Fifo-Verfahren** vor, die auch nach Handelsrecht [§ 256 I, S. 1 i.V.m. § 240 IV HGB] und Steuerrecht [R. 6.8 IV EStR und R. 6.9 EStR] anerkannt sind. Das **Lifo-Verfahren** ist nach IFRS **nicht zulässig.**

	IAS/IFRS	HGB
Zugangsbewertung	**Anschaffungs- oder Herstellungskosten**	**Anschaffungs- oder Herstellungskosten**
Folgebewertung	■ Niederstwertprinzip – Anschaffungs- oder Herstellungskosten – niedrigerer Nettoveräußerungswert ■ Wertaufholung bis zu den Anschaffungs- oder Herstellungskosten	■ Niederstwertprinzip – Anschaffungs- oder Herstellungskosten – niedrigerer beizulegender Zeitwert ■ Wertaufholung bis zu den Anschaffungs- oder Herstellungskosten
Bewertungsvereinfachungsverfahren	Erlaubt sind: ■ gewogene Durchschnittswertermittlung ■ permanente Durchschnittswertermittlung ■ Fifo-Verfahren	Erlaubt sind: ■ gewogene Durchschnittswertermittlung ■ permanente Durchschnittswertermittlung ■ Fifo-Verfahren ■ Lifo-Verfahren

3.3.6.2 Bewertung langfristiger Auftragsbearbeitung

Eine langfristige Auftragsbearbeitung erstreckt sich über mehrere Abrechnungsperioden. Sie liegt bei kundenspezifischer Fertigung einzelner Gegenstände (z.B. Brücke, Schiff, Tunnel) oder einer Anzahl aufeinander abgestimmter und einander zugehöriger Objekte (z.B. komplexe Industrieanlage) vor [IAS 11.4].

In der auf eine **periodengerechte Gewinnermittlung** ausgerichteten internationalen Rechnungslegung ist der erzielte Fortschritt in der Leistungserbringung (Fertigstellungsgrad)[1] zu berücksichtigen. Das **matching-Prinzip** verlangt die **Wahrung des zeitlichen Zusammenhangs** zwischen dem **Ertragsausweis** und der **Aufwandsverrechnung**. Daraus folgt: Erträge aus der Erbringung von Dienstleistungen und Fertigungsaufträgen sind nach IAS 18.20 und AS 11.22 nach dem **Fertigstellungsgrad** zu vereinnahmen (sogenannte **percentage-of-completion-Methode [poc-Methode]**).

Die poc-Methode darf aber nur angewendet werden, wenn

- **verlässliche Schätzwerte** über den Verlauf der Fertigung, die zu erwartenden Erträge und die noch anfallenden Kosten sowie
- eine einklagbare **Vertragsgrundlage** (Festpreis- oder Kostenzuschlagsvertrag)[2] vorliegen und
- der Käufer voraussichtlich die vereinbarte **Gegenleistung** erbringen wird.

Sind diese **Voraussetzungen nicht gegeben,** so erfolgt die Bewertung nach der **completed-contract-Methode des HGB.**[3] Danach ist ein Gewinnausweis erst im Realisationszeitpunkt, d.h. nach Fertigstellung und Abnahme des Projekts erlaubt **(Realisationsprinzip).** Bis zur Abnahme des Projekts durch den Kunden werden lediglich die jeweils angefallenen Herstellungskosten der Periode auf dem Bilanzposten **unfertige Erzeugnisse** bilanziert.

Merke:

- Ein **Fertigungsauftrag** ist ein Vertrag über die **kundenspezifische Fertigung** einzelner Gegenstände, die hinsichtlich **Design, Technologie** und **Funktion** oder hinsichtlich ihrer **endgültigen Verwendung** aufeinander **abgestimmt** oder voneinander **abhängig** sind [IAS 11.3].
- Bei **langfristigen Fertigungsaufträgen** ist der zu erwartende Gesamtgewinn – soweit dieser verlässlich eingeschätzt werden kann – im Gegensatz zum Handelsrecht entsprechend dem Fertigstellungsgrad den einzelnen Rechnungsperioden zuzuordnen [IAS 11.22 bis 26].
- In den **einzelnen Fertigungsperioden** kommt es zum **Ausweis unrealisierter Gewinne.**
- Ein **erwarteter Verlust** durch den Fertigungsauftrag ist sofort als **Aufwand** zu erfassen [IAS 11.22 i.V.m. 11.38].

Die periodengerechte Gewinnermittlung ist nur möglich, wenn die Kosten ständig für jeden einzelnen Auftrag auf der Grundlage eines internen Berichtswesens (z.B. Bautagebücher) erfasst werden. Der **Fertigstellungsgrad** (Leistungsfortschritt) ergibt sich durch den Vergleich der bisher angefallenen bzw. voraussichtlichen Kosten mit den geplanten Gesamtkosten.

---

1 Die Erfassung von Erträgen und Aufwendungen gemäß dem Leistungsfortschritt wird häufig als **Methode der Gewinnrealisierung nach dem Fertigstellungsgrad** bezeichnet [IAS 11.25].

2 Ein **Festpreisvertrag** ist ein Fertigungsauftrag, für den der Auftragnehmer einen festen Preis bzw. einen festgelegten Preis pro Outputeinheit vereinbart, wobei dies an eine Preisgleitklausel gekoppelt sein kann. Ein **Kostenzuschlagsvertrag** ist ein Fertigungsauftrag, bei dem der Auftragnehmer abrechenbare oder anderweitig festgelegte Kosten zuzüglich eines vereinbarten Prozentsatzes dieser Kosten oder ein festes Entgelt vergütet bekommt [IAS 11.3].

3 Auf die modifizierte completed-contract-Methode wird hier aus Vereinfachungsgründen nicht eingegangen.

$$\text{Fertigstellungsgrad} = \frac{\text{angefallene bzw. voraussichtliche Kosten zu einem Bilanzstichtag}}{\text{geplante Gesamtkosten des Auftrags}}$$

Aus dem Fertigstellungsgrad leitet sich der Anteil des Gesamterlöses ab, der als Ertrag zu erfassen ist. Der Ausweis von Kosten und Erträgen aus langfristigen Fertigungsaufträgen gemäß der poc-Methode führt auch dann zum Ausweis der jeweiligen Werte in der Gewinn- und Verlustrechnung, wenn die entsprechenden Rechnungen noch nicht geschrieben worden sind.

Buchungstechnisch werden die **anteiligen Umsatzerlöse** unter den **Forderungen aus langfristiger Auftragsbearbeitung gegengebucht** und bilanziert [IAS 11.42 a].

Beispiel:

Die Tunnelbau Ludwigsburg AG wird Anfang des Jahres 2010 mit dem Bau eines Tunnels beauftragt. Die Vertragspartner vereinbaren einen Festpreis in Höhe von 15 Mio. EUR. Die kalkulierten Gesamtkosten betragen 12,5 Mio. EUR und verteilen sich wie folgt auf die dreijährige Bauzeit: 2010: 5,0 Mio. EUR; 2011: 4,0 Mio. EUR; 2012: 3,5 Mio. EUR. Die zurechenbaren Erträge betragen 2010: 6,0 Mio. EUR; 2011: 4,8 Mio. EUR; 2012: 4,2 Mio. EUR.

Aufgaben:

1. Führen Sie nach der poc-Methode eine periodengerechte Gewinnermittlung durch!
2. Buchen Sie die nicht realisierten Umsatzerlöse!
3. Geben Sie die jeweiligen Bilanzansätze an!

Lösungen:

Zu 1.:

	2010	2011	2012
Aufwendungen[1]	5,0 Mio. EUR	4,0 Mio. EUR	3,5 Mio. EUR
poc (kumuliert)	40 %	72 %	100 %
poc (anteilig)	40 %	32 %	28 %
Zurechenbare Erträge[1]	6,0 Mio. EUR	4,8 Mio. EUR	4,2 Mio. EUR
Anteiliger Gewinn	1,0 Mio. EUR	0,8 Mio. EUR	0,7 Mio. EUR

Zu 2.:

	Text	Soll	Haben
2010	Forderungen aus langfristiger Auftragsbearbeitung an Umsatzerlöse	6,0 Mio. EUR	 6,0 Mio. EUR
2011	Forderungen aus langfristiger Auftragsbearbeitung an Umsatzerlöse	4,8 Mio. EUR	 4,8 Mio. EUR
2012	Forderungen aus langfristiger Auftragsbearbeitung an Umsatzerlöse	4,2 Mio. EUR	 4,2 Mio. EUR

Zu 3.:

	Bilanzansatz Aktiva	Bilanzwirkung Passiva
2010	Forderungen aus langfr. Auftragsbearbeitung 6,0 Mio. EUR	Bilanzgewinn +1,0 Mio. EUR
2011	Forderungen aus langfr. Auftragsbearbeitung 4,8 Mio. EUR	Bilanzgewinn +0,8 Mio. EUR
2012	Forderungen aus langfr. Auftragsbearbeitung 4,2 Mio. EUR	Bilanzgewinn +0,7 Mio. EUR

1 Auf die Darstellung der Aufwendungen und zurechenbaren Erträge in der Gewinn- und Verlustrechnung wird aus Gründen der Übersichtlichkeit verzichtet.

Ein Verzicht auf die Teilgewinnrealisierung erfolgt nur, wenn sich aus dem gesamten langfristigen Auftrag ein Verlust ergibt. Verluste in einem einzelnen Jahr bleiben unschädlich, solange der gesamte Auftrag einen Gewinn erwirtschaftet. Drohende Gesamtverluste aus langfristiger Auftragsbearbeitung müssen jedoch sofort als Aufwand erfasst werden [IAS 11.36].[1]

	IAS/IFRS	HGB
Zukunftserlös	Zuverlässig bestimmbar während der Produktionszeit.	Gewinnausweis im Realisationszeitpunkt (Lieferperiode).
Bilanzierungsmethode	percentage-of-completion-Methode.	completed-contract-Methode.
Gesamterfolg	Erlös – Herstellungskosten	
Ertragsverrechnung während der Produktionszeit	Ertragszuordnung je Periode entsprechend dem Leistungsfortschritt.	Keine Ertragszurechnung. Aktivierung der in der Periode angefallenen Herstellungskosten im Posten Unfertige Erzeugnisse.
Ertragsverrechnung nach Realisierung		Einmaliger (Gesamt-)Erfolgsausweis in der Realisierungsperiode (Lieferperiode).

3.3.7 Schulden

3.3.7.1 Gliederung der Schulden nach IAS/IFRS

Die IAS/IFRS gliedern die Schulden in finanzielle Verbindlichkeiten, sonstige Verbindlichkeiten, Rückstellungen und Eventualverbindlichkeiten.

(1) Finanzielle Verbindlichkeiten

Merke:

Finanzielle Verbindlichkeiten sind auf **rechtsgeschäftlichen Vereinbarungen** oder **Verträgen** beruhende Verpflichtungen, die die **Übertragung von finanziellen Vermögenswerten** zum Inhalt haben [IAS 32.16 (a)].

Bei den finanziellen Verbindlichkeiten unterscheidet man – in Abhängigkeit von der Bewertung – zwei Formen:

- **Finanzielle Verbindlichkeiten, die zu Handelszwecken gehalten werden**

  Es handelt sich um Finanzinstrumente, mit deren Ausgabe ein **Handelsgewinn** aus **kurzfristigen Preisunterschieden** oder eine **Händlermarge**[2] erzielt werden soll sowie um **Fremdwährungsverbindlichkeiten.**

  Beispiele:

  Geld- und Devisenhandel, Handel mit börsennotierten und nicht börsennotierten Schuldtiteln, Fremdwährungsverbindlichkeiten.

1 Die Antizipation (Vorwegnahme) von drohenden Verlusten erfolgt durch die Bildung von Rückstellungen.

2 Marge: Spanne, Abstand, Spielraum. Im vorliegenden Fall ist der Unterschied zwischen Selbstkosten und Verkaufspreis (Gewinnspanne) gemeint.

Die finanziellen Verbindlichkeiten sind bei der **Zugangsbewertung** mit dem **beizulegenden Zeitwert (fair value)** zu bewerten [IAS 39.43]. **Mittel- und langfristige finanzielle Verbindlichkeiten** sind mit dem **Barwert** der geschätzten zukünftigen Auszahlungen anzusetzen [IAS 39. AG 64]. **Kurzfristige finanzielle Verbindlichkeiten** werden grundsätzlich **nicht abgezinst,** wenn der Abzinsungseffekt unwesentlich ist [IAS 39. AG 79].

Die **Folgebewertung** der finanziellen Verbindlichkeiten erfolgt ebenfalls zum **fair value** [IAS 39.47 a], wobei für einige Finanzinstrumente besondere Bewertungsvorschriften zu beachten sind (siehe z.B. IAS 39.89 – 112).

- **Übrige finanzielle Verbindlichkeiten**

  Es handelt sich um Verpflichtungen gegenüber Dritten, die dem Grunde und der Höhe nach so gut wie sicher sind und **nicht zu Handelszwecken** gehalten werden. Sie sind bei der **Zugangsbewertung** mit den **Anschaffungskosten** und in der **Folgebewertung** mit den **fortgeführten Anschaffungskosten** zu bewerten.

Beispiele:

Verbindlichkeiten aus Lieferungen und Leistungen, Verbindlichkeiten gegenüber Kreditinstituten, Darlehensverbindlichkeiten, Wechselverbindlichkeiten.

(2) Sonstige Verbindlichkeiten

Merke:

Sonstige Verbindlichkeiten sind jene Verbindlichkeiten, die nicht durch vertragliche Verpflichtungen entstanden sind und sich nicht auf die Übertragung finanzieller Vermögenswerte beziehen.

Die sonstigen Verbindlichkeiten stellen einen Sammelposten verschiedener Sachverhalte dar. Dazu zählen insbesondere:

- passive Rechnungsabgrenzungsposten,
- erhaltene Anzahlungen auf Bestellungen,
- Sachleistungsverpflichtungen sowie
- Warentermingeschäfte, die voraussichtlich durch Lieferung beglichen werden.

Verbindlichkeiten aus Steuern und aufgrund der sozialen Sicherheit stellen keine finanziellen Verbindlichkeiten dar, da sie nicht auf einem Vertrag beruhen, sondern auf einem Gesetz. Sie zählen aber auch nicht zu den sonstigen Verbindlichkeiten. Für sie bestehen eigenständige Regelungen der Bilanzierung in IAS 12.

Für die **Zugangsbewertung** der sonstigen Verbindlichkeiten sind im framework grundsätzlich vier Wertkategorien vorgesehen:

Anschaffungskosten	Sie entsprechen bei Schulden dem Betrag, der zum Austausch für die Verpflichtung zugegangen ist.
Tageswert	Dies ist der Betrag an Zahlungsmitteln, der notwendig wäre, um die Verpflichtung zum gegenwärtigen Zeitpunkt zu begleichen.
Erfüllungsbetrag	Dies ist der Betrag, der erwartungsgemäß im Rahmen des üblichen Geschäftsgebarens zu bezahlen ist, um eine Schuld zu tilgen.
Barwert	Dies ist der abgezinste Zahlungsmittelabfluss, der im Rahmen des üblichen Geschäftsgebarens zu bezahlen ist, um eine Schuld abzulösen.

Wann die einzelnen Wertkategorien zur Bewertung heranzuziehen sind, wird in den IAS/IFRS nicht ausdrücklich geregelt.

Die **Folgebewertung** sonstiger Verbindlichkeiten wird im framework nicht geregelt. Es gelten somit die allgemeinen Bewertungsgrundsätze, insbesondere der Periodenabgrenzung und Unternehmensfortführung.

Wertveränderungen der sonstigen Verbindlichkeiten sind **erfolgswirksam** zu erfassen.

(3) Rückstellungen

Merke:

Eine **Rückstellung** ist eine Schuld, die bezüglich ihrer Fälligkeit und ihrer Höhe ungewiss ist [IAS 37.10],

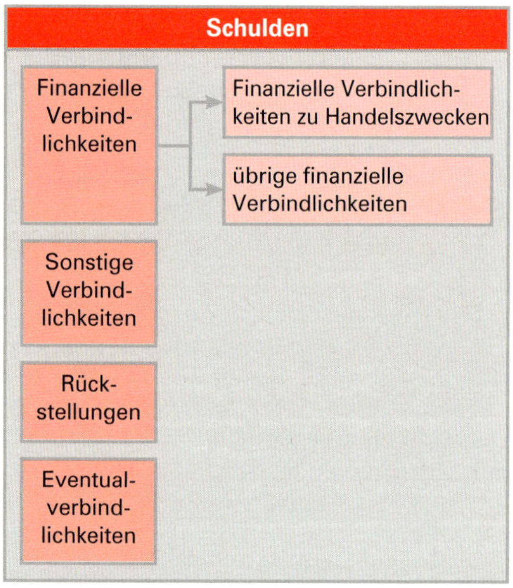

Eine Rückstellung ist zu passivieren und im Anhang offenzulegen, wenn die **Wahrscheinlichkeit,** dass ein zukünftiges Ereignis zu einem Verlust führt, **größer ist als 50 %.** Ist die Rückstellung **wenig wahrscheinlich,** so besteht keine Passivierungspflicht, jedoch ist eine Offenlegung des Betrags und die Angabe von Gründen im Anhang erforderlich. Besteht eine **geringe Wahrscheinlichkeit,** dass eine Verpflichtung eintritt, so besteht weder eine Passivierungs- noch eine Offenlegungspflicht.

Bewertungsmaßstab für Rückstellungen ist die **bestmögliche Schätzung.** Dieser Bewertungsmaßstab wird an keiner Stelle der IAS/IFRS erläutert. Als bestmögliche Schätzung wird jedoch jener Betrag verstanden, den das Unternehmen bei vernünftiger (kaufmännischer) Beurteilung im Rahmen der Verpflichtung **(Erfüllungsbetrag)** oder bei der Übertragung der Verpflichtung auf einen Dritten **(Ablösebetrag)** aufwenden müsste. Eine Abzinsung des Erfüllungs- bzw. Ablösebetrags wird verlangt, falls die Auswirkungen der Abzinsung wesentlich sind [IAS 37.45 – 47].

(4) Eventualverbindlichkeiten[1]

Es handelt sich zum einen um **bedingte Verbindlichkeiten,** deren Entstehen von einem zukünftigen Ereignis abhängt, und zum anderen um jene **Verpflichtungen,** für die **keine Rückstellungen** gebildet werden dürfen, weil es an der Wahrscheinlichkeit der Inanspruchnahme oder der verlässlichen Schätzung fehlt [IAS 37.10].

Beispiele:

Prozesskosten, Bürgschaften, finanzielle Garantien, Haftung für Eventualverbindlichkeiten im Rahmen eines Joint-Ventures.

Eventualverbindlichkeiten sind **nicht passivierungspflichtig,** müssen aber im **Anhang angegeben** werden.

1 Auf diese Themengebiete wird im Folgenden nicht weiter eingegangen, da sie gegenwärtig in den Lehrplänen der einzelnen Schulformen nicht verlangt werden.

3.3.7.2 Bewertung von finanziellen Verbindlichkeiten am Beispiel „Verbindlichkeiten aus Lieferungen und Leistungen" und „Fremdwährungsverbindlichkeiten"[1]

(1) Verbindlichkeiten aus Lieferungen und Leistungen

Bei der **Zugangsbewertung** sind die Verbindlichkeiten aus Lieferungen und Leistungen mit den **Anschaffungskosten** zu bewerten. Die Anschaffungskosten entsprechen bei Verbindlichkeiten aus Lieferungen und Leistungen dem Betrag, der im Austausch für die Verpflichtung zugegangen ist. Dies ist im Allgemeinen der **Rückzahlungsbetrag**.

Handelt es sich bei den Verbindlichkeiten aus Lieferungen und Leistungen um kurzfristige Verbindlichkeiten, müssten sie bei ihrem Zugang streng genommen abgezinst werden. Wegen der kurzen Laufzeit von Liefererverbindlichkeiten wird aus Vereinfachungsgründen auf einen Barwertabschlag verzichtet.

Wertveränderungen der Verbindlichkeiten aus Lieferungen und Leistungen (z. B. durch Gutschriften, Rücksendungen, Bonis oder Teilzahlungen) sind in der Folgezeit zu berücksichtigen. Am Bilanzstichtag sind die Verbindlichkeiten mit den Anschaffungskosten und bei **Wertveränderungen** mit den **fortgeführten Anschaffungskosten zu bewerten.**

Beispiel:

Ein Unternehmen kauft am 10. Dezember 20.. Stahlbleche im Wert von 75000,00 EUR, Zahlungsziel 60 Tage. Für den 20. Dezember wird eine Teilzahlung in Höhe von 20000,00 EUR vereinbart. Bei Prüfung der Ware am 12. Dezember werden bei einem Teil der Lieferung geringe Mängel festgestellt. Der Lieferer gewährt daraufhin einen Nachlass von 4500,00 EUR. Außerdem wurden Stahlbleche im Wert von 8200,00 EUR in einer falschen Qualität geliefert. Diese Stahlbleche wurden zurückgeschickt.

Aufgabe:

Wie lautet die Bewertung zum 10. Dezember 20.. und zum 31. Dezember 20.. (Abschlussstichtag)?

Lösung:

Bewertung am 10. Dezember 20..:		Anschaffungskosten	75000,00 EUR
Bewertung am 31. Dezember 20..:		Anschaffungskosten	75000,00 EUR
	–	Lieferergutschrift	4500,00 EUR
	–	Rücksendung	8200,00 EUR
	–	Teilzahlung	20000,00 EUR
		fortgeführte Anschaffungskosten	42300,00 EUR

Verbindlichkeiten aus Lieferungen und Leistungen werden so lange bilanziert, bis sie beglichen sind.

(2) Fremdwährungsverbindlichkeiten

Verbindlichkeiten in einer Fremdwährung müssen bei der **Zugangsbewertung** in Euro umgerechnet werden. Für die Umrechnung muss der Kassakurs zum **Zeitpunkt der Transaktion (Stichtagskurs)** verwendet werden [IAS 21.22].[2] Aus Vereinfachungsgrün-

1 Wir beschränken uns auf diese Formen von Verbindlichkeiten, da nur sie in den Lehrplänen der einzelnen Schulformen angesprochen werden.

2 Auch wenn in IAS 21 nicht definiert wird, welcher Kassakurs – Geld-, Brief- oder Mittelkurs – verwendet werden soll, entspricht es dem ökonomischen Grundgedanken, bei der Zugangsbewertung der Fremdwährungsverbindlichkeiten den Geldkurs zu verwenden. Vereinfachend wird häufig ein Mittelkurs verwendet.

16 Hempel - ISBN 978-3-8120-0655-2

den kann ein Durchschnittskurs einer Woche oder eines Monats gewählt werden, wenn mehrere Transaktionen zu unterschiedlichen Zeitpunkten erfolgen. Bei stark schwankenden Wechselkursen ist jedoch die Verwendung von Durchschnittskursen nicht angebracht.

In der **Folgebewertung** werden Fremdwährungsverbindlichkeiten an jedem Bilanzstichtag auf der Grundlage des **Stichtagskurses** neu bewertet [IAS 21.23ff.]. Entsteht durch die Folgebewertung ein (nicht realisierter) Währungsgewinn bzw. -verlust, so muss dieser als „sonstiger betrieblicher Ertrag" bzw. als „außerordentlicher Aufwand" in die Gewinn- und Verlustrechnung eingehen.

Beispiel:

Ein Unternehmen erhält eine Rechnung über bezogene Rohstoffe aus der Schweiz. Der Rechnungsbetrag am 30. November 20.. beträgt 30000,00 CHF. Der Stichtagskurs am 30. November beträgt 1,2356 CHF/EUR. Am 31. Dezember 20.. (Bilanzstichtag) beträgt der Stichtagskurs 1,2150 CHF/EUR.

Aufgabe:

Wie lautet die Bewertung zum 30. November 20.. und zum 31. Dezember 20..?

Lösung:

Bewertung am 30. November 20..: 30000,00 CHF : 1,2356 CHF/EUR = 24279,70 EUR

Bewertung am 31. Dezember 20..: 30000,00 CHF : 1,2150 CHF/EUR = 24691,36 EUR

Im vorliegenden Fall entsteht ein außerordentlicher Aufwand in Höhe von 411,66 EUR.

	IAS/IFRS	HGB
Zugangs-bewertung	■ Verbindlichkeiten aus Lieferungen und Leistungen Bewertung: Anschaffungskosten ■ Fremdwährungsverbindlichkeiten Bewertung: Umrechnung in Euro zum Stichtagskurs	■ Verbindlichkeiten aus Lieferungen und Leistungen Bewertung: Erfüllungsbetrag ■ Fremdwährungsverbindlichkeiten Bewertung: Umrechnung in Euro zum Devisenkassamittelkurs
Folge-bewertung	■ Verbindlichkeiten aus Lieferungen und Leistungen Bewertung: Fortgeführte Anschaffungskosten ■ Fremdwährungsverbindlichkeiten Bewertung: – Umrechnung in Euro zum Stichtagskurs – erfolgswirksame Erfassung von (nicht realisiertem) Währungsgewinn bzw. Währungsverlust	■ Verbindlichkeiten aus Lieferungen und Leistungen Bewertung: Erfüllungsbetrag (Höchstwertprinzip) ■ Fremdwährungsverbindlichkeiten Bewertung: – Restlaufzeit von länger als einem Jahr Umrechnung am Abschlussstichtag zum Devisenkassamittelkurs. Anschaffungskosten- und Realisationsprinzip sind anzuwenden. – Restlaufzeit von einem Jahr oder weniger Umrechnung am Abschlussstichtag zum Devisenkassamittelkurs. Anschaffungskosten- und Realisationsprinzip sind nicht anzuwenden.

4 Übungsaufgaben

Übungsaufgaben zum Kapitel 1

1

1. Welches sind die einzelnen Bestandteile des Jahresabschlusses bei einer kapitalmarktorientierten Kapitalgesellschaft, die nicht konzernpflichtig ist?
2. In welcher Form müssen Kapitalgesellschaften
   2.1 die Bilanz,
   2.2 die Gewinn- und Verlustrechnung aufstellen?
3. Welche Aufgabe hat der Jahresabschluss zu erfüllen?
4. „Für Kapitalgesellschaften wird vom Gesetzgeber für die GuV-Rechnung die Staffelform vorgeschrieben, weil sie den Ausweis von Zwischensummen und Zwischenergebnissen ermöglicht, was bei einer Kontoform nicht möglich wäre." Erläutern Sie mit eigenen Worten, was dieser Satz über den Vorteil der Staffelform ausdrücken möchte!
5. Welche Fristen müssen Kapitalgesellschaften für die Aufstellung ihres Jahresabschlusses einhalten?
   5.1 Kleine Kapitalgesellschaften
   5.2 Große und mittelgroße Kapitalgesellschaften

2 Die Westfalenmilch AG hatte in den beiden letzten Jahren einen Umsatz von 145 Mio. EUR bzw. 153 Mio. EUR, eine durchschnittliche Mitarbeiterzahl von 300 und Bilanzsummen von 29 Mio. EUR bzw. 32 Mio. EUR.

Aufgabe:

In welchem Umfang und in welcher Form muss der Jahresabschluss offengelegt werden (vgl. §§ 325 – 329 HGB)?

3 Zum 31. Dezember 20.. ergaben sich für die Wilken AG folgende Beträge:

Konten	
Sachanlagen	12 800 000,00 EUR
Finanzanlagen	600 000,00 EUR
Flüssige Mittel	800 000,00 EUR
Roh-, Hilfs- und Betriebsstoffe	4 200 000,00 EUR
Unfertige und fertige Erzeugnisse	3 200 000,00 EUR
Forderungen aus Lieferungen und Leistungen	2 300 000,00 EUR
Grundkapital	9 000 000,00 EUR
Gesetzliche Rücklage	1 000 000,00 EUR
Andere Gewinnrücklagen	4 140 000,00 EUR
Ergebnisvortrag aus früheren Perioden (Verlustvortrag)	60 000,00 EUR
Pensionsrückstellungen	2 700 000,00 EUR
Andere Rückstellungen	300 000,00 EUR
Anleihen	2 900 000,00 EUR
Bankschulden	720 000,00 EUR
Verbindlichkeiten aus Lieferungen und Leistungen	2 220 000,00 EUR
Umsatzerlöse für Erzeugnisse und Leistungen	18 390 000,00 EUR
Bestandsmehrungen Fertigerzeugnisse	100 000,00 EUR
Bestandsminderungen unfertige Erzeugnisse	20 000,00 EUR
Aktivierte Eigenleistungen	10 000,00 EUR
A. o. Erträge	380 000,00 EUR

Verbrauch an Roh-, Hilfs- und Betriebsstoffen	6 200 000,00 EUR
Personalaufwand	5 600 000,00 EUR
Bilanzielle Abschreibungen	700 000,00 EUR
A. o. Aufwand	300 000,00 EUR
Sonstige betriebliche Aufwendungen	4 660 000,00 EUR
Sonstige Steuern	420 000,00 EUR

Aufgaben:

1. Erstellen Sie nach § 266 HGB die vorläufige Jahresbilanz vor Feststellung des Jahresabschlusses!
2. Errechnen Sie nach dem Gesamtkostenverfahren [§ 275 II HGB] den vorläufigen Jahresüberschuss!
3. Nennen Sie zwei Gründe, warum der Gesetzgeber zur Erfolgsermittlung Formvorschriften erlassen hat!
4. Der Vorstand erwägt, über die gesetzlich vorgeschriebenen Vorschriften hinaus zwei Zwischenergebnisse zusätzlich auszuweisen.

   Beschreiben Sie, nach welchen Positionen aussagefähige Zwischenergebnisse ausgewiesen werden können und benennen Sie diese!
5. Nach erfolgter Aufstellung des Jahresabschlusses durch den Vorstand sehen das AktG und das HGB eine Prüfung durch den Aufsichtsrat (siehe § 171 AktG) und Abschlussprüfer (siehe § 316 HGB) vor.

   Begründen Sie, warum diese doppelte Prüfung notwendig ist!

4 Die Böhme AG, München, stellt den Jahresabschluss zum 31. Dezember auf. Folgende Zahlen aus der Buchhaltung stehen zur Verfügung:

Konten (Beträge in TEUR)	Soll	Haben
Grundstücke und Gebäude	40 000	2 000
Technische Anlagen und Maschinen	68 600	6 500
Roh-, Hilfs- und Betriebsstoffe	39 000	
Unfertige Erzeugnisse	4 800	
Forderungen aus Lieferungen und Leistungen	115 000	111 000
Flüssige Mittel	131 600	124 000
Gezeichnetes Kapital		80 000
Kapitalrücklage		3 000
Gesetzliche Rücklage		2 200
Andere Gewinnrücklagen		3 800
Gewinn/Verlustvortrag	100	
Anleihen		5 000
Verbindlichkeiten aus Lief. u. Leist.	38 000	42 700
Sonstige Verbindlichkeiten	2 000	6 000
Umsatzerlöse für Erzeugnisse u. Leistungen	1 700	112 900
Bestandsveränderungen	?	
Aktivierte Eigenleistungen		600
Zinserträge		300
Roh-, Hilfs- und Betriebsstoffaufwendungen	?	
Personal-/Sozialaufwand	42 900	

Abschreibungen auf Sachanlagen	5000
Zinsen und ähnliche Aufwendungen	800
Sonstige betriebliche Aufwendungen	2700
Betriebliche Steuern	2200
Steuern vom Einkommen und vom Ertrag	5600

Inventurbestände am 31. Dezember:

Unfertige/fertige Erzeugnisse	3800 TEUR
Roh-, Hilfs- und Betriebsstoffe	1800 TEUR

Aufgaben:

1. Erstellen Sie die Gewinn- und Verlustrechnung in der Staffelform nach § 275 II HGB!
2. Erstellen Sie die Bilanz vor der Gewinnverwendung nach § 266 HGB!

5 Beim Bilanzposten „Technische Anlagen und Maschinen" sind noch folgende Angaben zu berücksichtigen:

- Kauf einer Solaranlage am 1. Juli 11. Die Anschaffungskosten betragen 630500,00 EUR. Die voraussichtliche Nutzungsdauer beträgt 10 Jahre. Die Abschreibung beträgt jeweils 10 % von den Anschaffungskosten.
- Eine gebrauchte Abfüllanlage wurde am 30. Oktober 11 für 26000,00 EUR zuzüglich 19 % USt verkauft. Ihr Buchwert Anfang des Jahres 11: 24000,00 EUR. Ursprüngliche Anschaffungskosten 120000,00 EUR. Sie war bei einer geschätzten Nutzungsdauer von 10 Jahren mit jeweils 10 % von den Anschaffungskosten abgeschrieben worden. Restnutzungsdauer: 2 Jahre. Monatsgenaue Abschreibung im Jahr der Veräußerung.

  Weitere Angaben: Kumulierte Abschreibungen bis Ende 10: 530000,00 EUR, Abschreibungen 11: 110000,00 EUR (ohne Berücksichtigung der beiden oben aufgeführten Positionen)!

Jahr	Bilanzposten	Anschaffungs-/ Herstellungskosten	Zugänge +	Abgänge –	Umbuchungen +/–	kumulierte Abschreibungen –	Zuschreibungen +	Buchwert am 31. Dez.	Buchwert des Vorjahres	Abschreibungen des Abschlussjahres
11	Techn. Anl. u. Masch.	1100000,00								

Aufgabe:

Ergänzen Sie den Anlagespiegel!

6 Im Verbindlichkeitenspiegel des Jahresabschlusses einer AG sollen folgende Vorgänge berücksichtigt werden:

- Rechnung der Sauter GmbH über 65000,00 EUR vom 23. Dezember 11; Zahlungsbedingungen: „Bei Zahlung innerhalb 14 Tagen 3 % Skonto, 30 Tage netto".
- Bankdarlehen über 500000,00 EUR, Auszahlung am 1. Juli 11 zu 97 %, fällig am 30. Juni 14 zum Nennwert.
- Kontokorrentkredit mit einer Kreditlinie von 400000,00 EUR. Sollstand am 31. Dezember 11: 340000,00 EUR.
- Anleihe über 2,0 Mio. EUR, Ausgabekurs am 1. März 11: 98 %, Rückzahlungskurs 101 %, Tilgung in 10 gleichen Jahresraten, beginnend nach 2 tilgungsfreien Jahren.
- Bankdarlehen über 300000,00 EUR, Auszahlung am 1. Februar 11 zu 95 %, fällig am 1. Februar 13 zum Nennwert.

Art der Verbindlichkeit	Restlaufzeit bis 1 Jahr	Restlaufzeit 1 bis 5 Jahre	Restlaufzeit über 5 Jahre	Gesamtbetrag
1. Anleihen 2. Verbindlichkeiten gegenüber Kreditinstituten 3. Verbindlichkeiten aus Lieferungen und Leist.				

Aufgabe:

Ergänzen Sie den Verbindlichkeitenspiegel zum 31. Dezember 11!

7 Die Hausmann GmbH reicht ihrer Hausbank folgende (verkürzte) Bilanz ein.

Aktiva — Bilanz zum 31.12.20.. in Mio. EUR — Passiva

Aktiva		Passiva	
Anlagevermögen		Stammkapital	491,9
Sachanlagen	3661,5	Gewinnrücklagen	870,9
Finanzanlagen	204,3	Bilanzgewinn (kurzfr.)	170,0
Umlaufvermögen		Finanzschulden	3791,4
Vorräte	1166,7	davon Restlaufzeit > 1 Jahr	(800,0)
Forderungen aus Lieferungen und Leistungen	1133,6	Verbindlichkeiten a. Lief. u. Leist.	468,3
Flüssige Mittel	297,8	Andere Verbindlichkeiten	671,4
	6463,9		6463,9

Aufgabe:

Welche Konsequenzen sollte die Hausbank in Bezug auf die Finanzierung aus dieser Bilanz ziehen?

8

Grundkapital	80,0 Mio. EUR	Verlustvortrag	0,5 Mio. EUR
Gesetzliche Rücklage	4,5 Mio. EUR	Jahresüberschuss	6,5 Mio. EUR
Kapitalrücklage	1,2 Mio. EUR		
Andere Gewinnrücklagen	38,2 Mio. EUR		

Einstellung in die gesetzliche Rücklage nach § 150 AktG. Einstellung in die anderen Gewinnrücklagen: Höchstbetrag nach § 58 II AktG.

Ausgegebene Stückaktien: 1600000

Aufgaben:

1. Ermitteln Sie die gesetzliche Rücklage und die anderen Gewinnrücklagen!
2. Berechnen Sie die höchstmögliche Dividendenzahlung (auf 5 Cent gerundet)!
3. Stellen Sie den rechnerischen Ablauf der Gewinnverwendung in einer Übersicht dar!
4. Stellen Sie die Eigenkapitalentwicklung in einem Eigenkapitalspiegel dar!

9 Es liegen die folgenden Bilanzen der International Consult AG, Dresden, für die Geschäftsjahre 2010 und 2011 und die Gewinn- und Verlustrechnung von 2011 vor. Ergänzende Informationen enthält der Anlagespiegel für das Geschäftsjahr 2011.

Der Gewinn des Geschäftsjahres 2010 ist zur Hälfte in die Gewinnrücklage eingestellt worden (siehe Bilanz 2011). Bei der Abschreibung wurde immer der volle Jahresbetrag abgeschrieben.

Aus dem **Anlagespiegel** sind die folgenden Informationen zu entnehmen (Mio. EUR):

	Anschaffungsjahr	histor. AK/HK	Zugänge	Abgänge	Abschreibungen 2011	Abschreibungen (kum.)	Buchwert 2011
Gegenstand 1 des AV	2009	61,0			10,4	31,2	29,8
Gegenstand 2 des AV	2009	52,0		27,4	8,2	24,6	0,0
Gegenstand 3 des AV	2010	73,6			12,1	24,2	49,4
Gegenstand 4 des AV	2011		65,0		13,0	13,0	52,0
Gegenstand 5 des AV	2011		26,0		5,2	5,2	20,8

Aktiva Bilanz der International Consult AG, Dresden, zum 31. Dez. 2011 (Mio. EUR) Passiva

Aktiva		Passiva	
A. Anlagevermögen		**A. Eigenkapital**	
II. Sachanlagen	152,0	I. Gezeichnetes Kapital	78,0
B. Umlaufvermögen		II. Kapitalrücklage	9,5
I. Vorräte	21,6	III. Gewinnrücklage	15,6
II. Forderungen und sonstige Vermögensgegenstände	91,0	V. Jahresüberschuss	90,0
IV. Kassenbestand, Bundesbankguthaben, Guthaben bei Kreditinstituten und Schecks	44,8	**B. Rückstellungen**	
		1. Rückst. für Pensionen	0,8
		C. Verbindlichkeiten	
		2. Verbindlichkeiten gegenüber Kreditinstituten	49,4
		4. Verbindlichkeiten a. L. u. L.	66,1
	309,4		309,4

Gewinn- und Verlustrechnung der International Consult AG, Dresden, für das Geschäftsjahr 2011 (Mio. EUR).

1.	Umsätzerlöse	520,0
5.	Materialaufwand	
	(a) Aufwendungen für Roh-, Hilfs- und Betriebsstoffe und für bezogene Waren	5,2
	(b) Aufwendungen für bezogene Leistungen	20,8
6.	Personalaufwand	
	(a) Löhne und Gehälter	221,0
	(b) soziale Abgaben und Aufwendungen für Altersversorgung und für Unterstützung	58,5
7.	Abschreibungen	
	(a) auf immaterielle Vermögensgegenstände des Anlagevermögens und Sachanlagen	48,9
8.	sonstige betriebliche Aufwendungen	13,1
13.	Zinsen und ähnliche Aufwendungen	2,5
14.	Ergebnis der gewöhnlichen Geschäftstätigkeit	150,0
18.	Steuern vom Einkommen und vom Ertrag	60,0
20.	Jahresüberschuss	90,0

Aktiva	Bilanz der International Consult AG, Dresden, zum 31. Dez. 2010 (Mio. EUR)		Passiva
A. Anlagevermögen		**A. Eigenkapital**	
II. Sachanlagen	137,3	I. Gezeichnetes Kapital	65,0
B. Umlaufvermögen		II. Kapitalrücklage	7,9
I. Vorräte	12,5	III. Gewinnrücklage	5,2
II. Forderungen und sonstige Vermögensgegenstände	34,4	V. Jahresüberschuss	20,8
		B. Rückstellungen	
IV. Kassenbestand, Bundesbankguthaben, Guthaben bei Kreditinstituten und Schecks	14,4	1. Rückst. für Pensionen	0,0
		C. Verbindlichkeiten	
		2. Verbindlichkeiten gegenüber Kreditinstituten	78,0
		4. Verbindlichkeiten a. L. u. L.	21,7
	198,6		198,6

Aufgabe:

Erstellen Sie die Kapitalflussrechnung der International Consult AG, Dresden, für das Jahr 2011 unter Einbezug von GuV und Anlagespiegel! Bestimmen Sie als Zwischenergebnis den Cashflow aus gewöhnlicher Geschäftstätigkeit, aus Investitionstätigkeit und aus Finanzierungstätigkeit!

10 Prüfen Sie die Segmentberichterstattung der Frankfurter Chemie AG (S. 26) hinsichtlich folgender Aussagen:

1. Die Frankfurter Chemie AG erzielt den relativ höchsten Ertrag in einem Segment durch den direkten Verkauf an externe Kunden.
2. Die Investitionstätigkeit dieses Unternehmens liegt schwerpunktmäßig im Erwerb von Unternehmensbeteiligungen.
3. Die Frankfurter Chemie AG verfolgt das Ziel, die Kunden möglichst standortnah beliefern zu können.

Übungsaufgaben zu den Kapiteln 2.1 bis 2.4

11

1. Geben Sie den Zweck der Bewertung an!
2. Aus welchem Grund erlässt der Staat handelsrechtliche Bewertungsvorschriften?
3. Aus welchem Grund erlässt der Staat steuerrechtliche Bewertungsvorschriften?
4. Nennen Sie die Adressaten der verschiedenen Bilanzen!
5. Zeigen Sie an einem selbst gewählten Beispiel den Zusammenhang von Bewertung, Eigenkapital und Erfolg auf!
6. Nennen Sie zwei handelsrechtliche Bewertungsgrundsätze!
7. Welcher Grundsatz gilt für die Steuerbilanz?

12

1. Berechnen Sie jeweils die Anschaffungskosten bzw. die Herstellungskosten!

   1.1 Wir kaufen eine Stanzmaschine im Wert von 48000,00 EUR zuzüglich 19 % USt und erhalten einen Sonderrabatt von 10 %. An Transportkosten fallen 1760,00 EUR zuzüglich 19 % USt an. Für die Inbetriebnahme werden Kosten in Höhe von 4108,00 EUR zuzüglich 19 % USt berechnet. Die Rechnung wird unter Abzug von 2 % Skonto auf den Zieleinkaufspreis durch Banküberweisung beglichen. Für die Skontozahlung wurde ein Kontokorrentkredit aufgenommen. Die Bank berechnet 240,80 EUR Zinsen.

1.2 Kauf einer Abfüllanlage zu folgenden Bedingungen: Listeneinkaufspreis 85 100,00 EUR, abzüglich 3 % Rabatt. Verpackungskosten 980,00 EUR, Fracht 1 200,00 EUR, Transportversicherung 90,00 EUR, Fundamentierungskosten 2000,00 EUR, Aufwendungen für eine Sicherheitsprüfung 150,00 EUR. Der Umsatzsteuersatz beträgt 19%.

2. Aus der Kosten- und Leistungsrechnung einer Schulmöbelfabrik ergeben sich folgende Kosten für die Herstellung von 400 Schülertischen pro Jahr bei normaler Kapazitätsauslastung. Verbrauch von Fertigungsmaterial 21 250,00 EUR, Fertigungslöhne 22 350,00 EUR, Sondereinzelkosten der Fertigung 5450,00 EUR, angemessene Teile der Materialgemeinkosten 10 450,00 EUR, angemessene Teile der Fertigungsgemeinkosten 21 400,00 EUR, allgemeine Verwaltungsgemeinkosten 9 100,00 EUR, Vertriebsgemeinkosten 4 800,00 EUR, Aufwendungen für soziale Einrichtungen des Betriebs 1 400,00 EUR, Aufwendungen für die betriebliche Altersversorgung 4 100,00 EUR, Werteverzehr des Anlagevermögens, der durch die Fertigung veranlasst ist, 3 200,00 EUR.

Aufgaben:

2.1 Ermitteln Sie den Mindestwertansatz der 400 Tische für die Handels- und Steuerbilanz!

2.2 Ermitteln Sie den Höchstwertansatz der 400 Tische für die Handels- und Steuerbilanz!

2.3 Mit welchem Wert ist ein Lagerbestand von 120 Tischen am Ende des Geschäftsjahres anzusetzen, wenn ein möglichst niedriger Gewinn ausgewiesen werden soll?

3. Ein Industrieunternehmen fertigt 50 Werkzeuge für die Produktion eines bestimmten Maschinentyps. Hierfür waren 120 Arbeitsstunden zu je 46,00 EUR notwendig. Der Materialverbrauch betrug laut Entnahmescheinen 8700,00 EUR. An Modellkosten für das Werkzeug fielen 4 200,00 EUR an. Die Kostenrechnungsabteilung rechnet mit folgenden Normalgemeinkostenzuschlagssätzen und Gemeinkosten: MGK 9%, FGK 110%, allgemeine VerwGK 3 300,00 EUR und VertrGK 7 200,00 EUR.

Der Werteverzehr des Anlagevermögens, der durch die Fertigung veranlasst ist, beträgt 800,00 EUR, die Aufwendungen für freiwillige soziale Leistungen 200,00 EUR, die Aufwendungen für die betriebliche Altersversorgung 1 040,00 EUR, die anteiligen Forschungskosten sind mit 5 100,00 EUR anzusetzen.

Anmerkung: Die Gemeinkosten sind im Sinne der Bewertung als angemessen anzusehen.

Aufgaben:

Berechnen Sie die Herstellungskosten je Werkzeug

3.1 handels- und steuerrechtlich mit dem Mindestwertansatz,

3.2 handels- und steuerrechtlich mit dem Höchstwertansatz!

3.3 Welcher Ansatz ist für einen möglichst hohen Gewinnausweis zu wählen?

4. Welche der folgenden Aussagen sind richtig (r), welche falsch (f)?
(Entscheiden Sie bitte außerhalb des Buches!)

4.1 Der Begriff der Anschaffungskosten ist nach Handels- und Steuerrecht inhaltlich gleich definiert.

4.2 Zwischen dem Teilwert und den Herstellungskosten nach dem Steuerrecht bestehen keine Unterschiede.

4.3 Der Teilwert ist ein rein steuerrechtlicher Begriff.

4.4 Der Teilwert entspricht inhaltlich den Anschaffungskosten.

5. Das strenge Niederstwertprinzip besagt, dass bei der Bilanzierung von bestimmten Vermögensgegenständen immer der niedrigere Wert angesetzt werden muss.

Das Höchstwertprinzip besagt, dass bei der Bilanzierung von Schulden immer der höhere Wert angesetzt werden muss.

Aufgaben:

5.1 Von welchem allgemeinen Bewertungsgrundsatz gehen beide Bewertungsvorschriften jeweils aus?

5.2 Begründen Sie Ihre Meinung!

6. Welcher allgemeine Grundsatz gilt für die Aufstellung des Jahresabschlusses?

7. Erläutern Sie, wie der beizulegende Zeitwert für einen Vermögenswert ermittelt wird!

17 Hempel - ISBN 978-3-8120-0655-2

Übungsaufgaben zu dem Kapitel 2.5

13 **Hinweis:** Lösen Sie die folgenden Vorgänge nach Handels- und Steuerrecht.

1. Die Werkzeugfabrik Böhler KG kauft zu Beginn des Geschäftsjahres 20.. einen neuen Lkw. Der Lkw mit einer Nutzungsdauer von 9 Jahren wird nach dreimaliger linearer Abschreibung vor dem Abschluss in der Buchführung mit den fortgeführten Anschaffungskosten in Höhe von 52800,00 EUR ausgewiesen. Inzwischen ist der gleiche Typ mit verbesserter Technik auf den Markt gekommen. Dadurch ist der Marktwert für vergleichbare Altmodelle um 25% gesunken.

   Aufgaben:

   1.1 Wie viel EUR betragen die Anschaffungskosten?

   1.2 Wie viel EUR beträgt die jährliche Abschreibung?

   1.3 Mit welchem Wert ist der Lkw beim Jahresabschluss des vierten Geschäftsjahres zu bilanzieren?

2. Die Druck-Zuck OHG hat in der Bilanz des Geschäftsjahres 09 bei den Finanzanlagen ein Aktienpaket in Höhe der Anschaffungskosten von 150000,00 EUR ausgewiesen. Beim Abschluss des Geschäftsjahres 10 beträgt der Kurswert der Aktien 170000,00 EUR, beim Abschluss 11 ergibt sich ein Wert von 120000,00 EUR und beim Abschluss 12 haben die Aktien einen Kurswert von 160000,00 EUR.

   Aufgabe:

   Diskutieren Sie über die Möglichkeit der Bewertung der Aktien bei den Jahresabschlüssen 10, 11 und 12!

3. Die Franz Prenner OHG kauft ein unbebautes Grundstück mit einer Größe von 3100 m^2 zum Preis von 40,00 EUR/m^2. Die Grunderwerbsteuer beträgt 3,5%, an Notariatskosten fallen 1950,00 EUR zuzüglich 19% USt an, Kosten der Grundbucheintragung 1050,00 EUR, Kosten für ein Gutachten zur Bewertung des Kaufpreises 2000,00 EUR zuzüglich 19% USt, Maklergebühren 3,0% vom Kaufpreis zuzüglich 19% USt.

   Aufgaben:

   3.1 Wie viel EUR betragen die Anschaffungskosten?

   3.2 Am Ende des Jahres wird bekannt, dass das geplante Einkaufszentrum aus baurechtlichen Gründen nicht gebaut wird. Der Verkaufswert sinkt auf 80000,00 EUR ab. Mit welchem Wert ist das Grundstück zu bilanzieren?

4. Die Hans Lemmer GmbH kauft zu Beginn des Jahres einen Kombiwagen:

Listeneinkaufspreis netto	32376,00 EUR
Überführungskosten	600,00 EUR
	32976,00 EUR
+ 19% USt	6265,44 EUR
Kaufpreis	39241,44 EUR

   Aufgaben:

   4.1 Berechnen Sie die Anschaffungskosten!

   4.2 Die Nutzungsdauer des Autos beträgt 6 Jahre (lineare Abschreibung). Wie lautet der Wertansatz zu Beginn des 3. Jahres?

   4.3 Durch einen selbst verschuldeten Unfall tritt im 3. Jahr ein Wertverlust von 2500,00 EUR ein. Wie ist am Ende des 3. Jahres zu bewerten?

14 **Hinweis**: Lösen Sie die folgenden Vorgänge nach Handels- und Steuerrecht.

1. Die Westfälische Getränke AG weist ihre Abfüllanlage, deren Nutzungsdauer 10 Jahre beträgt, zu Beginn des 7. Geschäftsjahres bei planmäßiger linearer Abschreibung mit den fortgeführten Anschaffungskosten in Höhe von 280000,00 EUR aus. Inzwischen ist eine technisch wesentlich verbesserte Anlage auf den Markt gekommen. Dadurch ist der Wert der alten Anlage um 50 % gesunken.

   Aufgaben:

   1.1 Wie viel EUR betrugen die Anschaffungskosten?

   1.2 Mit welchem Wert ist die Anlage beim Jahresabschluss im 7. Jahr zu bilanzieren?

2. Die Huber Kleinmotoren AG hat für eine eventuelle Erweiterung des Betriebes 3000 m^2 eines angrenzenden Grundstücks zum ortsüblichen Preis von 155,00 EUR/m^2 gekauft. Der Notar schickt eine Rechnung einschließlich der Umsatzsteuer in Höhe von 4284,00 EUR. Die Grundbuchkosten betrugen 6975,00 EUR. Die Grunderwerbsteuer beträgt 3,5 %. Aufgrund der vorübergehenden Flaute in der Bauwirtschaft fiel der ortsübliche Grundstückspreis zum Abschlussstichtag um 20 %.

   Aufgaben:

   2.1 Ermitteln Sie die Anschaffungskosten für das Grundstück!

   2.2 Wie ist das Grundstück beim Abschlussstichtag zu bewerten?

3. Die Textilwerke Markus Böhlen GmbH besitzen in ihrem Anlagevermögen 5000 Stückaktien der Patrik Weibel AG. Kurs am Anschaffungstag 14,25 EUR/Stück.

   Aufgabe:

   Welcher Betrag ist in der Handels- und in der Steuerbilanz anzusetzen, wenn der Kurs der Aktien am 31. Dezember 11 auf 13,05 EUR/Stück gesunken und zu Beginn des Jahres 12 wieder auf 14,55 EUR/Stück gestiegen ist?

4. Bei der Secura AG stellen sich am Ende des Geschäftsjahres folgende Bewertungsfragen:

Kauf einer Lagerhalle mit Grundstück am 1. Januar	600000,00 EUR
3,5 % Grunderwerbsteuer	21000,00 EUR

   Kosten für die Prüfung der Bodenbeschaffenheit 25000,00 EUR zuzüglich 19 % USt, Maklerkosten 11000,00 EUR zuzüglich 19 % USt.

   Der Wert des Grundstücks beträgt $^1/_5$ des Gesamtpreises, Kreditkosten infolge einer Darlehensaufnahme im Zusammenhang mit dem Kauf der Lagerhalle 2650,00 EUR, Grundsteuer 4100,00 EUR.

   Aufgaben:

   4.1 Wie viel EUR betragen die Anschaffungskosten von Gebäude und Grundstück?

   4.2 Die Nutzungsdauer des Gebäudes beläuft sich auf 50 Jahre, die Abschreibung erfolgt linear. Mit welchem Wert sind Grundstück und Gebäude zu Beginn des 3. Jahres anzusetzen?

   4.3 Ein Gutachten hat ergeben, dass das Grundstück am Ende des dritten Jahres einen Wert von 530000,00 EUR hat. Begründen Sie, ob die Secura AG diesen Wert ansetzen kann!

5. Die Nowotek GmbH hält in Form von Aktien eine Beteiligung an der Compakt AG, die mit den Anschaffungskosten in Höhe von 250000,00 EUR bilanziert wurde. Wegen eines inzwischen beseitigten Mangels an einem der Hauptprodukte kam der Aktienkurs der Compakt AG vorübergehend unter Druck und betrug bei Aufstellung des Jahresabschlusses nur noch 80 % der Anschaffungskosten.

   Aufgabe:

   Diskutieren Sie, wie die Nowotek GmbH die Beteiligung an der Compakt AG bewerten kann!

6. Die Werkzeugfabrik Ralf Weibel GmbH konstruiert und fertigt eine Formpresse für die eigene Produktion. Der Materialaufwand beträgt 21450,00 EUR, die Fertigungslöhne 14910,00 EUR, die Modellkosten 4210,00 EUR und der Werteverzehr des Anlagevermögens, soweit dieser durch die Fertigung veranlasst ist, 1890,00 EUR. Die geplante Nutzungsdauer beträgt 8 Jahre.

Der Kosten- und Leistungsrechnung liegen aus der Vorperiode folgende Daten vor:

	Materialbereich einschließlich zugeordneter Verwaltungsgemeinkosten	Fertigungsbereich einschließlich zugeordneter Verwaltungsgemeinkosten	Verwaltungsbereich (restliche Verwaltungsgemeinkosten)	Vertriebsbereich
Summe der Gemeinkosten (ohne kalkulatorische Kosten)	454250,00 EUR	4424000,00 EUR	841953,75 EUR	581713,50 EUR

Materialkosten insgesamt 6397887,00 EUR
Fertigungslöhne insgesamt 3950000,00 EUR

Die Aufwendungen für soziale Einrichtungen des Betriebs belaufen sich auf 1100,00 EUR, die Aufwendungen für die betriebliche Altersversorgung auf 3580,00 EUR und die Kosten für Grundlagenforschung im Maschinenbau auf 7790,00 EUR.

Aufgaben:

6.1 Berechnen Sie die Herstellungskosten für die Formpresse!

6.2 Mit welchem Betrag ist die Formpresse in der Bilanz anzusetzen, wenn ein möglichst hoher Jahresüberschuss ausgewiesen werden soll?

6.3 Berechnen Sie den Bilanzansatz am Ende des 1. Nutzungsjahres!

15 1. Die Herbert Breher GmbH kauft am 15. August folgende Anlagegüter zur Neuausstattung eines Großraumbüros:

5 Schreibtische zu je 1200,00 EUR, 5 Laptops zu je 950,00 EUR, 5 Schreibtischlampen zu je 145,00 EUR und 5 Bürosessel zu je 640,00 EUR jeweils zuzüglich 19% USt. Die Nutzungsdauer der Schreibtische wird mit 13 Jahren festgelegt.

Aufgaben:

1.1 Ermitteln Sie die Wertansätze für diese Anlagegüter, wenn diese steuerrechtlich anerkannt werden sollen. Das Unternehmen legt für die Bewertung § 6 II a EStG zugrunde.

1.2 In welcher Situation wäre es für das Unternehmen sinnvoll, die Abschreibungen über die voraussichtliche betriebsgewöhnliche Nutzungsdauer der Anlagegüter zu verteilen?

2. Die ABC-AG hat ein unbebautes Grundstück, das nach Auskunft der Baubehörde in der Bebauungsplanung vorgesehen ist, mit einem um 50% über den Preisen für noch nicht im Bebauungsplan einbezogene Grundstücke für 450000,00 EUR gekauft.

Wegen der Proteste von Bürgerinitiativen und der Umweltschützer erwies sich die Spekulation auf eine mögliche Bebauung als nicht realisierbar. Daraufhin wurde das Grundstück den Werten für nicht bebaubare Grundstücke angepasst und mit dem niedrigeren Wert von 300000,00 EUR angesetzt.

Durch eine nicht vorhersehbare neue politische Konstellation und eine weitere Einbeziehung von Grundstücken in die Bebauungsplanung sowie einer steuerlichen Förderung von Betriebserweiterungen und Baumaßnahmen stieg der Grundstückswert auf 550000,00 EUR an.

Aufgaben:

2.1 War die außerplanmäßige Abschreibung des Grundstücks rechtlich begründet?

2.2 Welche Bewertung kommt beim Jahresabschluss des laufenden Jahres für die Bewertung des Grundstücks infrage?

3. Die Alois Raiter AG entwickelt für ihre Geschäftsprozesse ein Softwareprogramm. Die Entwicklungskosten betragen 14800,00 EUR. Die geschätzte Nutzungsdauer beträgt 4 Jahre.

   Außerdem übernimmt die Alois Raiter AG zu Beginn des Geschäftsjahres den Wettbewerber Mathias Welter KG. Der Firmenwert wird mit 250000,00 EUR angesetzt. Die geschätzte Nutzungsdauer beträgt 5 Jahre.

   Aufgaben:

   3.1 Unter welchem Posten in der Bilanz werden die genannten Geschäftsvorgänge ausgewiesen?

   3.2 Ermitteln Sie für die beiden Geschäftsvorfälle den Bilanzansatz nach Handels- und Steuerrecht!

   3.3 Durch den Vorwurf einer unregelmäßigen Geschäftsführung der bisherigen Mathias Welter KG sinkt der Firmenwert im 2. Nutzungsjahr auf 140000,00 EUR ab. Der Betrugsvorwurf wird im 3. Jahr gerichtlich als nicht zutreffend entschieden. Der Firmenwert steigt deshalb im 3. Jahr auf 150000,00 EUR.

   Wie ist der Firmenwert im 2. und 3. Nutzungsjahr handels- und steuerrechtlich zu bilanzieren?

4. Die fortgeführten Anschaffungskosten einer Nietmaschine der Kontakt AG, deren Nutzungsdauer mit 10 Jahren anzusetzen ist, betragen zu Beginn des 4. Jahres nach der Anschaffung 49000,00 EUR. Aufgrund einer Konjunkturschwäche ist das Preisniveau für derartige Maschinen nachweislich um 20% gesunken.

   Aufgabe:

   Stellen Sie den handels- und steuerrechtlich zulässigen Bilanzansatz am Ende des 4. Geschäftsjahres nach der Anschaffung fest!

Übungsaufgaben zu den Kapiteln 2.6 und 2.7

16

1. Die Maschinenfabrik Kluge OHG kauft im Herbst einen größeren Posten Motoren zum Nettopreis von 10000,00 EUR zuzüglich 19% USt.

   Zum Ende des Geschäftsjahres kommt eine neue Generation Motoren auf den Markt, wodurch der Preis der bisherigen Motoren schlagartig um 40% am Markt sinkt. Am Bilanzstichtag zum 31. Dezember hat die Fabrik noch den halben Bestand an Motoren auf Lager.

   Aufgabe:

   Mit welchem Wert ist der Lagerbestand an Motoren zum 31. Dezember handels- und steuerrechtlich zu bewerten?

2. Im Laufe des Jahres kauft die Würzburger Industriewaren GmbH einen Posten von 20 Stück einer Handelsware zu je 1500,00 EUR zuzüglich 19% USt.

   Durch eine Preissteigerung steigt der Wert eines Stücks am Jahresende auf netto 1600,00 EUR an. Restbestand: 12 Stück.

   Aufgabe:

   Wie ist der Restposten handels- und steuerrechtlich zu bewerten?

3. Die Möbelfabrik Karl Braun e. Kfm. kauft 400 m² Eichenfurnier zum Listeneinkaufspreis von 18000,00 EUR zuzüglich 19% USt. Der Lieferer gewährt 15% Rabatt und 3% Skonto. Die Bezugskosten betragen insgesamt 561,00 EUR zuzüglich 19% USt.

   Aufgaben:

   3.1 Wie viel EUR betragen die Anschaffungskosten insgesamt und je m²?

   3.2 Mit welchem Wert ist am 31. Dez. der Restbestand von 150 m² Eichenfurnier zu bilanzieren, wenn der Einstandspreis auf 35,00 EUR je m² abgesunken ist?

   3.3 Wie wirkt sich dieser Ansatz auf den Gewinn aus?

4. Bei einer Betriebsprüfung wurde der Wertansatz für einen Bestand an Hilfsstoffen zum 31. Dezember von 42000,00 EUR beanstandet.

   Die Betriebsprüfung stellte anhand der Unterlagen Folgendes fest:

Einkaufspreis während des Jahres	40000,00 EUR
darauf gewährte Rabatte	5%
Eingangsfrachten	1000,00 EUR

   Aufgabe:

   Beurteilen Sie, ob die Beanstandung zu Recht erfolgt ist!

5. Bei der Münchner Tele GmbH wurde der Bestand an Bildschirmröhren im Laufe der Zeit durch folgende Einkäufe ergänzt:

   Anfangsbestand: 400 Stück zu je 52,00 EUR

   Einkäufe am:

3. Februar	610 Stück zu je 52,40 EUR	5. Juli	800 Stück zu je 53,10 EUR
14. April	1200 Stück zu je 52,60 EUR	19. November	150 Stück zu je 58,00 EUR

   Die Anschaffungskosten je Stück betrugen am 31. Dezember 56,20 EUR.
   Restbestand: 120 Stück.

   Aufgabe:

   Bewerten Sie den Restvorrat am 31. Dezember nach dem Fifo-Verfahren und nach der gewogenen Durchschnittswertermittlung! Welcher Wert ist handels- und steuerrechtlich anzusetzen?

6. Für eine bestimmte Art von Hilfsstoffen liegen folgende Werte vor:

Anfangsbestand am 1. Januar:	80 Stück zu je 13,00 EUR
Einkauf am 15. Februar:	120 Stück zu je 13,50 EUR
Abgang am 14. April:	100 Stück zu je 13,30 EUR
Einkauf am 6. Juni:	140 Stück zu je 14,50 EUR
Abgang am 10. November:	60 Stück zu je 14,00 EUR
Preis am 31. Dezember: 12,80 EUR	

   Aufgaben:

   6.1 Bewerten Sie den Restvorrat am 31. Dez. nach dem Lifo-Verfahren und nach der permanenten Durchschnittswertermittlung!

   6.2 Welcher Wert ist handels- und steuerrechtlich anzusetzen?

7. In einem Industriebetrieb entfallen auf den durch Inventur festgestellten Bestand an unfertigen Erzeugnissen folgende Kosten:

   Fertigungsmaterial 12000,00 EUR, Prüfung des Fertigungsmaterials 800,00 EUR, Lagerung 510,00 EUR, Fertigungslöhne 7100,00 EUR, planmäßige Abschreibung auf Maschinen der Fertigung 1280,00 EUR, außerplanmäßige Abschreibungen auf Maschinen der Fertigung 1940,00 EUR, Gehälter in der Einkaufsabteilung 1400,00 EUR, Forschungskosten 700,00 EUR, Lohnkosten für die Lohnabrechnung des Fertigungsbereichs 580,00 EUR, sonstige Fertigungsgemeinkosten 8480,00 EUR, sonstige Materialgemeinkosten 4420,00 EUR, freiwillige Sozialleistungen 1080,00 EUR, betriebliche Altersversorgung 1720,00 EUR, allgemeine Verwaltungskosten 2940,00 EUR.

Aufgaben:

Zu welchem Wert sind die unfertigen Erzeugnisse zu bilanzieren, wenn

7.1 ein möglichst niedriges Jahresergebnis,

7.2 ein möglichst hohes Jahresergebnis

angestrebt wird?

17 1. Ein Kunde, von dem wir noch 7140,00 EUR zu fordern haben (einschließlich 19 % Umsatzsteuer), gerät in Zahlungsschwierigkeiten. Am Jahresende wird der Forderungsausfall auf 30 % geschätzt.

Aufgaben:

1.1 Mit welchem Wert wird die Forderung in die Bilanz aufgenommen?

1.2 Wie viel EUR beträgt die Wertberichtigung (Abschreibung) für diese Forderung?

1.3 Nehmen Sie Stellung zu dieser Wertermittlung!

1.4 Nehmen Sie Stellung zu der Frage der Umsatzsteuerkorrektur!

2. Der Forderungsbestand der Starnecker GmbH, der sich aus einer Vielzahl von Einzelforderungen zusammensetzt, beträgt am Ende des Geschäftsjahres insgesamt 1904000,00 EUR. Der erfahrungsmäßige Forderungsausfall beträgt 3 %.

Aufgabe:

Berechnen Sie den EUR-Betrag, der als pauschale Wertberichtigung angesetzt werden kann!

18 Bilden Sie für die folgenden Geschäftsvorfälle die Buchungssätze!

1. Über das Vermögen unseres Kunden Herbert Kunst e.Kfm. wurde am 3. Februar beim zuständigen Amtsgericht das Insolvenzverfahren eingeleitet. Die Forderungen an Herbert Kunst e.Kfm. belaufen sich einschließlich 19% USt auf 2380,00 EUR.

   Am 5. Dezember des gleichen Jahres wird das Insolvenzverfahren abgeschlossen. Der Insolvenzverwalter teilt uns mit, dass keine Zahlung erfolgt.

2. Unser Kunde, die Franz Gutekunst KG, beantragt am 30. Januar einen freiwilligen (außergerichtlichen) Vergleich. Unsere Forderung an die Franz Gutekunst KG beträgt einschließlich 19% USt 5236,00 EUR.

   Am 10. Oktober des gleichen Jahres wird das Vergleichsverfahren abgeschlossen. Die Vergleichsquote beträgt 60 %. Die Vergleichsquote in Höhe von 3141,60 EUR geht auf unserem Bankkonto ein.

3. Die Franz Klappert OHG teilt uns am 15. Januar schriftlich mit, dass sie die Zahlungen eingestellt hat und das Insolvenzverfahren eröffnet worden ist. Unsere Forderungen belaufen sich auf 2499,00 EUR einschließlich 19% USt.

   Am 16. September erhalten wir vom Insolvenzverwalter die Mitteilung, dass das Insolvenzverfahren abgeschlossen worden ist. Insolvenzquote: 8,5%. Die Insolvenzquote in Höhe von 212,42 EUR geht auf unserem Bankkonto ein.

4. Vom Insolvenzverwalter erhalten wir aus dem Verfahren über unseren Kunden Herbert Kunst e.Kfm. (Geschäftsfall 1) doch noch eine Zahlung per Bankscheck in Höhe von 214,20 EUR.

5. Der Kunde Peter Friedrich teilt uns mit, dass er bei einem Verkehrsunfall schwer verletzt worden sei. Er habe hohe zusätzliche Ausgaben gehabt und sei nun zahlungsunfähig. Aufgrund der geringen Forderungshöhe von 178,50 EUR (einschließlich 19% USt) verzichten wir auf eine gerichtliche Eintreibung und schreiben unsere Forderung ab.

6. Vom Amtsgericht erhalten wir den Bescheid, dass uns in einer beantragten Zwangsvollstreckung ein Betrag von 666,40 EUR überwiesen wurde. Unsere Forderung betrug 1689,80 EUR. Eine Abschreibung auf die Forderung wurde bisher nicht vorgenommen.

7. Für eine im vergangenen Jahr abgeschriebene Forderung gehen unerwartet 1487,50 EUR (einschließlich 19 % USt) auf unserem Bankkonto ein.

8. Durch ein Versehen unserer Mahnabteilung erfolgte die Mahnung an einen Kunden nicht rechtzeitig. Unsere Forderung in Höhe von 3760,40 EUR (einschließlich 19% USt) ist verjährt! Der Kunde macht die Einrede der Verjährung geltend.

19 Beantworten Sie die nachfolgenden Verständnisfragen!

1. Begründen Sie, warum die Abschreibungen auf Forderungen vom Nettowert zu berechnen sind!

2. 2.1 Warum ist eine Umsatzsteuerkorrektur erforderlich, wenn Forderungen während des Jahres uneinbringlich werden?

   2.2 Warum entfällt eine Umsatzsteuerkorrektur, wenn der Wert der Forderungen für die Bilanzerstellung geschätzt wird?

3. Im Falle eines Kunden kommt ein außergerichtlicher Vergleich zustande. Der Kunde überweist uns auf das Bankkonto 5688,20 EUR einschließlich 19 % USt. Der Rest der Forderung in Höhe von 4498,20 EUR ist abzuschreiben.

   Bilden Sie für den Geschäftsvorfall die Buchungssätze!

20 Mit welchem Wert wird in den nachfolgenden Fällen in der Handels- bzw. Steuerbilanz bilanziert?

1. Im Wertpapierdepot der FLORA GmbH befinden sich folgende Wertpapiere des Umlaufvermögens:

   1500 Stück ABC-Aktien (Nennwert je Aktie 5,00 EUR)
   zum Anschaffungskurs von 31,50 EUR
   200 Stück Elektro-Aktien (Nennwert je Aktie 50,00 EUR)
   zum Anschaffungskurs von 322,90 EUR
   5000,00 EUR Nennwert 6 %ige Bundesanleihen zum Anschaffungskurs von 101 %

   Die Börsenkurse am Bilanzstichtag betragen:

   ABC-Aktien 29,45 EUR; Elektro-Aktien 333,60 EUR, Bundesanleihe 103 %.

   Aufgabe: Unterbreiten Sie einen begründeten Vorschlag zur Bewertung der Wertpapiere! (Spesen: Aktien 1 % vom Kurswert, Anleihen 1 % vom Nennwert)!

2. Im Umlaufvermögen der Vorjahresbilanz der Regensburger Maschinen AG waren 30 Stück Chemieaktien der Chemie Walther AG (Anschaffungskosten 105,00 EUR/Stück) enthalten.

   Im Juni 11 hat die Chemie Walther AG Berichtigungsaktien (spesenfrei) im Verhältnis 5 : 2 ausgegeben. Die Aktien der Chemie Walther AG notieren am 31. Dezember 11 mit 78,00 EUR je Stück. Für Spesen werden vereinfacht 1 % des Kurswertes gerechnet. In der vorläufigen Bilanz der Regensburger Maschinen AG wurden diese Wertpapiere am 31. Dezember 11 mit 3276,00 EUR angesetzt. Ein Verkauf dieser Wertpapiere ist für das Jahr 12 nicht geplant.

   Aufgabe: Beurteilen Sie diese Bewertung und führen Sie evtl. eine Korrektur durch! (Rechnerischer Nachweis erforderlich.)

3. Ein Industrieunternehmen hat im Umlaufvermögen 1560 Aktien, angeschafft zu 89,50 EUR/ Stück. Am Jahresende beträgt der Börsenkurs 82,20 EUR/Stück.

   Aufgabe:

   Welchen Bilanzansatz wählt das Industrieunternehmen

   3.1. bei niedrigem,

   3.2. bei hohem Jahresüberschuss?

4. Für eine vorübergehende Vermögensanlage hat die Schön & Dörfer AG 5000 Stückaktien der Chemischen Werke AG zu 85,00 EUR erworben. (Die Anschaffungsnebenkosten bleiben unberücksichtigt.)

Aufgaben:

4.1 Zu welchem Betrag sind die Aktien in der Schlussbilanz des Geschäftsjahres 11 anzusetzen, wenn der Börsenkurs am Bilanzstichtag (31. Dezember)

4.1.1 98,50 EUR/Stück

4.1.2 64,80 EUR/Stück

beträgt?

4.2 Bei der Bilanzerstellung am 15. März 12 beträgt der Aktienkurs 80,00 EUR/Stück. Ermitteln Sie den Bilanzansatz für das Geschäftsjahr 11!

4.3 Beschreiben Sie, wie das Unternehmensergebnis durch die jeweiligen Bewertungsangaben (4.1.1, 4.1.2, 4.2) beeinflusst wird!

Übungsaufgaben zu den Kapiteln 2.8 und 2.9

21

1. Mit welchem Wert sind Verbindlichkeiten bei der Entstehung grundsätzlich zu bewerten?
2. Welcher Wert entspricht dem Rückzahlungsbetrag bei Verbindlichkeiten aus Lieferungen und Leistungen?
3. Erläutern Sie das Vorsichtsprinzip bei der Bewertung von Verbindlichkeiten!
4. Wie ist auf die Bewertung einer Verbindlichkeit zu reagieren, wenn sich im Vergleich zur Entstehung zum Zeitpunkt der Bilanzaufstellung eine voraussichtlich vorübergehende Werterhöhung eingestellt hat

4.1 in der Handelsbilanz,

4.2 in der Steuerbilanz?

22

1. Eine Liefererverbindlichkeit im Wert von 12000,00 USD und mit einer Laufzeit von 15 Monaten wurde am Entstehungstag zum damaligen Devisenkassamittelkurs mit 8850,00 EUR bilanziert. Am 31. Dezember 20.. beträgt der Tageswert 9030,00 EUR.

Aufgaben:

1.1 Ermitteln Sie handels- und steuerrechtlich den Bilanzwert zum 31. Dezember 20..!

1.2 Welche Auswirkung hat der Anstieg des Devisenkassamittelkurses auf das Unternehmensergebnis?

2. Die Verbindlichkeiten aus Rohstofflieferungen belaufen sich am 31. Dezember 20.. auf 29500,00 EUR. Da wir die Schulden zu Beginn des neuen Jahres unter Abzug von 3% Skonto begleichen wollen, werden sie in der Bilanz mit 28615,00 EUR ausgewiesen.

Aufgabe:

Nehmen Sie hierzu Stellung!

3. Eine Liefererverbindlichkeit in Höhe von 22000,00 CHF und mit einer Laufzeit von 24 Monaten wurde am 31. Dezember 10 (Bilanzstichtag) zum damaligen Devisenkassamittelkurs von 1,2205 bilanziert.

Aufgaben:

3.1 Am 31. Dezember 11 beträgt der Devisenkassamittelkurs 1,2413. Wie ist handels- und steuerrechtlich zu bewerten?

3.2 Am 31. Dezember 11 beträgt der Devisenkassamittelkurs 1,2140. Wie ist handels- und steuerrechtlich zu bewerten?

18 Hempel - ISBN 978-3-8120-0655-2

4. In dem Posten Verbindlichkeiten aus Lieferungen und Leistungen sind zwei Rechnungen eines Lieferers mit einem Ziel von 3 Monaten enthalten:

   Rechnung 1 vom 12. September 20..: 120000,00 GBP

   Rechnung 2 vom 12. November 20..: 100000,00 GBP.

   Für GBP wurden folgende Devisenkassamittelkurse notiert:

   12. September 20..: EUR 0,9069

   12. November 20..: EUR 0,9231

   31. Dezember 20..: EUR 0,9190

   Aufgaben:

   4.1 Ermitteln Sie den Rechnungsbetrag der beiden Rechnungen!

   4.2 Mit welchem Wert müssen die beiden Rechnungen in der Bilanz zum 31. Dezember 20.. ausgewiesen werden?

   4.3 Beschreiben Sie, wie das Unternehmensergebnis durch die Bewertung beeinflusst wird!

   4.4 Erläutern Sie den Bewertungsgrundsatz, der hier anzuwenden ist!

5. Eine Maschinenfabrik hat Fertigteile aus Schweden im Wert von 15200 SEK bezogen. Vereinbart ist ein Zahlungsziel von 60 Tagen. Der Devisenkassamittelkurs am Buchungstag der Rechnung (15. November) beträgt 8,6213 SEK/EUR. Am 31. Dezember (Bilanzstichtag) beträgt der Devisenkassamittelkurs 8,6425 SEK/EUR.

   Aufgabe:

   Mit welchem Wert sind die Verbindlichkeiten am 31. Dezember zu bilanzieren? Begründen Sie Ihre Entscheidung!

6. Wie wirkt sich ein in der Fremdwährung vereinbarter Preis einer Importware auf den Europreis aus, wenn

   6.1 der Kurs für den Euro steigt,

   6.2 der Kurs für den Euro sinkt?

7. Wie ist bei einer vereinbarten Verbindlichkeit mit einer Laufzeit von 18 Monaten zu reagieren, wenn sich am Bilanzstichtag herausstellt, dass im Vergleich zum Rechnungseingang

   7.1 der Kurs für einen Euro gestiegen ist,

   7.2 der Kurs für einen Euro gesunken ist?

23

1. Wir beziehen Rohstoffe laut vorliegender Rechnung in Höhe von 13090,00 EUR einschließlich 19% USt.

   Aufgaben:

   Nehmen Sie Stellung zu folgender Frage: Ist die Verbindlichkeit auszuweisen

   1.1 mit dem Nettowert in Höhe von 11000,00 EUR oder

   1.2 mit dem Bruttowert in Höhe von 13090,00 EUR?

2. Die Planbau GmbH nimmt am 5. Januar 20.. ein Darlehen in Höhe von 200000,00 EUR auf. Es wird ein Disagio von 4% vereinbart.

   Aufgaben:

   2.1 Welcher Betrag wird der Planbau GmbH auf dem Konto gutgeschrieben?

   2.2 Mit welchem Betrag ist die Verbindlichkeit auszuweisen?

   2.3 Welche Möglichkeiten bestehen für die Behandlung des Disagios

   2.3.1 handelsrechtlich,

   2.3.2 steuerrechtlich?

3. Die Zip-Zap AG bezieht Tackergeräte aus Norwegen zu einem vereinbarten Preis von 80 000,00 NOK. Das Zahlungsziel beträgt 90 Tage.

   Aufgaben:

   3.1 Mit welchem Wert ist die Eingangsrechnung zu erfassen, wenn zum Zeitpunkt des Rechnungseingangs der Devisenkassamittelkurs wie folgt lautet: NOK 7,2939?

   3.2 Wie ist die noch ausstehende Rechnung handels- und steuerrechtlich zu bewerten, wenn am Bilanzstichtag folgender Devisenkassamittelkurs gilt: NOK 7,0256? Begründen Sie Ihre Entscheidung!

4. Wir beziehen Vorprodukte aus der Schweiz zu einem vereinbarten Preis in Höhe von 65 850,00 CHF. Der Lieferer gewährt uns einen Liefererkredit mit einer Laufzeit von 9 Monaten.

   Aufgaben:

   4.1 Wie ist die Verbindlichkeit der Eingangsrechnung auszuweisen, wenn der Devisenkassamittelkurs 1,4628 CHF notiert?

   4.2 Wie ist die Verbindlichkeit am Bilanzstichtag handels- und steuerrechtlich zu bilanzieren, wenn der Devisenkassamittelkurs 1,3985 CHF notiert?

5. Die Rechnung für eine aus den USA bezogene Spezialmaschine lautet über 985 800,00 USD. Zum Zeitpunkt des Rechnungseingangs wird der Euro mit 1,3150 USD notiert. Zahlungsziel 60 Tage.

   Aufgaben:

   5.1 Mit welchem Betrag ist die Verbindlichkeit auszuweisen?

   5.2 Wie ist die Verbindlichkeit zu bilanzieren, wenn am Bilanzstichtag der Euro mit 1,3260 USD notiert wird?

6. Die Porta GmbH hat eine Darlehensforderung in Höhe von 100 000,00 USD zum Kurs von USD 1,30 am 01. 11. 10. Der Kurs am 31. 12. 10 beträgt USD 1,32.

   Aufgaben:

   Wie ist die Darlehensforderung in der Handelsbilanz zum 31. 12. 10 auszuweisen, wenn die Darlehensforderung

   6.1 am 31. März 12,

   6.2 am 31. März 11

   fällig ist?

7. Die Friedrich Hagel AG entscheidet sich aufgrund der günstigen Kreditbedingungen für die Aufnahme eines Auslandskredits bei einer Schweizer Bank.

   Kreditbetrag (Nennwert) CHF 1 200 000,00, Auszahlung 96 %, Laufzeit vom 01. 04. 10 – 01. 04. 15, Rückzahlung am Ende der Laufzeit in einer Summe. Devisenkassamittelkurs am 01. 04. 10 CHF 1,5230 und am 31. 12. 10 (Bilanzstichtag) 1,5050.

   Das Unternehmen zielt darauf ab, einen möglichst hohen Jahresüberschuss auszuweisen. Es ist nach Handelsrecht zu bewerten.

   Aufgaben:

   7.1 Bilden Sie den Buchungssatz für die Kreditaufnahme am 01. 04. 09!

   7.2 Wie würde der Buchungssatz für die Kreditaufnahme lauten, wenn das Unternehmen einen möglichst geringen Jahresüberschuss ausweisen möchte?

   7.3 Mit welchem Wert ist der Kredit am Bilanzstichtag auszuweisen? Bilden Sie die entsprechenden Buchungssätze!

24 Für ein Großprojekt hat die Hochtief Bau AG eine freiwillige Gewährleistung übernommen. Die Restlaufzeit beträgt 4 Jahre. Für diese Gewährleistung ist eine Rückstellung von 50 000,00 EUR zu bilden. Der Abzinsungszinssatz beträgt 4 %.

Aufgaben:

1. Ermitteln Sie die Barwerte für die Rückstellungen am Bilanzstichtag des ersten Wirtschaftsjahres und den vier Folgejahren! Der Abzinsungszinssatz bleibt unverändert.
2. Bilden Sie den Buchungssatz für die Bildung der Rückstellung am Bilanzstichtag des ersten Wirtschaftsjahres!
3. Ermitteln Sie die sich aus der Diskontierung ergebenden Aufwendungen und Erträge in den Wirtschaftsjahren und buchen Sie diese im Grundbuch!
4. Die Hochtief Bau AG wird nicht aus der Gewährleistung in Anspruch genommen. Wie ist am Ende der Gewährleistungsfrist zu buchen?
5. Welche Auswirkungen haben Rückstellungen auf das Unternehmensergebnis?
6. Suchen Sie zwei weitere Beispiele, bei denen die Hochtief Bau AG in der Handelsbilanz Rückstellungen bilden müsste!
7. Warum müssen Rückstellungen mit einer Restlaufzeit von über einem Jahr diskontiert werden?

25 Bilden Sie auf der Grundlage des Handelsrechts die Buchungssätze für die im alten und für die im neuen Geschäftsjahr anfallenden Buchungen:

1. 1.1 Für eine im alten Jahr unterlassene Reparatur am Geschäftsgebäude soll beim Jahresabschluss eine Rückstellung in Höhe von 3000,00 EUR gebildet werden. Der Auftrag soll im Februar ausgeführt werden.

   1.2 Die Ausführung erfolgt tatsächlich im März.

Der Rechnungsbetrag über netto	3500,00 EUR
+ 19% USt	665,00 EUR
wird per Bankscheck beglichen	4165,00 EUR

2. 2.1 Für einen schwebenden Prozess soll beim Jahresabschluss eine Rückstellung für Anwaltskosten in Höhe von 1500,00 EUR gebildet werden. Der Prozess wird wahrscheinlich im kommenden Geschäftsjahr beendet werden.

   2.2 Die per Banküberweisung im Januar gezahlten Rechtsanwaltskosten

betragen netto	1200,00 EUR
+ 19% USt	228,00 EUR
	1428,00 EUR

3. Für eingegangene Kulanzverpflichtungen wurde zum 31. Dezember eine Rückstellung in Höhe von 20000,00 EUR gebildet. Darüber hinaus sind wir bei einem Kunden gezwungen, aus Kulanzgründen eine kostenlose Nachlieferung in Höhe von ca. 500,00 EUR vorzunehmen. Beide Verpflichtungen sind im kommenden Geschäftsjahr zu erfüllen.
4. 4.1 Für eine im kommenden Geschäftsjahr zu erwartende Körperschaftsteuerzahlung wird zum 31. Dezember eine Rückstellung von 5000,00 EUR gebildet.

   4.2 Die Steuerschuld beträgt lt. Steuerbescheid 5500,00 EUR und wird im Juni per Banküberweisung beglichen.

   4.3 Laut Steuerbescheid sind genau 5000,00 EUR zu zahlen, die durch Banküberweisung im Juni überwiesen werden.

   4.4 Laut Steuerbescheid sind nur 4500,00 EUR zu zahlen. Die Banküberweisung erfolgt im Juni.
5. 5.1 Die Hansen GmbH hat ihren Beschäftigten im Jahr 01 erstmalig eine Pensionszusage gemacht. Ein Gutachter hat unter Berücksichtigung der zukünftigen Lohn- und Rentenentwicklung einen Erfüllungsbetrag in Höhe von 480000,00 EUR ermittelt. Dabei hat er eine durchschnittliche Restlaufzeit von $n = 15$ angenommen. Das Unternehmen will am 31.12. des Jahres 01 eine Pensionsrückstellung in voller Höhe bilden. Die Abzinsung soll pauschal zum von der Deutschen Bundesbank ermittelten Marktzins erfolgen, der aus dem 7-jährigen Durchschnitt der Zinssätze für 15-jährige Laufzeiten gebildet und veröffentlicht wurde. Er soll angenommen 4,7% betragen.

Aufgaben:

5.1.1 Ermitteln Sie den Barwert der Pensionszusage für das Jahr 01!

5.1.2 Bilden Sie den Buchungssatz für die Pensionszusage und die Diskontierung am Bilanzstichtag des Jahres 01!

5.2 Wegen einer stark verschlechterten Wirtschaftsentwicklung musste die Hansen GmbH im Jahr 02 die Zahl ihrer Beschäftigten reduzieren. In einem zum 31.12. erstellten Gutachten über die Pensionsverpflichtungen wird ein Erfüllungsbetrag von 400000,00 EUR errechnet. n = 15. Der Diskontierungszinssatz bleibt unverändert bei 4,7%.

Aufgaben:

5.2.1 Ermitteln Sie den Barwert der Pensionszusage am Bilanzstichtag für das Jahr 02!

5.2.2 Bilden Sie den Buchungssatz für die Anpassung der Pensionsverpflichtungen zum Bilanzstichtag 02!

5.2.3 Mit welchem Betrag erscheinen die Pensionsrückstellungen in der Bilanz zum Bilanzstichtag 02?

5.3 Ab dem Jahr 03 werden keine neuen Pensionsverpflichtungen eingegangen. Die bisher gebildeten Pensionsrückstellungen sollen – wie im Jahre 02 zugesagt – am Erfüllungstag an die Berechtigten ausgezahlt werden.

Aufgaben:

5.3.1 Mit welchem Betrag sind die Pensionsrückstellungen zum Bilanzstichtag des Jahres 03 zu bilanzieren?

5.3.2 Wie sind die Pensionsrückstellungen zum Bilanzstichtag 03 zu buchen, wenn der Diskontierungszinssatz unverändert bleibt?

6. Welche Aussage zur Bildung von Rückstellungen ist richtig?

6.1 Rückstellungen müssen u.a. gebildet werden für ungewisse Verbindlichkeiten.

6.2 Rückstellungen müssen gebildet werden, um eventuell entstehende Fehlbeträge ausgleichen zu können.

6.3 Rückstellungen müssen gebildet werden, um die Eigenkapitalbasis zu stärken.

6.4 Rückstellungen müssen gebildet werden, um das allgemeine Unternehmerwagnis auszugleichen.

6.5 Rückstellungen dürfen gebildet werden zum Ausgleich unterlassener Abraumbeseitigung.

26 Ermitteln Sie die Wertansätze für eine Rückstellung in der Handelsbilanz zum 31.12.20..!

1. Für eingegangene Garantieverpflichtungen rechnen wir mit einer Inanspruchnahme in Höhe von 20000,00 EUR zuzüglich 19% USt. Die Garantieverpflichtung wurde mit dem Kunden für eine Restlaufzeit von drei Jahren vereinbart und wird am **Ende** der Laufzeit fällig. Der Abzinsungszinssatz beträgt 5%.
2. Im April des nächsten Jahres sollen Erweiterungsarbeiten am Betriebsgebäude durchgeführt werden. Die geschätzten Aufwendungen liegen bei 5600,00 EUR zuzüglich 19% USt. Der Abzinsungszinssatz beträgt 4%.
3. Der Ausgang eines von uns angestrengten Prozesses ist ungewiss. Im schlimmsten Fall kommen Prozesskosten in Höhe von 2300,00 EUR auf uns zu. Das Urteil wird in spätestens 5 Monaten erwartet. Der Abzinsungszinssatz beträgt 4%.
4. Eine Rückstellung für strittige Schadensersatzforderungen mit einer erwarteten Restlaufzeit von zwei Jahren beträgt 21400,00 EUR. Der Abzinsungszinssatz beträgt 4,5%.

Aufgaben:

4.1 Mit welchem Barwert ist die Rückstellung am Bilanzstichtag zu bilanzieren?

4.2 Ermitteln Sie den Abzinsungsbetrag und bilden Sie den Buchungssatz für die Abzinsung!

5. Es sind Pensionsrückstellungen für 200 Mitarbeiter zu bilden. Die Rückstellungen werden ausschließlich in festverzinslichen Wertpapieren angelegt. Der beizulegende Zeitwert der Wertpapiere beträgt 60 000,00 EUR. Gegenüber jedem Mitarbeiter wird eine Pensionszusage mit einem Zeitwert von 350,00 EUR abgegeben.

   Aufgabe:

   Wie ist die Pensionsverpflichtung bei der Bilanzierung zu behandeln?

Übungsaufgaben zur Gesamtwiederholung des Kapitels 2

27 Für die Allgäuer Käserei AG sind folgende Bewertungsfragen zu klären:

1. Am 2. Mai 20.. wurde ein Betriebsgebäude (Nutzungsdauer: 40 Jahre) für 1 280 000,00 EUR erworben. Auf das Grundstück entfielen davon 300 000,00 EUR.

   Der Kaufpreis wurde zum Teil durch Aufnahme eines grundbuchmäßig abgesicherten Kredits in Höhe von 900 000,00 EUR finanziert. Im Zusammenhang mit dem Erwerb fielen folgende zusätzliche Kosten an:

3,5 % Grunderwerbsteuer	? EUR
Notarkosten einschl. 19 % Umsatzsteuer	7 616,00 EUR
Grundbuchkosten für die Eigentumsübertragung	1 024,00 EUR
Eintragung einer Grundschuld	896,00 EUR

   Aufgaben:

   1.1 Mit welchem Wert ist das bebaute Grundstück am 31. Dezember 20.. in der Handelsbilanz anzusetzen, wenn linear abgeschrieben wird? (Beträge auf volle EUR runden.)

   1.2 Welche Bewertung ergibt sich für die Steuerbilanz?

2. Um die Qualität der Produkte zu steigern, wurde am 2. August 20.. eine neue Schneide- und Verpackungsmaschine für netto 390 000,00 EUR zuzüglich 19 % Umsatzsteuer angeschafft. Die betriebsgewöhnliche Nutzungsdauer beträgt 8 Jahre. Der Rechnungsbetrag wurde unter Abzug von 2 % Skonto beglichen. Für die Skontozahlung wurde ein Kontokorrentkredit aufgenommen. Die Bank berechnet 5 040,00 EUR Zinsen.

   Aufgabe:

   Wie ist die Schneide- und Verpackungsmaschine handels- und steuerrechtlich zu bewerten?

3. Am Bilanzstichtag beträgt der Vorrat an Verpackungscontainern 68 Stück. Der Kauf erfolgte am 15. Juni 20.. zu netto 23,00 EUR je Stück.

   Aufgabe:

   Wie ist der Bestand am 31. Dezember 20.. handels- und steuerrechtlich zu bewerten, wenn der Marktpreis zum Bilanzstichtag 22,65 EUR/Stück beträgt?

4. Die Allgäuer Käserei AG bezog von einem Schweizer Hersteller eine neue Einrichtung für das Reifelager. Die Rechnung vom 15. November 20.. lautet über 45 000,00 CHF, fällig am 15. Januar des folgenden Jahres.

   Devisenkassamittelkurs am 15. November 20..: 1,2820
   Devisenkassamittelkurs am 31. Dezember 20..: 1,2650

   Aufgaben:

   4.1 Wie ist die Verbindlichkeit der Eingangsrechnung auszuweisen?

   4.2 Mit welchem Wert ist die Verbindlichkeit am 31. Dezember 20.. handels- und steuerrechtlich zu bewerten?

5. Die Allgäuer Käserei AG besitzt in ihrem Umlaufvermögen zwei Positionen von Aktien:
   - 5200,00 EUR Nennwert, Stückelung im Nennwert von 5,00 EUR, Anschaffungskurs 37,50 EUR, Börsenkurs am 31. Dezember 20.. 41,80 EUR und
   - 3460,00 EUR Nennwert, Stückelung im Nennwert von 1,00 EUR, Anschaffungskurs 11,24 EUR, Börsenkurs am 31. Dezember 20.. 10,48 EUR.

   Aufgabe:

   Mit welchem Wertansatz sind die Wertpapiere am 31. Dezember 20.. handels- und steuerrechtlich zu bewerten? (Spesen bleiben unberücksichtigt.)

6. In der Betriebsschlosserei der Allgäuer Käserei AG wurde im Dezember 10 eine Käsewendeeinrichtung erstellt, die aktiviert werden muss. Folgende Werte liegen aus der Kostenrechnung vor:

   Verbrauch von Fertigungsmaterial 5000,00 EUR, Fertigungslöhne 6600,00 EUR, Kosten für Spezialwerkzeuge 1120,00 EUR, angemessene Teile der Materialgemeinkosten 400,00 EUR, angemessene Teile der Fertigungsgemeinkosten 5820,00 EUR, planmäßige Abschreibung auf die Fertigungsanlagen 3100,00 EUR, außerplanmäßige Abschreibung auf die Fertigungsanlagen 2700,00 EUR, angemessene Teile der allgemeinen Verwaltung 2050,00 EUR, Kosten für Jubiläumsgeschenke 700,00 EUR, Aufwendungen für Kantine und sonstige soziale Einrichtungen des Betriebs 3020,00 EUR, Zuwendungen an Pensionskassen 1600,00 EUR, Fremdkapitalzinsen, die direkt der Herstellungsfinanzierung dienen, für den Herstellungszeitraum 1940,00 EUR, Entwicklungskosten 4200,00 EUR, Vertriebskosten 1190,00 EUR.

   Die Nutzungsdauer der Käsewendeeinrichtung wird auf 5 Jahre festgelegt.

   Aufgaben:

   6.1 Geben Sie die höchstmöglichen Herstellungskosten nach Handelsrecht an!

   6.2 Könnte der niedrigste Wertansatz der Herstellungskosten nach Handelsrecht auch für die Steuerbilanz herangezogen werden? Begründung!

   6.3 Erläutern Sie, wie sich die Wahl des höchstmöglichen Ansatzes auf den Gewinn des Jahres 10 und den erwarteten Gewinn des folgenden Jahres auswirkt!

   6.4 Mit welchem Wert ist die Käsewendeeinrichtung im Jahr 11 zu bilanzieren, wenn durch einen Materialfehler ein Wertverlust von 1800,00 EUR eingetreten ist?

28 **Hinweis:** Lösen Sie die folgenden Vorgänge nach Handelsrecht.

Die Bremsen Klotz AG, ein bekannter Autozulieferer, befindet sich in einer schwierigen finanziellen Lage. In der Bilanz und der Erfolgsrechnung zum 31. Dezember 11 sollte das volle Ausmaß der Probleme des Unternehmens jedoch noch nicht erkennbar werden. Es wurde daher ein Jahresüberschuss von 9 Mio. EUR ausgewiesen.

Im Anhang zur Bilanz finden sich folgende Erläuterungen:

> „Das Sachanlagevermögen wurde zu Anschaffungskosten, vermindert um planmäßige Abschreibungen, bewertet. Die in den nächsten Jahren geplanten Investitionen und die angespannte Preissituation auf den Absatzmärkten waren der Anlass, im Abschluss von der degressiven zur linearen Abschreibungsmethode überzugehen. Der Abschreibungsbetrag wäre bei degressiver Abschreibungsmethode um 10960 TEUR höher gewesen.

Aufgaben:

1. Beurteilen Sie die in dem Auszug dargestellte Maßnahme im Hinblick auf das angestrebte Bilanzierungsziel! Zeigen Sie die Auswirkungen auf den Jahresabschluss!
2. Am 2. Mai 09 erwarb die Bremsen Klotz AG eine Maschinenhalle für 2600000,00 EUR (Nutzungsdauer 25 Jahre). Die Grundstücksfläche beträgt 3000 m^2 (Grundstückswert

50 EUR/m²). An Kosten fielen an: Grunderwerbsteuer 3,5 %; Notariats- und Maklergebühren 78000,00 EUR zuzüglich 19 % USt.

Aufgabe:

Ermitteln Sie den Bilanzansatz zum 31. Dezember 11!

3. Zur Rationalisierung kaufte die Bremsen Klotz AG am 1. Juni 11 eine neue automatische Spezialdrehbank zum Listeneinkaufspreis von 165000,00 EUR. Die Nutzungsdauer beträgt 16 Jahre. Die Transportkosten betrugen 2408,00 EUR, die Kosten der Fundamentierungsarbeiten 17897,00 EUR und der Montagearbeit 3645,00 EUR. Alle Werte sind Nettowerte. Bei der Bezahlung des Listeneinkaufspreises der Maschine wurden 3 % Skonto in Anspruch genommen.

   Aufgaben:

   3.1 Ermitteln Sie die Anschaffungskosten des Automaten!

   3.2 Errechnen Sie den Bilanzansatz unter Berücksichtigung der Bewertungsgrundsätze!

4. Zum Ende des Jahres 11 liegen noch unfertige Erzeugnisse auf Lager, für die die Kostenrechnung folgende Zahlen ausweist:

Einzelkosten	
Verbrauch von Fertigungsmaterial	3200 TEUR
Fertigungslöhne	
– Gießerei	450 TEUR
– Dreherei	945 TEUR
– Montage	1395 TEUR
Sondereinzelkosten (Konstruktion)	240 TEUR
Gemeinkostenzuschlagssätze	
Angemessene Fertigungsgemeinkosten	
– Gießerei	120 %
– Dreherei	140 %
– Montage	40 %
Angemessene Materialgemeinkosten	35 %
Angemessene allgemeine Verwaltungskosten	2460 TEUR
Lineare Abschreibungen auf Maschinen der Fertigung	950,00 TEUR
Freiwillige Sozialleistungen	210,00 TEUR
Betriebliche Altersversorgung	1040,00 TEUR

   Aufgaben:

   4.1 Berechnen Sie den Bilanzansatz! (Beachten Sie die Zielsetzung der Bremsen Klotz AG!)

   4.2 Um wie viel Euro vermindert sich der Jahresüberschuss, wenn die AG einen möglichst niedrigen Gewinnausweis anstrebt?

29 1. Die Dresdner Holzbau OHG weist ihr betriebseigenes Feuerwehrfahrzeug, dessen Nutzungsdauer 10 Jahre beträgt, zu Beginn des 7. Geschäftsjahres bei planmäßiger linearer Abschreibung mit den fortgeschriebenen Anschaffungskosten in Höhe von 140000,00 EUR aus. Inzwischen ist ein technisch wesentlich verbessertes Feuerwehrfahrzeug auf den Markt gekommen. Dadurch ist der Wert des alten Feuerwehrfahrzeugs um 50% gesunken.

   Aufgaben:

   1.1 Wie viel EUR betrugen die Anschaffungskosten?

   1.2 Mit welchem Wert ist das betriebseigene Feuerwehrfahrzeug beim Jahresabschluss im 7. Jahr zu bilanzieren?

2. Die Solarwerke Hans Wetzel AG haben am 16.03.20.. unter anderem folgende Geschäfte getätigt:
   - Kauf eines Pkw für den Geschäftsführer: Nettopreis einschließlich aller Anschaffungsnebenkosten 80100,00 EUR. Betriebsgewöhnliche Nutzungsdauer 6 Jahre. Lineare Abschreibung.
   - Kauf von Aktien zur langfristigen Anlage: 50000 Stückaktien der Energiewelt AG, Kurs 21,50 EUR.

   Aufgaben:

   2.1 Mit welchem Wert kann der Pkw am Ende des 2. Nutzungsjahres handelsrechtlich bilanziert werden? Infolge einer kurzfristigen Wirtschaftsflaute sind die Marktpreise für Pkw allgemein gesunken. Der Marktpreis für den Pkw liegt am Ende des 2. Nutzungsjahres bei 45000,00 EUR.

   2.2 Mit welchem Wert können die Aktien am Ende des Geschäftsjahres in der Handels- und Steuerbilanz bilanziert werden, wenn der Kurs der Aktien auf 16,40 EUR gefallen ist?

   2.3 Im Folgejahr ist der Kurs der Aktien auf 26,80 EUR gestiegen. Mit welchem Wert sind die Aktien am Bilanzstichtag handelsrechtlich zu bilanzieren?

3. Die Franz Weber GmbH erhält ein Darlehen von ihrer Hausbank in Höhe von 480000,00 EUR, Auszahlung 98%, Laufzeit 10.02.10 – 10.02.15, Rückzahlung am Ende der Laufzeit in einer Summe.

   Das Unternehmen zielt darauf ab, einen möglichst hohen Jahresüberschuss auszuweisen.

   Aufgaben:

   3.1 Bilden Sie den Buchungssatz für die Kreditaufnahme am 10.02.10!

   3.2 Wie würde der Buchungssatz lauten, wenn die Franz Weber GmbH einen möglichst geringen Jahresüberschuss ausweisen möchte?

   3.3 Mit welchem Wert ist das Darlehen am Bilanzstichtag auszuweisen? Bilden Sie die entsprechenden Buchungssätze!

4. Die Franz Wessel KG bildet am Bilanzstichtag (31. Dezember) für folgende Geschäftsvorfälle Rückstellungen:
   - für eine unterlassene Instandhaltung. Die Arbeiten sind bis März des Folgejahres abgeschlossen. Gesamtkosten 84500,00 EUR.
   - für eine Kulanzverpflichtung in Höhe von 140000,00 EUR und einer Restlaufzeit von 2 Jahren.

   Die Franz Wessel KG rechnet mit einem Abzinsungszinssatz von 4%.

   Aufgaben:

   4.1 Mit welchem Wert sind die jeweiligen Rückstellungen am Bilanzstichtag zu bilanzieren?

   4.2 Ermitteln Sie den Abzinsungsbetrag und bilden Sie den Buchungssatz für die Abzinsung!

Übungsaufgaben zu Kapitel 3

30

1. Welche Zielsetzungen verfolgen die Rechnungslegungsvorschriften IAS/IFRS?
2. Erläutern Sie den Begriff „kapitalmarktorientierte Unternehmen"!
3. Grenzen Sie die Begriffe framework, IAS und IFRS voneinander ab!

19 Hempel - ISBN 978-3-8120-0655-2

4. Beschreiben Sie stichwortartig den Aufbau eines International Accounting Standards!

5. Geben Sie einen Überblick über die Prinzipien der Rechnungslegung nach IAS/IFRS!

6. Vergleichen Sie das Realisationsprinzip nach HGB und nach IAS/IFRS!

31 1. Welches Prinzip gilt bei der Zurechnung von Vermögenswerten nach IAS/IFRS?

2. Vergleichen Sie die Bewertungsvorschriften für die Berechnung der Anschaffungskosten nach HGB und IFRS!

3. Stellen Sie in einer Tabelle die Grundbegriffe dar, die nach IAS/IFRS für die Zugangsbewertung und die Folgebewertung von Vermögenswerten von Bedeutung sind!

4. Die Fritz Brandner AG kauft von der Thermes AG Textilmaschinen im Wert von 180500,00 EUR zuzüglich 19% USt. Vereinbart sind 3% Skonto bei Zahlung innerhalb 60 Tagen. Die Transport- und Versicherungskosten belaufen sich auf 4800,00 EUR zuzüglich 19% USt. Es fallen folgende weitere Kosten an: Kosten für die Standortvorbereitung 8200,00 EUR, Montagekosten 7100,00 EUR, Kosten für Probeläufe 3900,00 EUR, Honorarkosten für den Baustatiker 1990,00 EUR jeweils zuzüglich 19%. Die geschätzten Kosten für Abbruch und Abräumen von Sachanlagen und die Wiederherstellung des Standorts sowie für den Abtransport der Textilmaschinen betragen 19750,00 EUR. An Verwaltungskosten, die der Investition direkt zuzurechnen sind, fallen 4820,00 EUR an.

   Aufgaben:

   4.1 Wodurch ist ein Vermögenswert (asset) nach IFRS charakterisiert?

   4.2 Berechnen Sie die Anschaffungskosten für die Textilmaschinen!

5. Für die Fertigung von Gussteilen für Verpackungsmaschinen stellt die Wilhelm Stocker GmbH die Werkzeuge im eigenen Betrieb her. Es fallen folgende Kosten an:

   Verbrauch an Fertigungsmaterial 8400,00 EUR, Fertigungslöhne 6200,00 EUR, Kosten für die Konstruktion 4900,00 EUR, Lizenzkosten für eine Patentübernahme 5000,00 EUR, Abschreibung auf die eingesetzten Fertigungsanlagen 960,00 EUR, produktionsbezogener Materialgemeinkostensatz 18%, produktionsbezogener Fertigungsgemeinkostensatz 78%, Verwaltungsgemeinkostensatz 11% (hiervon sind produktionsbezogen 5%, nicht produktionsbezogen 4%, vertriebsbezogen 2%), Kosten für freiwillige soziale Leistungen, soziale Einrichtungen und betriebliche Altersversorgung 3840,00 EUR (hiervon produktionsbezogen 2100,00 EUR, der Rest ist nicht produktionsbezogen), Kosten für die konstruktionsbezogene Grundlagenforschung 7200,00 EUR, Kosten für Weiterentwicklung des Werkzeugs 1900,00 EUR, Lagerkosten der Werkzeuge 810,00 EUR.

   Aufgabe:

   Berechnen Sie den Wertansatz der selbst gefertigten Werkzeuge!

6. 6.1 Erläutern Sie den Begriff fair value!

   6.2 Durch welche Bewertungsverfahren kann der fair value bestimmt werden?

7. 7.1 Erläutern Sie den Begriff erzielbarer Betrag nach IAS 36.6!

   7.2 Nennen Sie jeweils zwei Beispiele, bei denen dieser Begriff herangezogen werden muss bzw. nicht herangezogen werden darf!

32 1. Wie werden die Anschaffungskosten eines bebauten Grundstücks ermittelt?

2. Welche Wahlmöglichkeiten gibt es bei der Folgebewertung von Sachanlagen nach IAS?

3. In welchen Fällen sind Sachanlagen nach IAS außerplanmäßig abzuschreiben?

4. Die Singener Alu AG hat zu Jahresbeginn von einem angrenzenden Unternehmen eine Fertigungshalle gekauft. Der Kaufpreis beträgt 3,3 Mio. EUR, wobei 500000,00 EUR auf das Grundstück entfallen. An Nebenkosten sind die Notariatsgebühren in Höhe von

12376,00 EUR einschließlich 19% USt und 3,5% Grunderwerbsteuer angefallen. Die Abbruch- und Entsorgungskosten am Ende der Nutzungsdauer liegen lt. Gutachten bei 295000,00 EUR zuzüglich 19% USt.

Aufgaben:

4.1 Ermitteln Sie im Rahmen der Zugangsbewertung die Anschaffungskosten von Gebäude und Grundstück!

4.2 Für die Folgebewertung der Sachanlagegruppe „bebaute Grundstücke" hat sich das Management für das Anschaffungskostenmodell entschieden, da mit einer Wertsteigerung von Industrie-Immobilien nicht gerechnet wird.

Berechnen Sie den Bilanzansatz am Ende des ersten Jahres, wenn die Fertigungshalle noch 20 Jahre genutzt werden kann!

5. Die Managementfit GmbH hat mehrere Schulungszentren in landschaftlich reizvollen Gegenden. Unter anderem hat die Managementfit GmbH vor 5 Jahren in Meersburg in Seesichtlage ein Tagungshotel für 3,6 Mio. EUR einschließlich aller Nebenkosten erworben.

Aufgaben:

5.1 Führen Sie die Zugangsbewertung durch, wenn sich die Anschaffungskosten im Verhältnis 2 : 1 auf Gebäude und Grundstück verteilen!

5.2 Die Folgebewertung soll nach dem Neubewertungsmodell erfolgen, da erfahrungsgemäß in solchen Lagen mit erheblichen Wertsteigerungen gerechnet werden kann. Die Neubewertung wurde bisher alle zwei Jahre mit folgenden Ergebnissen durchgeführt:

- Wert lt. Sachverständigengutachten am Ende des 2. Jahres:
  Grundstück: 1,4 Mio. EUR, Gebäude 2,3 Mio. EUR
- Wert lt. Sachverständigengutachten am Ende des 4. Jahres:
  Grundstück: 1,55 Mio. EUR, Gebäude 2,25 Mio. EUR

Stellen Sie tabellarisch die Wertentwicklung des Tagungshotels auf der Basis des Neubewertungsmodells dar! Gehen Sie von einer betriebsspezifischen Nutzungsdauer von 30 Jahren aus.

6. Zum Bilanzstichtag liegen über ein Betriebsgrundstück der Herbert Jahn GmbH folgende Werte vor:

– Fortgeführte Anschaffungskosten:	760000,00 EUR
– Beizulegender Zeitwert abzüglich Verkaufskosten:	680000,00 EUR
– Nutzungswert (abgezinst):	740000,00 EUR

Aufgaben:

6.1 Ermitteln Sie den erzielbaren Betrag!

6.2 Erläutern Sie, welche Auswirkungen die Neubewertung auf die Bilanz und den Unternehmenserfolg hat!

7. Die Hans Dieren AG hat zu Beginn des Jahres 09 ein 8000 m^2 großes unbebautes Grundstück zum Preis von 45,00 EUR je m^2 erworben. An Nebenkosten sind angefallen 3,5% Grunderwerbsteuer, Maklergebühren 9400,00 EUR zuzüglich 19% USt, Notariatsgebühren 4700,00 EUR zuzüglich 19% USt.

Da es sich bei dem Grundstück um Bauerwartungsland handelt, unterliegt der erzielbare Betrag starken Schwankungen. Folgende Werte liegen am Bilanzstichtag vor:
09: 405000,00 EUR, 10: 350000,00 EUR, 11: 445000,00 EUR.

Aufgaben:

Erklären Sie, mit welchem Wert das Grundstück in einem IAS/IFRS-Abschluss auszuweisen ist, wenn die Bewertung

7.1 nach dem Anschaffungskostenmodell,

7.2 nach dem Neubewertungsmodell erfolgt!

8. Wir haben am 01. 10. 10 ein Bürogebäude mit einem Gebäudewert von 680400,00 EUR erworben. Die Nutzungsdauer beträgt 20 Jahre. Es wird linear abgeschrieben. Am 31.12.10 (Bilanzstichtag) ergibt das Gutachten eines Gebäudesachverständigen einen Wert von 720000,00 EUR.

   Aufgaben:

   8.1 Ermitteln Sie den Wert am Bilanzstichtag nach dem Anschaffungskostenmodell!

   8.2 Ermitteln Sie den Wert am Bilanzstichtag nach dem Neubewertungsmodell!

   8.3 8.3.1 Mit welchem Wert ist das Gebäude am 31.12.11 zu bilanzieren, wenn wir uns für das Neubewertungsmodell entschieden haben und das Bürogebäude am 31.12.11 aufgrund eines Sturmschadens lt. Gutachter noch einen Wert von 628500,00 EUR hat?

   8.3.2 Welche Auswirkungen ergeben sich für den Erfolg des Unternehmens?

33

1. Inwiefern gilt auch bei der internationalen Rechnungslegung das Niederstwertprinzip bei der Ermittlung des Bilanzansatzes für unfertige und fertige Erzeugnisse?

2. Arbeiten Sie anhand der Bewertung von langfristigen Fertigungsaufträgen heraus, warum nach IAS/IFRS das Imparitätsprinzip nicht gilt!

3. Ein Fahrradhersteller produziert vom Typ Stahlross bei normaler Kapazitätsauslastung 500 Stück. Die Kostenrechnung liefert folgende Zahlen:

   Verbrauch von Fertigungsmaterial 31250,00 EUR, Fertigungslöhne 22350,00 EUR, Sondereinzelkosten der Fertigung 5450,00 EUR, produktionsbezogene Materialgemeinkosten 10450,00 EUR, produktionsbezogene Fertigungsgemeinkosten 21400,00 EUR, Verwaltungsgemeinkosten 32300,00 EUR (davon produktionsbezogen 11100,00 EUR), Vertriebsgemeinkosten 10700,00 EUR, anteilige Kosten für freiwillige soziale Leistungen, soziale Einrichtungen und betriebliche Altersversorgung 4140,00 EUR, Lagerkosten für Fertigerzeugnisse 2050,00 EUR, Lagerkosten für unfertige Erzeugnisse 1150,00 EUR, Forschungskosten 10400,00 EUR, Abschreibungen auf Fertigungsanlagen 4700,00 EUR.

   Aufgaben:

   3.1 Berechnen Sie die Herstellungskosten je Fahrrad nach IAS/IFRS!

   3.2 Mit welchem Wert sind 40 im Fertigwarenlager stehende Fahrräder anzusetzen, wenn der Nettoveräußerungswert aufgrund der mittlerweile wieder gesunkenen Stahlpreise nur noch 195,00 EUR pro Fahrrad beträgt?

   3.3 Berechnen Sie den Wert, mit dem der Fahrradbestand anzusetzen ist, wenn der Nettoveräußerungswert für ein Fahrrad auf 220,00 EUR angestiegen ist!

4. Bei der Herstellung einer Verbindungsleitung zwischen dem Wasserversorgungsverband Dortmund und dem gemeindeeigenen Wasserversorgungssystem handelt es sich um eine langfristige Auftragsbearbeitung über 3 Jahre. Es ist mit einem gleichmäßigen Leistungsfortschritt zu rechnen, wobei der Aufwand pro Jahr mit 200000,00 EUR kalkuliert wird. Der vertraglich vereinbarte Umsatzerlös in Höhe von 690000,00 EUR ist bei Fertigstellung fällig.

   Aufgaben:

   4.1 Stellen Sie tabellarisch die jährlichen Aktivierungen und Netto-Erfolgsausweise dar!

   4.2 4.2.1 Welche Auswirkungen hätte es auf die Gewinnentwicklung im ersten Jahr, wenn die langfristige Auftragsfertigung nach HGB bewertet würde?

   4.2.2 Unter welcher Position und mit welchem Betrag wird die langfristige Auftragsfertigung bei der completed-contract-Methode in der Bilanz ausgewiesen?

   4.3 Welche Form der Bewertung – IAS/IFRS oder HGB – begünstigt eher die Anteilseigner und welche eher die Gläubiger?

34 Die Hamburger Betonbau AG fertigt einerseits Betonfertigteile für den Baustoffhandel, erstellt andererseits aber auch ganze Betonbauwerke.

Aufgaben:

Bewerten Sie folgende Vermögenswerte nach IAS/IFRS:

1. Die Abteilung Kellerbau hat einen vom Architekten Müller bestellten Fertigkeller am Bilanzstichtag zu 70 % fertiggestellt.

   Es sind bisher folgende Kosten entstanden:
   Verbrauch von Fertigungsmaterial (Baustahl und Beton) 5940,00 EUR, Fertigungslöhne 6350,00 EUR, produktionsbezogene Materialgemeinkosten 475,00 EUR, produktionsbezogene Fertigungsgemeinkosten 4223,50 EUR, Verwaltungsgemeinkosten 2000,00 EUR, davon produktionsbezogen 945,00 EUR, Abschreibungen auf die Fertigungsanlagen 590,00 EUR, Lagerkosten 490,00 EUR, Kosten für die betriebliche Altersversorgung 1220,00 EUR.

   Ermitteln Sie den Bilanzansatz für dieses unfertige Erzeugnis!

2. In der Abteilung Rohrbau befinden sich im Fertigteilelager 500 Stück Kanalrohre, die Herstellungskosten von 290,00 EUR/St. verursacht haben. Der Marktpreis pro Stück am Bilanzstichtag liegt bei 325,00 EUR/St. Die Vertriebskosten liegen aufgrund des hohen Gewichts bei 30,00 EUR/St.

   2.1 Berechnen Sie den realisierbaren Nettoverkaufswert pro Kanalrohr!
   2.2 Erläutern Sie, mit welchem Wert die 500 Kanalrohre zu bewerten sind!

3. Ein langfristiger Bauauftrag zur Erneuerung eines größeren Autobahnabschnitts in Betonbauweise wird lt. Festpreisvertrag nach Fertigstellung im 4. Jahr Umsatzerlöse in Höhe von 9,5 Mio. EUR bringen. Baufortschritt und Kosten der ersten beiden Baujahre entnehmen Sie bitte der nachfolgenden Tabelle:

	Jahr 1	Jahr 2
vertraglich vereinbartes Entgelt	9500000,00 EUR	9500000,00 EUR
geschätzte Gesamtkosten	7600000,00 EUR	8550000,00 EUR
Kosten (kumuliert)	1900000,00 EUR	4275000,00 EUR
Leistungserstellungsgrad (kumuliert)	25 %	50 %

   Erklären Sie, mit welchen Werten sich der langfristige Fertigungsauftrag im Jahresabschluss des zweiten Baujahres unter Berücksichtigung der neuen Gesamtkostenschätzung auswirkt!

35 1. Der Vorstand der Bootswerft Duisburg AG beauftragt Sie, die unterschiedlichen Bewertungsansätze nach HGB und IAS/IFRS für folgende Fälle zu vergleichen:

Aufgaben:

1.1 Ein bebautes Grundstück mit einem Verwaltungsgebäude hatte vor 10 Jahren Anschaffungskosten in Höhe von 1980000,00 EUR, wobei 180000,00 EUR auf das Grundstück entfielen. Die betriebsgewöhnliche Nutzungsdauer wurde damals auf 50 Jahre geschätzt.

1.1.1 Erläutern Sie, wie das bebaute Grundstück nach Handelsrecht bzw. nach IAS/IFRS (Anschaffungskostenmodell) am Ende des 10. Nutzungsjahres zu bewerten ist!

1.1.2 Wir legen zugrunde, dass das bebaute Grundstück nach IAS/IFRS (Anschaffungskostenmodell) bewertet wurde. Aufgrund eines Brandes schätzt der Sachverständige den erzielbaren Gebäudewert abzüglich der Verkaufskosten am Ende des 11. Jahres auf nur noch 1 250 000,00 EUR. Der Nutzungswert beträgt 1 300 000,00 EUR (abgezinst).

Wie hoch ist die erforderliche außerplanmäßige Abschreibung am Ende des 11. Jahres?

1.1.3 Mit welchem Wert ist das bebaute Grundstück am Ende des 11. Jahres anzusetzen?

1.1.4 Nach dem Wiederaufbau und der Modernisierung des Gebäudes schätzt der Sachverständige den erzielbaren Gebäudewert am Ende des 13. Jahres auf 1 500 000,00 EUR. Mit welchem Wert ist das bebaute Grundstück am Ende des 13. Jahres anzusetzen?

1.2 Im Lager befinden sich noch 10 fertiggestellte 2-Mann-Jollen für die die Normalkostenrechnung folgende Zahlen liefert:

Materialeinzelkosten	5 000,00 EUR
Fertigungslöhne	6 600,00 EUR
produktionsbezogener MGK-Zuschlagssatz	8 %
produktionsbezogener FGK-Zuschlagssatz	120 %
VerwGK (gesamt)	3 205,50 EUR
VerwGK (nur produktionsbezogen)	1 790,00 EUR
VtGK-Zuschlagssatz	10 %
Abschreibungen auf Fertigungsmaschinen	1 450,00 EUR
Aufwendungen f. soz. Einr. des Betriebs	280,00 EUR
Aufwendungen f. betr. Altersversorgung	1 320,00 EUR
Forschungskosten	7 900,00 EUR

1.2.1 Berechnen Sie den Mindest- und Höchstansatz nach Handelsrecht!

1.2.2 Berechnen Sie die Herstellungskosten nach IAS/IFRS!

1.3 Das Management hat im Juni des Berichtsjahres einen Großauftrag für den Bau einer Autofähre akquiriert. Es wurde ein Festpreis in Höhe von 4,35 Mio. EUR und eine Lieferzeit von 24 Monaten vereinbart. Die Kostenrechner haben Gesamtkosten in Höhe von 4 059 250,00 EUR ermittelt. Der Leistungsfortschritt verläuft gleichmäßig, d.h. in den 6 Monaten des Berichtsjahres 25 %, in den 12 Monaten des folgenden Jahres 50 % und im Auslieferungsjahr 25 %.

Arbeiten Sie heraus, wie der Wertansatz in den Jahresabschlüssen während der Bauzeit nach handelsrechtlicher bzw. internationaler Rechnungslegung verläuft!

1.4 Beurteilen Sie, welche Rechnungslegung – IAS/IFRS oder HGB – die realistischeren Bilanzansätze liefert! Begründen Sie Ihre Entscheidung!

2. Wir kaufen am 28. November 20.. für die Herstellung von Bohrmaschinen Elektromotoren im Wert von 32 700,00 EUR zuzüglich 19 % USt. Bei Prüfung der Lieferung am 30. November 20.. werden bei einem Teil der Elektromotoren geringe Mängel festgestellt. Der Lieferer gewährt uns daraufhin einen Nachlass von 3800,00 EUR zuzüglich 19 % USt. Elektromotoren im Werte von 4 100,00 EUR zuzüglich 19 % USt haben erhebliche Mängel und werden deshalb am 5. Dezember 20.. zurückgeschickt. Auf den Rechnungsbetrag erhalten wir 7 % Rabatt und 2 % Skonto bei Zahlung innerhalb 60 Tagen.

Aufgaben:

2.1 Mit welchem Wert wird die Verbindlichkeit am 28. November 20.. (Rechnungsdatum) gebucht?

2.2 Mit welchem Wert wird die Verbindlichkeit am Bilanzstichtag (31. Dezember 20..) bilanziert?

3. 3.1 Die Hellweg AG erwirbt zu Beginn des Geschäftsjahres 01 ein Gebäude mit Anschaffungskosten von 800000,00 EUR. Die Nutzungsdauer beträgt 40 Jahre. Die Abschreibung erfolgt linear. Zum 31.12.10 ist der fair value auf 720000,00 EUR gestiegen. Als Folgebewertung entscheidet sich die Hellweg AG für das Neubewertungsmodell.

Aufgaben:

3.1.1 Wie wird zum 31.12.10 bewertet? Erläutern Sie, welche Erfolgswirkung eintritt!

3.1.2 Wie wird zum 31.12.11 bewertet? Erläutern Sie, welche Erfolgswirkung eintritt!

3.1.3 Erklären Sie, welche Konsequenz sich für die Bewertungsmethode eines neuen Gebäudes ergibt, das im Jahr 12 angeschafft wird!

3.2 Ein Grundstück steht am 31.12.10 mit folgenden Posten in der Bilanz: Unbebautes Grundstück 450000,00 EUR und Neubewertungsrücklage 50000,00 EUR. Es wird am Bilanzstichtag ein beizulegender Zeitwert von 380000,00 EUR ermittelt.

Aufgaben:

3.2.1 Erklären Sie, was am 31.12.10 zu veranlassen ist!

3.2.2 Begründen Sie, wie vorzugehen ist, wenn der fair value am 31.12.11 wieder um 50000,00 EUR über den vorläufigen Restbuchwert zu diesem Zeitpunkt gestiegen ist!

4. Die Natura AG bezieht Fruchtsaftkonzentrat aus den USA im Wert von 21950,00 USD. Zahlungsbedingungen: 5 % Liefererrabatt, 3 % Liefererskonto bei Zahlung innerhalb von 60 Tagen. Lieferbedingungen: Zoll 1720,00 USD, Transport- und Versicherungskosten 960,00 USD. Rechnungsdatum 04.11.20.. Stichtagskurs USD 1,3570. Am Bilanzstichtag (31.12.20..) beträgt der Stichtagskurs USD 1,3350.

Aufgaben:

4.1 Mit welchem Wert wird die Verbindlichkeit am 04.11.20.. gebucht?

4.2 Mit welchem Wert wird die Verbindlichkeit am Bilanzstichtag (31.12.20..) bilanziert?

5. Wir kaufen zu Beginn der Geschäftsperiode eine Werkzeugmaschine im Wert von 340900,00 EUR. Nutzungsdauer 7 Jahre. Am Ende des 2. Nutzungsjahres beträgt der beizulegende Zeitwert 230000,00 EUR, am Ende des 4. Nutzungsjahres 150000,00 EUR und am Ende des 6. Nutzungsjahres 65000,00 EUR. Die Neubewertungsrücklage wird am Ende des 7. Jahres aufgelöst.

Aufgabe:

Stellen Sie die Entwicklung des Buchwertes der Werkzeugmaschine sowie der damit verbundenen erfolgswirksamen bzw. erfolgsunwirksamen Vorgänge in einer Tabelle dar!

Glossar zum Abschnitt IAS/IFRS

asset	Vermögenswert
at fair value through profit or loss	erfolgswirksam zum beizulegenden Zeitwert
available for sale (afs)	zur Veräußerung verfügbar
business combination	Unternehmenszusammenschluss
cash flow hedge	Absicherung von Zahlungsströmen
cash-generating unit	zahlungsmittelgenerierende Einheit
comparability	Vergleichbarkeit
compensation	Vergütung
completed contract method	Methode der Gewinnrealisierung bei Vertragserfüllung
contingent asset	Eventualforderung
contingent liability	Eventualschuld
control	Beherrschung
cost	Anschaffungskosten, Anschaffungs- oder Herstellungskosten
cost approach	Kostenansatz
cost model	Anschaffungskostenmodell
cost of conversion	Herstellungskosten
cost of purchase	Anschaffungskosten
current cost	Tageswert
depreciation	planmäßige Abschreibung
economic benefits	wirtschaftlicher Nutzen
equity	Eigenkapital
expenses	Aufwendungen
fair presentation	angemessene Darstellung
fair value	beizulegender Zeitwert
fair value hedge	Absicherung des beizulegenden Zeitwertes
fair value less costs to sell	Nettoveräußerungswert
finance lease	Finanzierungsleasing
financial statements	Abschluss
firm commitment	feste Verpflichtung
framework	Rahmenkonzept
future economic benefits	zukünftiger wirtschaftlicher Nutzen
goodwill	Firmenwert
hedge accounting	Bilanzierung von Sicherungsbeziehungen
held for trading	zu Handelszwecken gehalten, Handelsbestand
held to maturity (htm)	bis zur Endfälligkeit gehalten
IAS	International Accounting Standards
historical costs	ursprüngliche Anschaffungs- oder Herstellungskosten
IASB	International Accounting Standards Board
IASC	International Accounting Standards Committee
IFRS	International Financial Reporting Standards
IFRIC	International Financial Reporting Interpretations Committee

impairment loss	Wertminderungsaufwand, außerplanmäßige Abschreibung
impairment test	Wertminderungstest
income	Ertrag
income approach	Ertragswertansatz
liability	Schuld
market approach	Marktansatz
market value	Marktpreis
matching principle	sachliche Abgrenzung
net realisable value	Nettoveräußerungswert
notes	Anhang
off balance sheet financing	nicht bilanzierte Finanzierung
operating segment	Geschäftssegment
other comprehensive income	sonstiges Ergebnis
past event	Ereignis der Vergangenheit
percentage of completion method (poc-method)	Methode der Gewinnrealisierung nach dem Fertigstellungsgrad
present value	Barwert
profit or loss	Gewinn oder Verlust
projected unit credit method	Methode der laufenden Einmalprämien
provision	Rückstellung
present event	gegenwärtige Verpflichtung
realisable value	Veräußerungswert
recoverable amount	erzielbarer Betrag
related party	nahestehende Unternehmen und Personen
relevance	Relevanz
reliability	Verlässlichkeit
replacement cost	Wiederbeschaffungskosten
restatement	rückwirkende Korrektur
revaluation	Neubewertung
revaluation model	Neubewertungsmodell
revaluation surplus	Neubewertungsrücklage
true und fair view	angemessener Einblick
understandability	Verständlichkeit
value in use	Nutzungswert

20 Hempel - ISBN 978-3-8120-0655-2

Stichwortverzeichnis

Z

Industriekontenrahmen (IKR)

Rechnungskreis I: Kontenklassen 0–8

Kontenklasse 0	Kontenklasse 1
Immaterielle Vermögens- gegenstände und Sachanlagen	Finanzanlagen
00 Immaterielle Vermögensgegenstände und Sachanlagen *Immaterielle Vermögensgegenstände* **02 Konzessionen, gewerbliche Schutzrechte und ähnliche Rechte und Werte sowie Lizenzen an solchen Rechten und Werten** *Sachanlagen* **05 Grundstücke, grundstücksgleiche Rechte und Bauten einschließlich der Bauten auf fremden Grundstücken** 0500 Unbebaute Grundstücke 0510 Bebaute Grundstücke 0530 Betriebsgebäude 0540 Verwaltungsgebäude 0550 Andere Bauten 0590 Wohngebäude **06 Frei** **07 Technische Anlagen und Maschinen** 0710 Anlagen der Materiallagerung 0720 Fertigungsmaschinen 0750 Transportanlagen 0760 Verpackungsanlagen und Maschinen 0790 Geringwertige Anlagen und Maschinen **08 Andere Anlagen, Betriebs- und Geschäftsausstattung** 0800 Betriebs- und Geschäftsausstattung 0810 Werkstätteneinrichtung 0820 Werkzeuge, Werksgeräte 0830 Lager- und Transporteinrichtungen 0840 Fuhrpark 0860 Büromaschinen, Organisationsmittel und Kommunikationsanlagen 0870 Büromöbel 0890 Geringwertige Vermögensgegenständ der Betriebs- und Geschäftsausstattung **09 Geleistete Anzahlungen und Anlagen im Bau** 0900 Geleistete Anzahlungen auf Sachanlagen 0950 Anlagen im Bau	**13 Beteiligungen** **15 Wertpapiere des Anlagevermögens** **16 Sonstige Ausleihungen** (sonstige Finanzanlagen)

Kontenklasse 2	Kontenklasse 3
Umlaufvermögen und aktive Rechnungsabgrenzung	Eigenkapital und Rückstellungen
Vorräte **20 Roh-, Hilfs- und Betriebsstoffe** 2000 Rohstoffe/Fertigungsmaterial 2010 Vorprodukte/Fremdbauteile 2020 Hilfsstoffe 2030 Betriebsstoffe 2070 Sonstiges Material **21 Unfertige Erzeugnisse** 2100 Unfertige Erzeugnisse **22 Fertige Erzeugnisse** 2200 Fertige Erzeugnisse 2280 Waren (Handelswaren) **23 Geleistete Anzahlungen auf Vorräte** **24 Forderungen aus Lieferung und Leistungen** 2400 Forderungen aus Lieferungen und Leistungen 2450 Wechselforderungen **25 Frei** **26 Sonstige Vermögensgegenstände** 2600 Vorsteuer 2650 Forderungen an Mitarbeiter 2690 Übrige sonstige Forderungen **27 Wertpapiere des Umlaufvermögens** **28 Flüssige Mittel** 2800 Guthaben bei Kreditinstituten (Bank) 2880 Kasse **29 Aktive Rechnungsabgrenzung** 2900 Aktive Jahresabgrenzung 2910 Disagio 2920 Umsatzsteuer auf erhaltene Anzahlungen	**30 Eigenkapital/Gezeichnetes Kapital** Bei Einzelkaufleuten und Personengesellschaften: Kapitalkonto Gesellschafter A 3000 Eigenkapital 3001 Privatkonto Kapitalkonto Gesellschafter B 3010 Eigenkapital 3011 Privatkonto Bei Kapitalgesellschaften: 3000 Gezeichnetes Kapital (Grundkapital/Stammkapital) **31 Kapitalrücklage** **32 Gewinnrücklagen** 3210 Gesetzliche Rücklagen 3230 Satzungsmäßige Rücklagen 3240 Andere Gewinnrücklagen **34 Jahresüberschuss/Jahresfehlbetrag** **35 Sonderposten mit Rücklageanteil** **36 Wertberichtigungen** (bei Kapitalgesellschaften als Passivposten der Bilanz nicht mehr zulässig) 3670 Einzelwertberichtigungen auf Forderungen 3680 Pauschalwertberichtigungen auf Forderungen **37 Rückstellungen für Pensionen und ähnliche Verpflichtungen** **38 Steuerrückstellungen** **39 Sonstige Rückstellungen** 3910 Sonstige Rückstellungen für Gewährleistung 3930 Sonstige Rückstellungen für andere ungewisse Verbindlichkeiten 3970 Sonstige Rückstellungen für drohende Verluste aus schwebenden Geschäften 3990 Sonstige Rückstellungen für Aufwendungen

Kontenklasse 4

Verbindlichkeiten und passive Rechnungsabgrenzung

41 Anleihen

42 Verbindlichkeiten gegenüber Kreditinstituten
- 4200 Kurzfristige Bankverbindlichkeiten
- 4250 Langfristige Bankverbindlichkeiten

43 Erhaltene Anzahlungen auf Bestellungen

44 Verbindlichkeiten aus Lieferungen und Leistungen
- 4400 Verbindlichkeiten aus Lieferungen und Leistungen

45 Wechselverbindlichkeiten
- 4500 Schuldwechsel

48 Sonstige Verbindlichkeiten
- 4800 Umsatzsteuer
- 4810 Umsatzsteuervorauszahlung
- 4830 Sonstige Verbindlichkeiten gegenüber Finanzbehörden
- 4840 Verbindlichkeiten gegenüber Sozialversicherungsträgern
- 4860 Verbindlichkeiten aus noch nicht abgeführten vermögenswirksamen Leistungen
- 4890 Übrige sonstige Verbindlichkeiten

49 Passive Rechnungsabgrenzung
- 4900 Passive Jahresabgrenzung
- 4920 Vorsteuer auf geleistete Anzahlungen

Kontenklasse 5

Erträge

50 Umsatzerlöse für eigene Erzeugnisse und andere eigene Leistungen
- 5000 Umsatzerlöse für eigene Erzeugnisse
- 5050 Umsatzerlöse für eigene Leistungen
- 5001 Erlösberichtigungen

51 Sonstige Umsatzerlöse
- 5100 Umsatzerlöse für Waren
- 5190 Sonstige Umsatzerlöse
- 5191 Erlösberichtigungen

52 Erhöhung oder Verminderung des Bestandes an unfertigen und fertigen Erzeugnissen
- 5200 Bestandsveränderungen
- 5201 Bestandveränderungen an unfertigen Erzeugnissen und nicht abgerechneten Leistungen
- 5202 Bestandsveränderungen an fertigen Erzeugnissen

53 Andere aktivierte Eigenleistungen
- 5300 Selbst erstellte Anlagen

54 Sonstige betriebliche Erträge
- 5400 Nebenerlöse
- 5401 Nebenerlöse aus Vermietung und Verpachtung
- 5410 Sonstige Erlöse (z.B. aus Provisionen oder Lizenzen oder aus dem Abgang von Gegenständen des Anlagevermögens)
- 5420 Unentgeltliche Wertabgaben
- 5430 Andere sonstige betriebliche Erträge
- 5440 Erträge aus Werterhöhungen von Gegenständen des Anlagevermögens
- 5450 Erträge aus der Auflösung oder Herabsetzung von Wertberichtigungen auf Forderungen
- 5460 Erträge aus dem Abgang von Vermögensgegenständen
- 5480 Erträge aus der Auflösung oder Herabsetzung von Rückstellungen
- 5490 Periodenfremde Erträge
- 5495 Zahlungseingänge aus abgeschriebenen Forderungen

55 Erträge aus Beteiligungen

56 Erträge aus anderen Wertpapieren und Ausleihungen des Finanzanlagevermögens

57 Sonstige Zinsen und ähnliche Erträge
- 5710 Zinserträge
- 5780 Erträge aus Wertpapieren des Umlaufvermögens
- 5783 Erträge aus der Zuschreibung zu Wertpapieren des UV
- 5784 Erträge aus dem Abgang von Wertpapieren des UV

58 Außerordentliche Erträge
- 5800 Außerordentliche Erträge

21 Hempel - ISBN 978-3-8120-0655-2

Kontenklasse 6

Betriebliche Aufwendungen

60 Aufwendungen für Roh-, Hilfs- und Betriebsstoffe und für bezogene Waren
- 6000 Aufwendungen für Rohstoffe/Fertigungsmaterial
- 6001 Bezugskosten für Rohstoffe
- 6002 Nachlässe für Rohstoffe
- 6010 Aufwendungen für Vorprodukte/Fremdbauteile
- 6011 Bezugskosten für Vorprodukte
- 6012 Nachlässe Vorprodukte
- 6020 Aufwendungen für Hilfsstoffe
- 6021 Bezugskosten für Hilfsstoffe
- 6022 Nachlässe für Hilfsstoffe
- 6030 Aufwendungen für Betriebsstoffe/Verbrauchswerkzeuge
- 6031 Bezugskosten für Betriebsstoffe
- 6032 Nachlässe für Betriebsstoffe
- 6040 Aufwand für Verpackungsmaterial
- 6050 Aufwand für Energie
- 6070 Aufwendungen für sonstiges Material
- 6080 Aufwendungen für Waren
- 6081 Bezugskosten für Waren

61 Aufwendungen für bezogene Leistungen
- 6140 Frachten und Fremdlager
- 6150 Vertriebsprovisionen
- 6160 Fremdinstandhaltung
- 6170 Sonstige Aufwendungen für bezogene Leistungen

62 Löhne
- 6200 Löhne für geleistete Arbeitszeit, einschließlich tariflicher, vertraglicher oder arbeitsbedingter Zulagen
- 6210 Löhne für andere Zeiten (Urlaub, Feiertag, Krankheit)
- 6220 Sonstige tarifliche oder vertragliche Aufwendungen für Lohnempfänger
- 6230 Freiwillige Zuwendungen
- 6250 Sachbezüge

63 Gehälter
- 6300 Gehälter einschließlich tariflicher, vertraglicher oder arbeitsbedingter Zulagen
- 6310 Urlaubs- und Weihnachtsgeld
- 6320 Sonstige tarifliche oder vertragliche Aufwendungen
- 6330 Freiwillige Aufwendungen
- 6350 Sachbezüge

64 Sozial Abgaben und Aufwendungen für Altersversorgung und für Unterstützung
- 6400 Arbeitgeberanteil zur Sozialversicherung (Lohnbereich)
- 6410 Arbeitgeberanteil zur Sozialversicherung (Gehaltsbereich)
- 6420 Beiträge zur Berufsgenossenschaft
- 6440 Aufwendungen für Altersversorgung

65 Abschreibungen
- 6510 Abschreibungen auf immaterielle Vermögensgegenstände des Anlagevermögens
- 6520 Abschreibungen auf Sachanlagen
- 6540 Abschreibungen auf geringwertige Wirtschaftsgüter
- 6550 Außerplanmäßige Abschreibungen auf Sachanlagen

66 Sonstige Personalaufwendungen

67 Aufwendungen für die Inanspruchnahme von Rechten und Diensten
- 6700 Mieten, Pachten
- 6710 Leasing
- 6720 Lizenzen und Konzessionen
- 6730 Gebühren
- 6750 Bankspesen/Kosten des Geldverkehrs
- 6760 Provisionsaufwendungen (außer Vertriebsprovisionen)
- 6770 Rechts- und Beratungskosten

68 Aufwendungen für Kommunikation (Dokumentation, Information, Reisen, Werbung)
- 6800 Büromaterial und Drucksachen
- 6810 Zeitungen und Fachliteratur
- 6820 Telefongebühren*
- 6822 Telefon*
- 6830 Postdienstleistungen*
- 6850 Reisekosten
- 6860 Bewirtung und Repräsentation
- 6870 Werbung
- 6880 Spenden (nur Kapitalgesellschaften)

69 Aufwendungen für Beiträge und Sonstiges sowie Wertkorrekturen und periodenfremde Aufwendungen
- 6900 Versicherungsbeiträge
- 6920 Beiträge zu Wirtschaftsverbänden und Berufsvertretungen
- 6930 Verluste aus Schadensfällen
- 6950 Verluste aus Wertminderungen von Gegenständen des Umlaufvermögens- (außer Vorräten und Wertpapieren)
- 6951 Abschreibungen auf Forderungen wegen Uneinbringlichkeit
- 6952 Einstellung in Einzelwertberichtigungen
- 6953 Einstellung in Pauschalwertberichtigungen
- 6960 Verluste aus dem Abgang von Vermögensgegenständen (inkl. Kassenfehlbetrag)
- 6980 Zuführung zu Rückstellungen für Gewährleistung
- 6990 Periodenfremde Aufwendungen

* Diese Konten wurden von den Autoren eingefügt.

Kontenklasse 7

Weitere Aufwendungen

70 Betriebliche Steuern
- 7020 Grundsteuer
- 7030 Kraftfahrzeugsteuer
- 7070 Ausfuhrzölle
- 7080 Verbrauchssteuern
- 7090 Sonstige betriebliche Steuern

71 Frei

72 Frei

73 Frei

74 Abschreibungen auf Finanzanlagen und auf Wertpapiere des Umlaufvermögens und Verluste aus entsprechenden Abgängen
- 7400 Abschreibungen auf Finanzanlagen
- 7420 Abschreibungen auf Wertpapiere des Umlaufvermögens
- 7450 Verluste aus dem Abgang von Finanzanlagen
- 7460 Verluste aus dem Abgang von Wertpapieren des Umlaufvermögens

75 Zinsen und ähnliche Aufwendungen
- 7510 Zinsaufwendungen
- 7530 Diskontaufwendungen
- 7590 Sonstige zinsähnliche Aufwendungen (z. B. Abschreibung und aktiviertes Disagio)

76 Außerordentliche Aufwendungen

77 Steuern vom Einkommen und Ertrag
- 7700 Gewerbesteuer
- 7710 Körperschaftsteuer
- 7720 Kapitalertragsteuer

Kontenklasse 8

Ergebnisrechnung

- 8000 Eröffnungsbilanzkonto
- 8010 Schlussbilanzkonto
- 8020 GuV-Konto Gesamtkostenverfahren